FINANCIAL STATEMENTS

人人都能看懂的

极简财务报表

王　琳◎编著

中国铁道出版社有限公司
CHINA RAILWAY PUBLISHING HOUSE CO., LTD.

内 容 简 介

本书主要讲解了一家便利店发生的各种经济业务，以及这些经济业务引起了哪些会计科目的增减变动，这些科目的增减变动是如何转化为财务报表中一个个抽象数字的整个过程。并对主要的财务报表进行了分析讲解，帮助读者和报表使用者了解财务报表中每个数字的计算方法和背后的含义。此外，还对财务报表中的“陷阱”，一些税款筹划等问题做了讲解，针对财务报表对企业经营管理的指导作用给了一些提示。

本书实用性强，所有例题均出自便利店的真实经济业务，所以本书对没有财务基础的初学者、各类财务报表信息使用者、对会计原理感兴趣的读者等都有一定的指导意义。

另外本书编写时安排了一定的故事情节，目的是增加了阅读过程中的趣味性，让读者在通俗易懂的案例中就能学会抽象的会计理论和报表分析方法。

图书在版编目（CIP）数据

人人都能看懂的极简财务报表:故事版/王琳著.—北京：中国铁道出版社有限公司，2019.8

ISBN 978-7-113-25879-5

Ⅰ.①人… Ⅱ.①王… Ⅲ.①会计报表－基本知识Ⅳ.①F231.5

中国版本图书馆 CIP 数据核字(2019)第 111285 号

书　　名：**人人都能看懂的极简财务报表（故事版）**
作　　者：王　琳

责任编辑：王　佩　　　　**读者热线电话**：010-63560056
责任印制：赵星辰　　　　**封面设计**：MXK DESIGN STUDIO

出版发行：中国铁道出版社有限公司（100054，北京市西城区右安门西街 8 号）
印　　刷：北京铭成印刷有限公司
版　　次：2019 年 8 月第 1 版　2019 年 8 月第 1 次印刷
开　　本：700mm×1 000mm　1/16　**印张**：16.75　**字数**：328 千
书　　号：ISBN 978-7-113-25879-5
定　　价：55.00 元

前言
FOREWORD

“会计”可以说是一门历史悠久的实用学科，而本书所要介绍的是会计学科中“浓缩”的一个分支——财务报表分析。

那为什么说财务报表分析是“浓缩”了的实用科学呢？因为财务报表是对企业经营活动的高度概括，是从原始凭证到会计分录到会计账簿最终升华到财务报表之后，最后对财务报表的数据进行深度分析的一门学科。

本书本着从实际操作入手的思路，用实际工作的各种案例来讲解书本上的理论。从财务核算讲起，以报表分析结束。目的让读者能明白报表上每一个数据是怎么形成的，同时也明白这些数字代表什么含义。此外，还对一些报表“陷阱”以及财务报表对企业经营管理决策的指导做了分析。可以说是一本理论与实际相结合，非常实用但是并不枯燥的工具书。

因受作者水平和成书时间所限，本书难免存有疏漏和不当之处，敬请指正。

本书特色：

1. 内容丰富翔实，章节安排符合读者认知规律

本书从会计分录的编制开始讲解，让读者不仅了解财务报表的分析，更是从财务报表中每个数字是如何形成的开始讲解。章节安排上则全部按照组成财务报表的会计要素进行分类。由浅入深、循序渐进的讲授完全遵循和尊重了初学者对会计知识的认知规律。

2. 行文幽默诙谐，以实例引导全程，特别适合初学者阅读

本书介绍的基本理论知识、会计凭证的编制、会计账簿的建立、会计报表的编制及财务分析方法、指标体系的学习等，全程都是在一家便利店来完成的，这样既内容连贯统一，又避免了学习不同章节不同实例间的知识脱节。作者以幽默诙谐，生动的语言对这些知识逐一进行生动、通俗的讲解，犹如一位你的老朋友、帮助你加快成为会计达人的时间。

3. 案例全部取材于真实的日常业务，避免只讲枯燥理论的教学法

本书的案例全部从故事情节出发，紧密围绕着便利店的日常业务开展。用实例+理论的理解，从实例讲道理，用道理来理解实例。让读者在读书的过程中，既能了解真实的会计实务操作，又能从实务操作中明白财务报表分析的方法。

本书内容及体系结构：

本书共 17 个章节，分为四个模块。

第 1 部分　开店的终极奥义——关于利润表的知识体系

第 1 章～第 7 章，主要讲解关于利润表的内容。前 5 章按照一级会计科目介绍了收入、成本、税金、期间费用和所得税这五类会计科目的核算，第 6 章讲解了利润表的编制，第 7 章讲解了怎样对利润表进行分析。

利润表是揭示企业经营成果的报表，可以说是看“家底”的一张时期报表，首先讲解利润表，一来是因为其更容易被企业管理者关注，另外是其结构比资产负债表更为简单易懂，作为财务报表分析的入门来说再合适不过了。

第 2 部分　了解便利店的财务状况——关于资产负债表的知识体系

第 8 章～第 13 章主要讲解关于资产负债表的内容。其中第 8 章到第 11 章介绍了资产、负债和所有者权益类的会计科目的核算。第 12 章讲解了怎样编制资产负债表，第 13 章讲解对资产负债表进行分析的各种指标的计算和含义。

资产负债表是揭示企业财务状况的报表，由于其涉及的科目较多，核算也相对复杂，所以篇幅上比利润表庞大许多。但是需要大家注意的是，不论是资产负债表还是利润表，都只揭示了企业经济业务中的一部分信息。只有综合分析整个报表才能得出正确的结论。

第 3 部分　资金流才是维系便利店一直经营的关键——关于现金流量表知识体系

第 14 章内容讲解了财务报表体系中另一张重要的财务报表——现金流量表的编制和分析。

现金流量表揭示的对企业经营来说最为重要的经济命脉——资金流的一张报表。企业的资金分为三种流向：筹资投资和经营。了解每种资金流向产生的现金流即可更好对资金加以运用。

第 4 部分　关于财务报表的话外音

第 15 章～第 17 章：财务报表的一些相关知识，第 15 章讲了三大财务报表内部和报表之间的关系。第 16 章讲解了除了前面的三张报表之外的其他财务报表的编制。第 17 章主要讲解了一些常见的财务报表“陷阱”的识破、以及如何利用财务报表分析的结果对生产经营进行指导。

本书读者对象：

- 会计初学者
- 各经济组织想要提升会计能力的会计人员
- 企业领导、管理者等各种会计信息使用者
- 各财经、非财经专业的大中专院校实习学生
- 想要自己记账的私营业主（老板）
- 需要会计入门工具书的人员
- 其他对会计有兴趣爱好的各类人员

CONTENTS 目录

故事背景 1

第一部分
开店的终极奥义——关于利润表的知识体系

第 1 章　经营下去的关键是收入 6

1.1　便利店的主要业务收入 6
1.2　其他业务收入 8
1.3　营业外收入 9
1.4　补贴收入和投资收益 10

第 2 章　为了赚钱就必须付出成本 11

2.1　要卖货就要先进货——主营业务成本 12
2.2　购买食材的支出——其他业务成本 15
2.3　被城管罚款了怎么办？——营业外支出 16

第 3 章　合法经营就要纳税 1 18

3.1　便利店发生哪些业务需要缴税 18
3.2　增值税是怎么算出来的 20
3.3　增值税的附税又是怎么计算出来的 26
3.4　税金界的“奇葩” 27

第 4 章　那些不能明确对象化的支出——期间费用 30

4.1　谁受益就是谁的费用 30
4.2　折旧 36

第 5 章　合法经营就要纳税 2——关于所得税 38

5.1　净利是检验经营成果的重要标准 38
5.2　净利之前的最后一关 41

第 6 章　检验经营成果的时候到了——利润表的编制 47

6.1　利润表为什么要叫损益表 47

6.2 利润表与其他报表的钩稽关系......50

第7章 了解利润表反映的信息——利润表分析指标......52

7.1 便利店能赚到多少钱——盈利能力分析......52
7.2 从盈利能力看企业经营潜力......56
7.3 如何看发展能力指标......57
7.4 从发展能力看企业发展蓝图......61
7.5 分析各项费用占比情况，了解企业成本控制的重点......62

第二部分
了解便利店的财务状况——关于资产负债表的知识体系

第8章 可以快速变现的资产——关于流动资产......66

8.1 流动性最强的资产——货币资金......67
8.2 往来款是经营中必不可少的......71
8.3 流动资产中和成本关系紧密的一项......76

第9章 可以证明实力的资产——非流动资产......78

9.1 有实物形态的固定资产......79
9.2 无形资产......86
9.3 对外投资......89
9.4 其他投资方式......94
9.5 便利店的长期股权投资......103

第10章 原来经营的资金可以找别人拆借——负债......115

10.1 常有常清的外债——流动负债......115
10.2 一年之内不用偿还的外债——非流动资产......137

第11章 老板将自己的钱用于经营——权益......140

11.1 用老板的资产出资......141
11.2 便利店的资本增值......145
11.3 便利店经营多年的内部积累......148

第12章 便利店的财务状况的体现——资产负债表的编制......151

12.1 资产负债表的基础知识......151
12.2 资产负债表与其他财务报表......160

第 13 章　了解资产负债表反映的信息——资产负债表分析指标 162

13.1　经营发生困难时的风险指标——偿债能力分析 164
13.2　从偿债能力看企业抵御风险的能力 168
13.3　资产的流动性分析——营运能力分析 169
13.4　从营运能力看企业经营策略 173
13.5　关于面子工程的那些事儿 174

第三部分
资金流才是维系便利店持续经营的关键——关于现金流量表知识体系

第 14 章　便利店的三种资金流向 180

14.1　关于资金流的现金流量表的基础知识 180
14.2　现金流量表与经营 188

第四部分
财务报表对企业经营的指导

第 15 章　三大报表之间的关系 194

15.1　三大报表与会计恒等式——表内钩稽关系 194
15.2　三大报表之间千丝万缕的联系——表间钩稽关系 195
15.3　昊阳便利店的财务报表实战演练 196

第 16 章　其他财务报表 213

16.1　所有者权益变动表 213
16.2　财务报表附注 228
16.3　合并会计报表 235

第 17 章　浅谈从财务报表到企业管理 252

17.1　看报表不只是看数字，更要看清数字背后的意义 252
17.2　警惕财务报表陷阱，看清报表里的真实与谎言 253
17.3　资产不一定是资产，负债也不一定是负债 254
17.4　分清利润的层次，看各项支出比重抓住节流的根本 255
17.5　时刻警惕账上资金满满实际兜里没钱的尴尬境遇 257

— 故事背景 —

张老板住在流星花园小区，5 年前租了一个水果摊，每天起早贪黑，积攒了 30 多万元。去年，水果摊边上的铺子空下来了，有 200 多平方米，他一咬牙租下来了。

精心装修以后，“昊阳便利店”开业了，便利店中不仅卖蔬菜、水果，还有各种日用品，因为周边居民都认识张老板，所以对他很放心，刚一开业就生意火爆，当年不仅回本，还赚了 10 多万元。就在张老板踌躅满志，准备扩大规模的时候，发现麻烦来了，因为便利店规模大、货品多，涉及到的各种资金往来也多，像以前那种记账方法不管用了。以前都是他和爱人看店就行，现在还要雇 3 个员工，涉及工资、社保等事情，因此必须采用公司化运作。

关于公司注册、消防安全、工商税务相关的事情，都有专业的会计人员处理，这些不用张老板操心。但是要想长久经营，必须熟悉公司的财务状况。

幸好张老板的朋友张燕是注册会计师，曾经在某大型企业当过财务总监，正好可以当他的财务顾问。于是，财务小白的学习之路开始了。

昊阳便利店运营 1 年以后，便利店的三大报表出来了，张老板拿出来端详了半天，越看越迷糊，这么多项目、这么多数字，都是啥意思？和他的便利店有什么关系？这样可不行啊！他最关心的是利润，于是就拿利润表开刀。便利店的利润表如表 1-1 所示。

表 1-1　利润表

编制单位：昊阳便利店　　　　日期：2017年12月　　　　单位：元

项目	本期数	本年累计数
一、主营业务收入	56 425.50	753 860.70
减：主营业务成本	42 231.64	597 056.39
主营业务税金及附加	3 287.63	41 029.16
二、主营业务利润	10 906.23	115 775.15
加：其他业务利润	0.00	23 142.77
减：营业费用	3 482.19	38 129.66
管理费用	986.52	11 240.56
财务费用	538.29	7 213.59
三、营业利润	5 899.23	82 334.11
加：投资收益	0.00	2 500.00
补贴收入	4 000.00	8 000.00
营业外收入	12 000.00	43 125.17
减：营业外支出	286.00	1 315.16
四、利润总额	21 613.23	134 644.12
减：所得税	5 403.31	33 661.03
五、净利润	16 209.92	100 983.09

张老板一看报表脑袋都大了！脑子里产生的第一个问题就是：公司去年到底赚了多少钱？

张燕说："你看，利润表的这一项：净利润，就是你公司去年的利润"。

张老板惊道："不对啊，怎么才十万，这么少？本来我以为能赚十五六万呢"。

张燕解释道："你说的十五六万是毛利，企业经营中，不能只考虑销售收入和进货成本，还有很多其他支出，比如水电费、租金、办公费、人员工资等，总的公式是：

本年利润=(主营业务收入+其他业务收入+营业外收入+补贴收入+投资收益)-(主营业务成本+其他业务支出+税金及附加+期间费用+营业外支出+所得税)

咱们的利润表就是围绕这个公式来的，把这几项记牢，后面会依次详细解释。

第一部分

开店的终极奥义——关于利润表的知识体系

张老板的便利店每天开门营业，而作为老板最关心的莫过于赚了多少钱啦！本书的第一部分要讲解的就是关于便利店赚了多少钱的报表。

第1章至第5章内容介绍了利润表中五大组成部分——收入、成本、税金、期间费用和所得税，第6章是讲利润表如何编制，第7章则是讲利润表的指标分析以及指标分析对经营的指导作用。

第 1 章

经营下去的关键是收入

不管是便利店还是大型集团公司，想要长久的经营下去，最重要的是要有盈利。本章将讲解关于赚钱的那些事儿。

张老板一听赚钱精神头就上来了，这可是他最喜欢的事情了！张燕想考考他，就问他知道几种赚钱的方法，张老板不慌不忙地回答道："便利店主要经营的内容当然是销售！除此之外因为 24 小时营业，所以偶尔也提供餐饮服务。对于一些不能按时供货的供货商，我们也会按照合同约定没收一些定金作为补偿"。

"不错，不愧是老板呀！一提到赚钱立马精神百倍"，张燕笑道。

这三种业务对应了三种收入类型，但是除此之外还有其他的生财之道哦！

1.1 便利店的主要业务收入

一家便利店，零食、饮料、方便面、火腿肠等，这些是每天都会销售的东西。这些商品的销售收入，作为便利店最重要的收入来源，在会计学上就叫作主营业务收入。

收入是便利店经营下去的根本

收入是便利店持续经营的根本，这是人人皆知的道理，但是往往会产生两个误区：认为只要有收入就是赚到钱了；或者认为只要能赚到钱就一定能持续经营下去。

针对以上两个误区，我们要树立两个概念。

1. 有收入不一定等于真的赚到了钱

收入只是镜花水月，不代表真的赚到了钱。为了赚取收入，你要先进货。为了赚更多的钱，需要持续不断地进货。日常经营时还会有煤水电费、工人工资等支出，作为合法经营的企业还需要缴纳各种税费和行政性收费。所以日常收入减掉这些支出之后还有盈余，才算是真正赚到了钱。

2. 赚到了钱不一定能持续经营下去

即便如上所说有了盈余，能否经营下去还要看有没有资金流。常常有很多大型企业，业务范围广，年销售额也不低，但是因为资金流断裂，整个企业的经营无以为继。所以除了利润，资金流也是老板们必须注意的，这是持续经营的另一个“命门”。

什么收入可以算作主营业务收入

主营业务收入，简言之就是最主要的业务产生的销售额。便利店当然归纳一下，在便利店中，满足以下几个特点的可以算作主营业务收入。

1. 天天都会发生的业务带来的收入

很明显，“供货商不能按时供货，按照合同罚没的定金”这类业务不符合“天天都会发生”这个前提，所以不属于主营业务收入。

2. 此项收入占总收入比重较大

对一家便利店来说“提供餐饮服务”这项业务产生的收入，只要不超过销售商品收入的比重，也就不能作为主营业务收入。但如果是餐馆，情况则刚好相反，提供餐饮服务才是其主要业务，其他的比如销售打包盒，则不属于其主营业务。从这里我们看出，不同行业的主营业务不是一成不变的。本书以便利店为例，其他行业请按照实际情况作出判断。

不同种类的货物卖的钱要记在一起吗

便利店里货物琳琅满目，有饮料、零食、面包、薯片，也有纸巾、牙签、水杯等。张老板不禁好奇问：这么多种类的货物卖的钱都记在一起吗？

这个问题其实涉及的是会计学里中的一个概念——科目分级。

便利店中不同种类的货物按照不同的区域摆放。这样做的目的，一方面是方便顾客挑选，另一方面也便于清点存货。记账也是同样的道理，前面我们讲的“主营业务收入”是一个大的范围，在会计学上叫作“一级科目”。应该按照不同货物分别记录其销售额，比如主营业务收入——食品，主营业务收入——日用品，这叫“二级科目”。

那么问题又来了，一级科目和二级科目有什么关系呢？

一级科目是所有二级科目的汇总。按照财务管理的要求，二级科目之下还可以再设三级科目。上级科目永远都是下级科目的汇总。但是财务报表里只体现一级科目，二级科目之后的明细资料只在账簿里体现，报表里不需要体现。

本书的前三个部分，都是按照构成财务报表的一级科目分别介绍的。每一章是一个一级科目，每一节是一个二级科目，所以大家读书时看到的目录结构和记账时的思路是一样的。

分类的目的是便于管理，我们把所有的经济业务划分成六大类的会计要素，每个要素下面又设有不同的会计科目。本书第一部分讲解的利润表是由三个会计要素构成的，这三个要素之间又有个恒等的关系，这个关系构成了利润表的计算基础。

请看下面两个公式：

利润表三要素：

收入-费用=利润

利润表三要素按照会计科目展开：

（主营业务收入＋其他业务收入＋营业外收入）-（主营业务成本＋其他业务成本＋税金及附加＋期间费用＋营业外支出＋所得税）=本年利润

1.2　其他业务收入

张老板的便利店因为是24小时营业，除了卖货，为了吸引顾客、增加收入，也会提供一些餐饮服务。

本节我们就来看看关于其他业务收入的那些事儿。

其他业务和主营业务的界定

前面张燕给张老板讲了，主营业务要满足两个条件：天天发生、占比较大。张老板就想是不是其他业务也有相应的标准呢？

1. 偶尔发生

张老板开的是个便利店，并不是餐馆，所以餐饮服务不会每天都发生。

2. 占比不大

还是以餐饮服务为例，便利店的简餐一般价值都不高，所以不会超过销售货物的收入。

综上所述，便利店提供餐饮服务属于便利店的其他业务。那么如果把便利店换成餐馆呢？餐馆的其他业务不可能是提供餐饮服务呀！只能是代售日用品或者销售餐盒之类的。大家一定要结合具体行业具体分析。

其他业务内容举例

对于餐馆来说，提供餐饮服务是主营业务。除此之外，承接商务会议收取场地费、举办婚宴提供相关服务等服务费都属于其他业务。

1.3 营业外收入

前面讲了主营业务收入和其他业务收入，便利店还有几种非常罕有的收入来源。本节我们就来介绍关于营业外收入之类的那些事儿。

营业外收入的界定

其实“营业外收入”这个名称已经揭示了其内容，营业之外发生的业务产生的收入就是营业外收入。它的两个标准如下。

1. 必须是经营范围之外的业务产生的收入

经营范围在营业执照上有所记载，凡是不在经营范围的业务都属于营业外业务。

2. 不会经常发生，只是偶尔发生

既然是营业外业务，必然不会天天发生，不然就变成主营业务了。

上面介绍了三种不同的收入来源，具体区别如表 1-2 所示。

表 1-2 三种不同收入来源的异同对比

<table>
<tr><th></th><th>主营业务收入</th><th>其他业务收入</th><th>营业外收入</th></tr>
<tr><td>区别</td><td>经营范围内，几乎每天都要发生的主要业务带来的收入</td><td>经营范围内，偶尔发生的非主要业务带来的收入</td><td>经营范围外，偶尔发生的收入</td></tr>
<tr><td rowspan="2">共同点</td><td colspan="2">都在经营范围之内</td><td></td></tr>
<tr><td></td><td colspan="2">不经常发生，只是偶尔才会带来收入的业务</td></tr>
</table>

营业外收入内容举例

了解了营业外收入的标准，那么我们来看看何种收入可以作为营业外收入。

对于便利店来说，由于供应商不能及时发货造成的违约，按照合同是需要罚没一定的保证金，这种收入属于营业外收入。因为不会有哪个企业以罚没保证金作为主要经营范围，也不会有供应商天天故意延迟发货，所以这项收入符合营业外收入的标准。

另外，便利店有很多包装材料，对于不能继续使用的周转纸箱是可以卖掉的，这种卖废品得到的收入也是营业外收入的一部分。

1.4 补贴收入和投资收益

除了前面讲的三大类收入，是不是还有其他赚钱的方法呢？

对于一些纳税信用良好，或是符合国家扶植政策、享受某些优惠税收条件的企业，国家或者地方往往有一些税收返还政策，把每年纳税总额的一小部分返还给企业，这部分收入属于**补贴收入**。

投资收益又是什么意思呢？比如，张老板的便利店隔壁有个彩票店，店主小李想把小店做大一点，就来找张老板商量合伙开个大一点的彩票投注点。这对于便利店来说就是一种投资！既然是投资当然要共同承担风险和收益，也就是说无论彩票投注点是赚钱还是赔钱，张老板和小李都要按照出资比例各自承担一部分，这部分收益或者损失都属于投资收益的核算内容。

第2章

为了赚钱就必须付出成本

张老板听张燕讲了几个赚钱的方法之后心情大好，感觉之前看起来一团糟的报表好像好看多了，这不，看着看着就想研究下一个项目了。

“我说张燕呀！你把赚钱的方法都给我讲了，是不是该讲讲下一个项目啦？”张老板虚心地请教着。

张燕慢悠悠地喝了口水，又清了清嗓子，开始讲到：“对啊，这次咱们聊聊关于进货的那些事儿！”

张老板马上说道：“这个我熟啊！是说从哪进货便宜，多长时间进一次货之类的话题吧？”

“咱们暂时只聊第一个问题。至于多长时间进一次货。对采购进来的货怎么管理。咱们放在下一章报表里面讲。”张燕回答。

“明明都是讲关于货物的事儿，为什么要分开说啊？这么着多不好记啊”张老板抱怨道。

“所谓进货这件事呢，放在利润表里叫作成本，但是放在别的报表里身份就变了哦！为了让你更仔细的听我讲，我还是先不告诉你，等讲到那里你自然就明白了。”

看到张燕又开始卖关子，张老板倒是也不生气，他知道张燕这是为了提高他的学习兴趣。对于零基础的他来说，想弄明白这看起来既复杂又专业的财务报表，不用点非常规的方法是很难短期内实现了。

不过张燕这么做也不是故弄玄虚。会计要素分为六种：资产、负债、所有者权益、收入、费用和利润。前三个要素组成了资产负债表，后三个要素组成了我们现在聊的利润表。

同时，在会计学里有词叫作“复式记账法”或者叫“借贷记账法”，这个词是什么意思呢？就是说每发生一笔经济业务，都需要用借方和贷方两个符号，采用至少两个科目同时反映。而这两个科目又隶属于或相同或不同的会计要素。

比如我们用 2 400 元现金购买了 80 箱矿泉水，这 80 箱矿泉水卖了 3 000 元。这个业务涉及了现金、库存商品、收入还有成本这四个会计科目。他们又分别属于资产类要素、收入类要素和费用类要素三大类会计要素。

也就是说每一笔经济业务不是单一的只影响一个会计科目或是一类会计要素。

2.1 要卖货就要先进货——主营业务成本

成本和收入是一对因果关系的概念，为了卖货就要先进货。反之，进了货也是为了卖更高的价钱。

前面说了收入分为主营业务收入、其他业务收入和营业外收入。与之对应的成本也可分为主营业务成本、其他业务成本和营业外支出。

有的人说收入不是还有投资收益和补贴收入了么，怎么不提那两个了？有两个原因：第一，这两种都属于偶然所得或者叫意外之财，基本没有专门为获得这笔收入发生支出，所以没有对应的成本项目。第二，投资收益本身既有收入性质也包含支出或者说损失性质。严格意义来讲，他们和本年利润一样，属于损益类科目，损益类科目是指收入、成本、税金和期间费用等编制损益类所需要用到的会计科目。本身既可以核算损失也可以核算损益。所以他们没有对应的成本项目。

可能有人会问，前面说的六个会计要素里不包含成本这个要素！这就是下面咱们要讲解的内容了！

可以对象化的费用就是成本

前面讲了六个会计要素，其中收入、费用和利润构成了利润表的计算基础。成本就是这个费用中的一种。

费用包含成本和期间费用两类，可以对象化的费用就是成本。

这句话要怎么理解呢？还是给大家举个例子吧!比如前面说的购进 80 箱矿泉水的例子，这 80 箱矿泉水就是为了卖掉的，卖掉 80 箱矿泉水产生的收入对应购入 80 箱矿泉水产生的成本。

这样是不是好理解多了？**为了赚取收入花费掉的钱就是成本！**

拓展一下思路，如果这 80 箱矿泉水不是为了销售给顾客赚取收入，而是放在店里给店员和老板喝的，那这是什么呢？这属于费用的另一部分——期间费用。

关于期间费用不属于本章节讨论的内容，我们放到第 4 章：不能对象化的支出——期间费用来进行详细讲解。

神奇的借贷记账符号

一. 复式记账法

复式记账法是用“借方”和“贷方”来表示方向，把每一笔经济业务都用两个或两个以上的会计科目按照一定规律记录下来。这些会计科目会带来不同会计要素的增减变动。

这段话看似很抽象，其实掌握了下面几点就很容易明白了。

1. 关于“借”和“贷”

不同会计要素的性质肯定有所区别，所以对于有的要素借方就表示增加，有的则表示减少。那么具体哪种要素用哪个方向表示增加或者减少呢？有个口诀大家可以读一下：

《记账规则之歌》

借增贷减是资产，权益和它正相反。
成本资产总相同，细细记牢莫弄乱。
损益账户要分辨，费用收入不一般。
收入增加贷方看，减少借方来结转。

口诀的意思就是资产类科目借增贷减，负债和权益与之相反；费用和资产一样，也是借增贷减；收入则相反。最神奇的是损益类科目，借方表示损失而贷方表示收益。

2. 关于会计要素和会计科目

会计要素和会计科目的概念第一章已经讲过了，在这咱们换个角度来说说这一对概念。

所有的经济业务都能高度概括为六个会计要素的变动，比如前面说的用现金购买矿泉水的例子，最开始用现金购买矿泉水的时候，就是资产要素内部的增减变动。后来矿泉水卖掉的时候，是收入要素和资产要素同时增加。最后结转成本的时候，费用要素增加资产要素减少。

光知道什么要素还是不能明确反应发生的经济业务，所以还有会计科目作为会计要素的补充说明。前例中用现金购买矿泉水这件事儿，增加了库存商品，减少了现金，其中“库存商品”和“现金”都是具体的会计科目。矿泉水销售后赚取现金则是增加了“现金”和“主营业务收入”，同样，“现金”和“主营业务收入”都是具体的会计科目。最后结转成本则是增加“主营业务成本”减少了“库存商品”。

记账的过程把上面的文字，转化成会计专门格式的一种语言，会计学里把这个语言叫作会计分录。

把上面这段文字做成会计分录的形式看看：

【例 2.1】昊阳便利店用现金 2 400 元购买了 80 箱矿泉水。

借：库存商品	2 400	
贷：现金		2 400

【例 2.2】这些矿泉水全部销售，赚取现金 3 000 元。

借：现金	3 000	
贷：主营业务收入		3 000

【例 2.3】结转 80 箱矿泉水成本。

借：主营业务成本	2 400	
贷：库存商品		2 400

3. 复式记账法遵循的规律

从上面三个例子可看出如下两个规律：

- 所有的会计分录都是有借方有贷方的，所以才叫借贷复式记账法。
- 借方金额和贷方金额总是相等的，这在会计学上叫借贷平衡。

把上面两句话总结一下，就是借贷记账法的精髓，即**有借必有贷，借贷必相等**。这个规律不但是会计分录和复式记账法的理论基础，就连后面要介绍的资产负债表也是以此作为基础的，请大家务必牢记。

成本的另一个身份

从【例 2.3】的分录里我们看到和成本在同一个分录里反映的科目叫作库存商品。这个分录代表的意义是什么呢?

这个分录的意思，就是说为了销售采购的库存商品最终都会转化为主营业务成本。

往深处想一下，所有经济业务都会引起会计要素的增加变动。如果资产负债表要素和损益表要素之间有增减变动，就说明这笔业务影响了利润，而利润是从资产负债和所有者权益的变动转化而来的。

推而广之，所有的经济业务最终都会引起利润表和资产负债表的变动。而这两张报表之间又存在互相转化的关系。

所以说会计学难不难？其实只是一门关于平衡和转化的学问。借贷平衡，报表之间的暗流涌动都弄明白，会计这门学问是最简单不过的。但是大家要细心体会，多想想经济业务背后的意义，这才是财务报表分析的目的。我们不是只看到数字的变动，而是要搞清楚数字背后的含义。

2.2 购买食材的支出——其他业务成本

为了赚取收入而花费掉的钱就是成本。收入分主营业务收入、其他业务收入和营业外收入，与之对应的成本也分主营业务成本、其他业务成本和营业外支出。那么主营业务成本和其他业务成本有什么区别呢？收入和成本之间有什么关系呢？本节内容会详细讲解这两个问题！

发生其他业务成本是为了赚取其他业务收入

要弄清楚主营业务成本和其他业务成本的区别，其实就是弄明白以下两个点：

1. 主营业务与其他业务的区别

在第 1 章我们讲了这两者的区别，即是否在日常经营范围经常发生，且占比较大。两者都符合就是主营业务，反之就是其他业务。

2. 为了赚取其他业务收入花掉的钱就是其他业务成本

搞清楚了其他业务和主营业务的区别，那么其他业务成本就很容易理解了。与主营业务成本一样，其他业务成本是为了赚取其他业务收入发生的支出。这里还是继续注意收入成本的对应关系，时刻牢记成本是对象化的费用！每项成本项目都能找到对应的收入项目。

毛利是什么？重要不重要

前面强调了很多次收入和成本的对应关系：要赚取收入就要先付出成本，花费成本是为了赚取收入。那么，收入成本除了对应关系之外，还有没有其他经济含义呢？

第 1 章中提到张老板第一次看报表的时候，有一个严重的误区，他觉得收入减掉成本就是他赚的钱。当时张燕纠正他说那是毛利，并不是净利，只有净利才是企业真正的利润。

所以，收入和成本除了对应关系之外，收入减去成本之后的差额叫作**毛利**，也有叫商品进销差价的。反映了销售价格减掉进货成本之后剩余可以用于运营的资金。

在正常情况下，如果毛利是亏损的，那么这种生意建议不做。这种情况在会计学上叫作成本倒挂。如果利润表出现了这种情况，在所得税的征期，往往税务局要调查业务是否真实，因为这种情况极度不符合常理。

如果有的商品因为市场因素或者季节因素，偶尔会出现这种情况。比如便利店经常有临期商品的打折促销，或者羽绒服在夏天的反季促销等。但是一定要记住，这种情况不可能是常态。如果企业在一段时间内持续出现成本倒挂的情况一定是不正常的状况。

如果收入减去成本还有盈余,企业就一定能挣到钱吗？答案并不是肯定的。

当收入减去成本的盈余还足够支付税金，员工工资、房屋租金、物业水电、仓储费用、运输费用等一切日常开销之后，那时候的盈余叫作**净利**。只有净利才是企业真真正正赚到的钱。

2.3 被城管罚款了怎么办？——营业外支出

上文讲了主营业务成本和其他业务成本，我们再来说说与营业外收入对应的营业外支出。

为什么不叫营业外成本

你可能会好奇,为什么前两种都叫成本,到了营业外支出就不叫成本了呢？

这个营业外支出和投资收益、补贴收入一样，属于意外所得，飞来横财。所以一般不会有专门的对应支出；或者只是偶尔才会发生对应支出，其对应关系不像收入成本直接对应那么紧密，所以不叫营业外成本。

当然啦，叫什么只是个名称的问题，主要还是分清哪些属于营业外业务。下面将列举几个例子说明一下哪些属于营业外支出业务。

营业外支出举例

便利店里有哪些经营范围之外，偶尔发生的支出呢？想想其实也不少。比如以下几种。

1. 便利店里有辆小货车，买了好多年了，已经到了国家规定的报废年限。报废的时候人家收取了一定的评估费还有拖车费等。这类的业务属于处置固定资产的支出。正常的公司不会天天处理固定资产，也不可能把这个作为一项主营业务（当然，物资回收公司除外）。所以符合营业外业务的条件，本项支出属于营业外支出。

2. 便利店有一个月在纳税申报的时候，由于财务人员的疏忽，报税之后没有及时缴纳税款。税务按照税款总额的万分之五收取了滞纳金。这项业务属于罚款性质，肯定不在经营范围内，也不会经常发生。与之类似的，便利店车辆上路时产生的违章罚款、没有按时给客户送货被扣掉的保证金等，都属于这类营业外支出。

第 3 章

合法经营就要纳税 1

在前面两个章节里，介绍了赚钱的门道和为了赚钱必须要花掉的成本。其实，在生产经营过程中，作为合法经营的正规企业，不可避免地要接受纳税这项义务，税金也是一个企业非常重要的一项支出。这不，张老板又向张燕请教上了。

张老板愁眉苦脸的问张燕：“纳税这件事儿是不是真的无法回避啊？”

“作为合法经营的企业，除了经营范围合法之外，最重要的就是要按时申报纳税！”

张老板又问：“哪些业务需要缴税啊？什么时候交税呀？税都是怎么算的啊？……”

我们跟着张燕来一起看看关于税收的那些事儿吧！

3.1　便利店发生哪些业务需要缴税

别看便利店很小，但是涉及的税费并不少，主要有：

- 便利店平日里最基本的业务就是销售货物，这种行为叫商品流转环节，这个环节需要交的税叫做增值税。
- 按照每个月交多少增值税的基础上还需要缴纳一个增值税的附税。
- 每个月有了收入数据以后还需要按照收入计算一个印花税。
- 收入减去成本再减去上面这些税金之后，如果还有盈利，而且以前年度一直都是盈利的话，那还需要缴纳一个所得税。
- 便利店有辆小货车，每年验车的时候需要交车船税……

不过上述这些税种里，能直接在利润表体现出来的只有两种，分别是增值税的附税和所得税。其他小税种都在费用里涵盖，不单独显示。所以本章节首先来介绍增值税及其附税。所得税放在费用后面一章介绍，各种小税种则放在第 4 章进行讲解。

关于税款的那些事儿

作为便利店，销售商品是每天都会发生的业务。每发生一笔赚取额收入的业务都会同时产生对应的增值税，每次进货也会产生对应的增值税。

在讲解增值税之前，我们先来看看一些关于纳税的误区。

1. 税款可以筹划但无法避免

咱们前面讲了那么多税种，每种税种都有自己的筹划方法。但是有一点要牢记！税款筹划≠偷税漏税，税款筹划是在税法允许的范围内合理规划何时交税？交多少税？的一门学问，但是偷税漏税可是犯法！除了罚款滞纳金严重外，可能还要承担经济犯罪的刑事责任。

以增值税和所得税为例，不管便利店是否盈利，只要有商品购销行为，就必须缴纳增值税。但是，如果当月亏损了，进销差价形成的毛利不足以支付房租水电等费用，就没有产生应纳税所得额，那么就不用缴纳所得税。

要时刻关注自己的税负率，这是税务局监控企业经营是否正常的一项重要指标，后面咱们讲到财务报表指标分析的时候会特别强调这一点。总之，企业应该很好的把握一个点，即适当交税，最大程度降低税务风险，尽可能提高企业资金利用率。

2. 多关注税务动态，掌握税收优惠信息

税款虽然种类繁多，但税收政策不是一成不变的。根据国家对不同行业的扶持力度不同，很多税种都有不同的优惠政策。这时候能及时掌握这些信息就显得非常关键。要和税务机关保持良好的沟通，及时了解最新政策，最大程度享受政府给企业的福利。

3. 政府部门的奖励政策也要关注

税务局是负责征收税款的职能部门，但是各级政府则是最终收款的单位。为了招商引资或是奖励纳税企业，政府各部门也会有很多奖励政策。作为企业主来说这些信息非常重要。

什么时候需要缴税

关于交税的时间，有两种说法，一是税款所属期，另一个是税款入库期。税款所属期即自然月，也就是税款产生但尚未缴纳的那个周期。税款入库期则是下月月初，也就是把产生的税款实际申报并缴纳税款的那个周期。两者往往差一个月，一般税务局的各项评估都是以实际入库期为基础的。

各种税款除了所得税和房产税以及城镇土地使用税之外都是当月产生，下月申报并且缴纳。

所得税则采用季度预缴，年度汇算清缴的方法。

房产税和城镇土地使用税则每年申报缴纳两次，分别在上半年的 5 月和下半年的 11 月申报缴纳。不过如果没有自有房产则不用考虑这个税种。

3.2 增值税是怎么算出来的

张老板的昊阳便利店每年要缴纳增值税十几万元，这几年市场行情不错所以利润也算丰厚，每年还要交好几万的企业所得税。这些税金把张老板搞得头昏脑胀，一直不知道这些税金都是怎么算出来的。所以张燕打算简单给张老板讲讲税金是怎么算出来的。

介绍增值税之前，我们来看看增值税发票长什么样子，如图 3.1 所示。

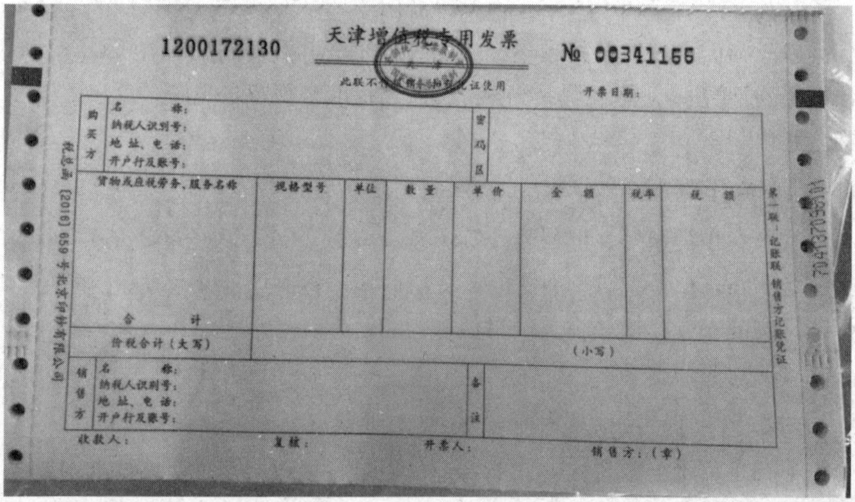

图 3.1　增值税专用发票票样

从图中可以看到，发票上的金额分为三个部分：金额、税额还有价税合计，大写金额和价税合计金额相等。而一般的发票金额部分只有大写金额和小写金额。这是为什么呢？这是因为增值税是一种价外税，税款是多少会写在发票上，这是和别的税种、别的发票都明显不同的地方。

现行增值税的纳税人分为一般纳税人和小规模纳税人，本书中的所有案例均以一般纳税人为例进行讲解。

2018 年 4 月 4 日，财政部和国家税务总局发布了财税（2018）32 号文件《关于调整增值税税率的通知》，通知中对原使用 17%和 11%税率的增值税应税销售行为或者进口货物，税率分别调整为 16%和 10%。该政策自 2018 年 5 月 1 日起执行。本书中例题均以 16%作为增值税税率计算。

卖货时从客户那收取的流转税

在本节内容中，我们主要介绍一下销项税。

【例 3.1】昊阳便利店本月销售给隔壁阿香私房川菜馆一些做饭用的调料、厨具以及碗筷，价款以现金结清，货物清单如表 3.1 所示：

表 3.1 昊阳便利店发货单

货物名称	规格数量	含税单价
酱油	3瓶	21.5元/瓶
醋	2瓶	13.8元/瓶
细盐	5袋	4元/袋
粗盐	5斤	2元/斤
干辣椒	8斤	16.8元/斤
上好青藤椒	8斤	24.75元/斤
厨房刀具	1套	130元/套
碗筷	3套	140元/套
价款总计		1 004.5元

1. 含税价格与不含税价格

上例中的商品总价款 1 004.5 元，即增值税专用发票中的价税合计金额。作为一般纳税人，要计算增值税，首先要做的就是价税分离，知道本月的销项税、进项税各为多少才能算出本月应纳增值税。

价税合计金额又叫含税金额，它和不含税价格之间存在着一个换算公式，我们来看一下：

含税金额=不含税金额+增值税

以 16%作为增值税税率，而不含税金额乘以对应税率等于增值税，所以公式可以展开为：

含税金额=不含税金额+不含税金额 × 16%

通过提取公因数，公式可以转化为：

含税金额=不含税金额 ×（1+16%）

通过移项公式也可以转化为：

不含税金额=含税金额/（1+16%）

这个公式就是不含税金和含税金额互相转换的公式啦！

具体到本例中，含税价格 1 004.5÷（1+16%）=不含税金额 865.95 元，所以本例销售业务中所含的销项税=1 004.5−865.95=138.55 元。

2. 关于增值税的常见误区

对于很多老板来说总觉得卖出去的每一分钱都是赚的，其实还真不是这样。对于增值税这种价外税来说，增值税和价款分离是非常重要的一步。比如本例中总价款 1 004.5 元只有 865.95 元计入收入。138.55 元是从消费者手里收取的增值税，并不是便利店的收入！最后这笔钱是要并入增值税的计算过程里的。而且这笔钱并不等于最终需要缴纳的增值税，增值税的计算采用的是税款抵扣的办法，购入商品已经缴纳的增值税在销售过程中不再重复缴纳，所以增值税的实际税负并不等于其税率。

另外需要注意的是。如此重要的**增值税影响的并不是利润表**，它只对资产负债表产生影响。但是其附税，也就是 3.3 节介绍的内容，最终会影响利润表，关于附税的讲解请看 3.3 节的介绍。

3. 销项税的会计处理

怎么计算销项税和多少钱计入收入咱们都知道了，那么怎么把这个转化成会计语言呢？会计分录如下：

借：现金	1 004.5	
贷：主营业务收入——调料		391.81
——厨具		112.07
——碗筷		362.07
应交税金——应交增值税——销项税额		138.55

由上述分录可以看出，增值税最终计入了负债类会计要素，影响的是资产负债表，不过与之共同产生的收入则会影响利润表，这也印证了前面介绍的几个内容：

- 复式记账法时的讲解内容：每一笔业务都要计入两个或两个以上的会计科目，这些会计科目可能隶属于不同的会计要素，从而影响不同的会计报表。
- 所有业务的发生都不是单一的只影响一个科目或要素，同理所有经济业务也不是只影响某一张报表，而是会对企业的财务状况和经营成果产生整体的影响。
- 所有分录都遵循有借必有贷，借贷必相等的记账规则。

财务知识看似枯燥，其实很有趣。报表看似复杂，其实蕴藏玄机。好好学习研究，才能发现这门学科的乐趣。

进货时交给供应商的流转税

进项税的计算方法和销项税一样,不同的是它是伴随商品价值一起产生的。而且进货的时候不会涉及与收入对应的成本科目，进货只是增加库存商品，成本要最后月末时按照品种一次性结转。

【例 3.2】昊阳便利店本月从乐友商贸处采购货物若干，清单如表 3.2 所示:

表 3.2　昊阳便利店入库单

货物名称	规格数量	含税单价
矿泉水	30箱	96元/箱
薯片	4箱	160元/箱
钢笔	3盒	80元/盒
拖鞋	40双	20元/双
价款总计		4 560元

上述货款以现金方式全部付清。月末盘点发现除拖鞋剩于 5 双之外其余商品全部销售。

（1）计算购入货物价款中的不含税价格和进项税各是多少:

不含税价格=4 560÷（1+16%）=3 931.04 元

进项税=4 560－3 931.04=628.96 元

（2）采购时的会计分录:

借：库存商品　　饮料　　2 482.76
　　　　　　——零食　　551.72
　　　　　　——文具　　206.90
　　　　　　——家居用品　　689.66
　　应交税金——应交增值税——进项税额　　628.96
　　贷：现金　　4 560

（3）月末结转成本

没有销售的拖鞋的成本=689.66÷40×5=86.21

销售出去的拖鞋的成本=689.66-86.21=603.45

借：主营业务成本——饮料　　2 482.76
　　　　　　　——零食　　551.72
　　　　　　　——文具　　206.90
　　　　　　　——家居用品　　603.45
　　贷：库存商品——饮料　　2 482.76
　　　　　　　——零食　　551.72

——文具 206.90

——家居用品 603.45

从本例中我们看到饮料、零食还有文具，这三个同属于库存商品的二级科目，其借方和贷方是一样的，这在月末结账的时候表示没有库存，全部销售了。而拖鞋所属的家居用品则有 86.21 元余额。库存商品采用数量金额式明细账反映，所以月初要根据账簿记载的实物数量对仓库进行盘点。

需要注意的是，进项税除了伴随本月采购商品价款产生之外，期初留抵进项税也是一个组成部分。

每个月到底交多少增值税

上文销项税和进项税，现在来讲增值税是怎么计算出来的！咱们按照以下四种常见的情况来举例说明：

（1）正常缴纳的基础情况

月初没有进项税留抵，本月销项税大于进项税，本月需要缴纳增值税。

【例 3.3】昊阳便利店 7 月初留抵税为 0，7 月销项税额为 3 582 元，进项税为 2 876 元。

7 月应纳增值税=3 582－2 876=706 元

7 月末结转增值税：

借：应交税金——应交增值税——销项税额 3 582

　　贷：应交税金——应交增值税——进项税额 2 876

　　　　　　　　　　——转出未交增值税 706

借：应交税金——应交增值税——转出未交增值税 706

　　贷：应交税金——未交增值税 706

8 月初缴纳增值税：

借：应交税金——未交增值税 706

　　贷：银行存款——税款户 706

需要注意的是，“应交税金——应交增值税”科目正常情况下月末没有余额，余额在“应交税金——未交增值税”科目下反映。

（2）月末留底不需缴税

月初有进项税留抵，本月销项税小于进项税之和，本月不需要缴纳增值税及附税。

【例 3.4】昊阳便利店 8 月初留抵税为 2 900，8 月销项税额为 3 582 元，进项税为 2 876 元。

8 月应缴纳增值税=3 582-（2 876+2 900）=－2 194 元

8 月末结转增值税：

借：应交税金——应交增值税——销项税额 3 582

贷：应交税金——应交增值税——进项税额 2 876

——转出未交增值税 706

借：应交税金——应交增值税——转出未交增值税 706

贷：应交税金——未交增值税 706

8 月末实际留抵税款=期初留抵 2 900-本月应交 706=期末留底 2 194 元，下月月初不再缴纳增值税及附税。

（3）月初留底本月缴税

月初有进项税留抵，本月销项税大于进项税之和，本月需要缴纳增值税。

【例 3.5】昊阳便利店 9 月初留抵税为 2 194，9 月销项税额为 3 500 元，进项税为 200 元。

9 月应缴纳增值税=3 500－（200+2 194）=1 106 元

9 月末结转增值税：

借：应交税金——应交增值税——销项税额 3 500

贷：应交税金——应交增值税——进项税额 200

——转出未交增值税 3 300

借：应交税金——应交增值税——转出未交增值税 3 300

贷：应交税金——未交增值税 3 300

10 月初实际纳增值税=本月应交 3 300 元-期初留抵 2 194 元=1 106 元

借：应交税金——未交增值税 1 106

贷：银行存款——税款户 1 106

（4）月初无留底本月不交税

月初没有进项税留抵，本月进项税大于销项税，本月增值税留抵，不再缴纳增值税及附税。

【例 3.6】昊阳便利店 10 月初留抵税为 0，10 月销项税额为 2 500 元，进项税为 3 600 元。

10 月应缴纳增值税=2 500－3 600=－1 100 元，本月无需缴纳增值税及附税

9 月末结转增值税：

借：应交税金——应交增值税——销项税额 2 500

——转出未交增值税 1 100

贷：应交税金——应交增值税——进项税额 3 600

第 2 笔结转分录没有借方金额，“应交税金——未交增值税”用贷方红字表示，这样做是为了保证该科目借方金额累计数为当年实际缴纳的税款，

便于统计。

上述四种情况咱们举例的时候选取了四个相连的月份，经济业务连续发生同时账簿也是连续记录的，所有数据都有连贯性。这基本上接近了真实经营的情况。

3.3 增值税的附税又是怎么计算出来的

虽然增值税并不影响利润表，但是以其为基础计算的各项附税则会影响利润表。增值税是因，附税是增值税结的果。现在我们就来讲讲这些附税！

附税的种类

我们以直辖市天津为例，增值税的附加税主要有四项：

- 城市维护建设税，该税种的税率为增值税的 7%。
- 教育费附加，该税种的税率为增值税的 3%。
- 地方教育费附加，该税种的税率为增值税的 2%。
- 防洪费，该税种的税率为增值税的 1%。

附税的计算

本节主要讲解附税是怎么计算出来的,计算出来之后又怎么在报表中体现。

【例 3.7】昊阳便利店 7 月末应交增值税为 706 元，请计算各项附税的金额并作出相应的会计分录。

城市维护建设税=706 × 7%=49.42 元

教育费附加=706 × 3%=21.18 元

地方教育费附加=706 × 2%=14.12 元

防洪费=706 × 1%=7.06 元

以上各项合计为 91.78 元。

7 月末计提附税会计分录为：

借：主营业务税金及附加　　91.78

　　贷：应交税金——城市维护建设税　　49.42

　　　　其他应交款——教育费附加　　21.18

　　　　　　　　——地方教育费附加　　14.12

　　　　　　　　——防洪费　　7.06

8 月初缴纳会计分录为：

借：应交税金——城市维护建设税　　49.42

　　其他应交款——教育费附加　　21.18

　　　　　　　——地方教育费附加　　14.12

　　　　　　　——防洪费　　7.06

　贷：银行存款——税款户　　91.78

从案例中我们发现，提取附税的时候既通过“主营业务税金及附加”影响了利润表，同时通过“应交税金”和“其他应交款”影响了资产负债表。

如果你所在的企业用的是新会计准则，那么“应交税金”和“其他应交款”已经合并为“应交税费”科目，不过原理都是一样的。

需要特别注意的是，本例是以天津市的标准为例的，根据你所在的地区不同附税的种类税率可能会有不同，具体请咨询当地地税局。另外，本书着重讲的是原理，会计分录只是为了方便大家理解报表中的数字是怎么来的，会计分录的名称，尤其是二级科目的名称起参考作用，具体情况要具体分析。在这里并不支持大家死记硬背书里的会计分录，就好像数学老师会要求大家背公式而不是背每一道例题，大家好仔细体会案例中讲述的原理，对于例题理解了即可。

3.4　税金界的“奇葩”

所谓的“奇葩”税金有一个最大的共同点，就是都隐藏在费用中间。这里有个小的技巧和大家分享下，很多时候如果一项费用不好分清到底是哪个部门受益的话，一般我们都放在管理费用中。税金就是这样，一般都是在管理费用下设对应的二级科目来记录税金。

印花税

邮票大家应该都见过，每张都有一定的面额，上面描绘着精美的图案，有一些还出自大师手笔，极具收藏价值。这次咱们讲的这种税金的税票也是一种像邮票一样的小画片，没错，它就是印花税。

印花税的税票为啥设计成小画片的样子呢？我国现行的诸多税种中只有印花税有这么好看的税票。这么设计是为了方便纳税人把税票贴在账本或者合同上，表示该文书已经纳税。

那到底什么时候需要缴纳印花税呢？一般来说只要签订合同或者有记载资金的账簿上，都需要缴纳印花税。比如账本，营业执照、财产转移书据还有各种合同等。

对于便利店来说，各种权利许可证照都按照 5 元/件的标准进行贴花。合同则需要按照合同的不同类型确定税率，以购销合同为例，应该按照合同金额的万分之三计算印花税。而且订立合同的甲乙双方都要缴纳印花税，这点一定要注意。

不过在实务操作中，一般是按照每个月的销售额确定当月应缴纳的印花税。下面我们来看一个例题。

【例 4.6】昊阳便利店 7 月份零售业务销售收入 35 000 元，批发业务销售收入 120 000 元。计算当月应缴纳的印花税。

同一地区不同时期的计算方法也略有不同，此处还是以天津地区为例，目前天津地区对批发行业的印花税计算公式为：收入×140%×0.03%，对零售行业的印花税计算公式为：收入×80%×0.03%。别的地区也有对收入和成本双向都征收印花税的，具体的计算方法请以当地政策为准。回到本题中，我们来看计算过程：

7 月份应纳印花税=（35 000×80%+120 000×140%）×0.03%=58.8 元

根据计算结果，会计分录如下：

借：管理费用——印花税　　58.8

　　贷：应交税金——印花税　　58.8

下月初交税的会计分录如下：

借：应交税金——印花税　　58.8

　　贷：银行存款　　58.8

在这里，给正在看书的你提个醒，印花税这个税种现在税务局监控非常严格，金税三期上线以后，税务局数据已经联网。所以一定要按照收入来申报印花税，万万不可存在侥幸心理。轻税重罚，一旦被发现有偷漏税行为，后果很严重。

车船税

对于有自有车辆的便利店来说，车船税也是需要缴纳的，一般是在验车的时候交纳，按照车辆的不同排量或者几人座来确定税额。

【例 4.7】昊阳便利店 2018 年需要缴纳车船税 660 元，会计处理如下：

借：管理费用——车船税　　660

　　贷：应交税金——车船税　　660

借：应交税金——车船税　　660

　　贷：银行存款　　660

其他税种

除了上面讲到的印花税和车船税，还有其他一些税金，大家知道一下即可：

- 对于自有房屋的企业，每年要缴纳房产税和城镇土地使用税，一般一年两次，缴纳时间分别是 5 月和 11 月。同样是计入管理费用核算。
- 对于购入房屋的企业来说，购房时发生的印花税和企业其他的印花税处理一样。但是需要特别注意的是，契税是要计入房屋原值的！
- 天津地区的残疾人联合会会对天津地区的企业征收一项残疾人保障金，对于没有按照计划安排残疾人就业的企业来说，每年需要按照上一年当地的平均工资和平均人数计算出的金额，缴纳残疾人保障金。

第4章

那些不能明确对象化的支出——期间费用

张老板最近有几件烦心事儿，这不是便利店生意越来越好吗！他就琢磨着趁机扩大规模，那必然要有一系列准备工作啦！当务之急至少得有以下几项：

- 需要租个更大的店面。
- 要多雇几个店员。
- 要往更大更正规的方向发展，当然得给员工上社保交公积金。

可是这方方面面都要花钱，他不知道这些支出能不能赚得回来，所以非常苦恼不行。

张燕看在眼里，知道该给他讲讲这些找不到明确对象的支出了。至于能不能赚得回来的问题嘛！学明白了这章咱们下一章见分晓啊！

4.1 谁受益就是谁的费用

成本是可以对象化的费用。那么还有一部分不能对象化的费用是啥呢？那就是本章咱们要介绍的期间费用！先来看个例子：

便利店为了销售矿泉水，总得先采购矿泉水吧？那采购矿泉水花的钱叫做成本，卖掉矿泉水赚的钱叫做收入，这是一对概念。采购矿泉水的时候，得从供应商那运输到便利店吧。为了节省成本不能光送几箱矿泉水啊！一起运过来的还有薯片、方便面等许多货物。那么从供应商到便利店的运费要算到哪个产品头上呢？

本案例中涉及到的运费与多个成本项目有关，无法明确区分其对应的成本项目，这种支出就叫做期间费用。

可能读者会问：费用跟期间有什么关系呢？这涉及一个会计假设，就是把连续的经营周期，划分为相等的会计期间，会计期间，一般指自然月！这个周期里发生的费用，叫做期间费用，然后把这个周期的收入、成本、税金和各种期间费用通过利润表体现出来。

财务报表上的期间费用有三种，分别是销售费用、管理费用和财务费用。但是咱们平时接触到的费用种类千差万别，比如运输费、仓储费、交通费、员工工资等，这些费用是怎么分门别类计入到上述三种期间费用里的呢？

其实这里有一个原则，谁受益就是谁的费用！这句话什么意思呢？咱们把所有的期间费用按三个受益部门来分类：

- 为了和银行打交道花的钱，这类都算财务费用。比如银行柜台收取的各项手续费。
- 为店里销售商品的部门花的钱，算作销售费用。比如给收银员和理货员发的工资，便利店店面发生的水电费等。
- 为便利店的办公室花的钱，算作管理费用。比如给会计人员发的工资、办公室的租金以及办公室的水电费等。

我们看到同样是员工工资，因为员工所属部门不同，他们被记入了不同的一级科目。但是二级科目是相同的。这就是为什么说谁受益就是谁的费用了，销售部门发生的费用由销售部门受益，计入销售费用，反之亦然。

期间费用的二级科目，需要根据实际经营中的不同费用属性单独设置。所以本章节讲解的是实际费用名目，也就是按照二级科目的类型进行讲解的。

打工就是为了赚工资啦

便利店要扩张的话，当然得多雇佣几个店员！员工的社保、公积金也要跟上。所以我们要先弄明白工资社保的会计处理，先来看一个从工资方面的例题。

【例 4.1】昊阳便利店 7 月份在职员工 5 人，工资表如表 4.1 所示：

表 4.1　昊阳便利店 7 月份工资表

		张老板	李店长	王会计	赵店员	钱店员	合计
1	基本工资	7 000	5 500	4 200	3 000	3 000	22 700
2	加：补助	2 500	1 300	200	100	100	4 200
3	减：迟到	0	0	10	5	20	35
4	应发工资	9 500	6 800	4 390	3 095	3 080	26 865
5	减：社保	300	200	200	100	100	900
6	减：公积金	200	100	100	100	100	600

续上表

		张老板	李店长	王会计	赵店员	钱店员	合计
7	减：专项扣除	2 000	1 000	1 000	0	500	4 500
8	个税应税所得额	7 000	5 500	3 090	2 895	2 380	20 865
9	减：个税	60	15	0	0	0	75
10	实发工资	8 940	6 485	4 090	2 895	2 880	25 290

上面这张工资表有以下几个要点：

● 关于社保和公积金

社保和公积金都是员工福利，按照劳动和社会保障部门规定的比例和基数进行提取。工资表里体现的只是由个人承担的部分，还有一部分需要由便利店承担。其会计处理详见下面的讲解。

● 关于个人所得税

例题中可以看到，张老板和李店长的收入缴纳了个人所得税，但是其他人没有。这是因为现行的个人所得税制度是以 5 000 元为起征点，超过 5 000 元的部分采用累进税率计算应纳税额。而且个人所得税的纳税人并不是便利店本身，便利店只负责代扣代缴。所以个人所得税要从个人工资总额中扣除，然后下月初由便利店申报纳税。

2018 年 9 月 6 日，国务院总理李克强主持召开国务院常务会议，确定落实新修订的个人所得税法的配套措施，为广大群众减负。会议指出，要在确保 2018 年 10 月 1 日起如期将个税基本减除费用标准由 3 500 元提高到 5 000 元并适用新税率表的同时，抓紧按照让广大群众得到更多实惠的要求，明确子女教育、继续教育、大病医疗、普通住房贷款利息、住房租金、赡养老人支出 6 项专项附加扣除的具体范围和标准，使群众应纳税收入在减除基本费用标准的基础上，再享有教育、医疗、养老等多方面附加扣除，确保扣除后的应纳税收入起点明显高于 5 000 元，进一步减轻群众税收负担，增加居民实际收入、增强消费能力。新个税法于 2019 年 1 月 1 日起施行，2018 年 10 月 1 日起施行最新起征点和税率。

个税专项附加扣除如下，个税专项附加扣除的具体要求如下；

1. 子女教育

纳税人的子女接受全日制学历教育的相关支出，按照每个子女每月 1 000 元的标准定额扣除。

2. 继续教育

纳税人在中国境内接受学历（学位）继续教育的支出，在学历（学位）教育期间按照每月 400 元定额扣除。同一学历（学位）继续教育的扣除期限不能超过 48 个月。纳税人接受技能人员职业资格继续教育、专业技术人员职业资格继续教育的支出，在取得相关证书的当年，按照 3 600 元定额扣除。

3. 大病医疗

在一个纳税年度内，纳税人发生的与基本医保相关的医药费用支出，扣除医保报销后个人负担（指医保目录范围内的自付部分）累计超过15 000元的部分，由纳税人在办理年度汇算清缴时，在80 000元限额内据实扣除。

4. 住房贷款利息

纳税人本人或者配偶单独或者共同使用商业银行或者住房公积金个人住房贷款为本人或者其配偶购买中国境内住房，发生的首套住房贷款利息支出，在实际发生贷款利息的年度，按照每月1 000元的标准定额扣除，扣除期限最长不超过240个月。纳税人只能享受一次首套住房贷款的利息扣除。

5. 住房租金

纳税人在主要工作城市没有自有住房而发生的住房租金支出，可以按照以下标准定额扣除：

（一）直辖市、省会（首府）城市、计划单列市以及国务院确定的其他城市，扣除标准为每月1 500元；

（二）除第一项所列城市以外，市辖区户籍人口超过100万的城市，扣除标准为每月1 100元；市辖区户籍人口不超过100万的城市，扣除标准为每月800元。

6. 赡养老人

纳税人赡养一位及以上被赡养人的赡养支出，统一按照以下标准定额扣除：

（一）纳税人为独生子女的，按照每月2 000元的标准定额扣除；

（二）纳税人为非独生子女的，由其与兄弟姐妹分摊每月2 000元的扣除额度，每人分摊的额度不能超过每月1 000元。可以由赡养人均摊或者约定分摊，也可以由被赡养人指定分摊。约定或者指定分摊的须签订书面分摊协议，指定分摊优先于约定分摊。具体分摊方式和额度在一个纳税年度内不能变更。

● 关于计提工资的会计处理

工资的计提，涉及到两方面的问题：

1. 关于提取金额的确定

工资表中的数据众多，但是只有应发工资才是咱们提取分录中需要的数值。即表4.1中第4行数据。除此之外，表中前3行是第4行计算过程，与任何分录都没关系。后7行是工资社保扣款明细，发放工资分录中才会用到。

2. 关于会计科目的确定

一方面计入应付工资或者应付职工薪酬科目，另一方向则需要根据前面提到的谁受益就是谁的费用的原则，按照员工服务的部门不同划分到不同的费用科目下，但是二级科目均为工资。

本例中，张老板、李店长和王会计都属于管理部门的员工，赵店员和钱店员则明显属于销售部门。故上题中的工资表，提取工资的会计分录如下：

借：管理费用——工资　　20 690

　　销售费用——工资　　6 175

　　贷：应付工资　　26 865

● 关于发放工资的会计处理

讲了工资的计提，自然就有工资的发放。绝大多数企业都采用下发薪，也就是说计提和发放是在两个月完成的，所以应付工资科目一般月末都有余额。这和咱们所有税金的计提和缴纳原理是一样的。但是也有少部分企业当月计提当月发放，应付工资科目没有余额，本例对该特殊情况不做讨论。

上例中的工资表，发放工资的会计分录如下：

借：应付工资　　26 865

　　贷：其他应收款——社保　　900

　　　　　　　　——公积金　　600

　　　　应交税金——个税　　75

　　　　银行存款——基本户　　25 290

● 关于缴纳社保和公积金的会计处理

上图的工资表只显示了个人应承担的社保和公积金，假设便利店应承担的社保金额为 2 850 元，公积金为 600 元，则缴纳社保和公积金的会计分录如下：

借：管理费用——社保　　1 950

　　销售费用——社保　　900

　　其他应收款——社保　　900

　　贷：银行存款　　3 750

借：管理费用——公积金　　400

　　销售费用——公积金　　200

　　其他应收款——公积金　　600

　　贷：银行存款——基本户　　1 200

从上述分录中可以看出，公司承担的社保和公积金也是按照谁受益就是谁的费用的原则在管理部门和销售部门中间进行分摊，不同的一级科目，同样的二级科目。

便利店当然要有运货成本

运输成本对便利店来说是日常发生的成本。

【例 4.2】昊阳便利店 8 月采购货物发生运费 3 500 元，管理部门发生燃油费 800 元，过路过桥费 270 元。

例题中出现三种费用，涉及两个部门。这里我们要再次强调一下：本书中介绍的所有二级科目都需要根据企业情况来设置，比如本例中的燃油费和过桥费可以合并为车辆使用费入账，如果对该项费用有专门的统计需求，也可以分成两个科目。分类是为了便于管理，所以二级科目不是一成不变的，是可以根据管理需要专门设置的。所以例题中的会计分录可以是如下两种：

借：销售费用——运费　　3 500
　　管理费用——燃油费　　800
　　　　　　——过桥费　　270
　　贷：银行存款　　4 570

或者合并为：

借：销售费用——运费　　3 500
　　管理费用——车辆使用费　　1 070
　　贷：银行存款　　4 570

两个分录对报表产生的影响是一样的，这是因为报表体现的是一级科目，不同的二级科目都要汇总在同一个一级科目下，所以对报表的影响没有差别。不同的分类只是为了满足不同的管理需要。

仓库需要租金吗

假设便利店的店面和仓库还有办公室都是租赁来的，那么租金怎么处理？请看例题：

【例 4.3】昊阳便利店 6 月发生仓库租赁费 2 700 元，店面租金 12 000 元，办公室租金 3 100 元。

遵循谁受益就是谁的费用的原则，按照不同的受益部门记录上述经济业务，会计分录如下：

借：销售费用——仓储费　　2 700
　　　　　　——店面租金　　12 000
　　管理费用——租金　　3 100
　　贷：银行存款　　17 800

水电费也是不能避免的

便利店的经营过程中水电费是不可避免的费用之一，那么水电费要怎么处理呢？请看例题：

【例 4.4】昊阳便利店 6 月份发生水电费 2 400 元，其中办公室水电费 600 元，余下部分为店面和仓库的水电费。

会计分录如下：

借：管理费用——水电费　　600

　　销售费用——水电费　　1 800

　　贷：银行存款　　2 400

银行手续费种类也不少

银行会收取各种手续费，如果有其他贴现或者承兑业务的话，手续费又会有所不同。大致来说会有手续费、贴现息、议付费等名目。此处选择最常见的手续费来举例。

【例 4.5】昊阳便利店 6 月份银行业务共发生手续费 3 180 元，款项直接从账户结算。

借：财务费用——手续费　　3 180

　　贷：银行存款　　3 180

4.2　折旧

讲了便利店的日常开销和需要缴纳的税金，现在来介绍一下期间费用中另外一项不得不提到的项目——折旧。

折旧是资产的更新基金

你们猜折旧和其他费用项目最大的不同是什么？折旧并不是企业的实际款项支出，它只是为了更新固定资产计提的一种准备金。

有的读者可能会问，没花钱干嘛要记账呢？又干嘛要在财务报表里反映呢？这和会计记账的标准有关，我国企业是以权责发生制为基础，就是说不管这项支出有没有实际发生，而是按照费用是否应该归属本期。就拿咱们一直讲的税金为例，在月末计提的时候，并没有发生纳税支出，但是账簿上仍然要记载这笔马上就要发生，但是实际仍未发生的支出，是同一个道理。

折旧的原理就是每个月按照计算出来的折旧提取一部分准备金，等到报废的时候用于更新固定资产。其计算方法也很简单，按照固定资产的原值，减掉报废后剩余的价值，再平均分摊到使用周期里的每个月，这种叫直线折旧法。

还有一种加速折旧法，一般使用加速折旧法都是电脑或者高新设备这种更新换代较快的固定资产。还有像汽车这种与使用量有关的采用工作年限法计提折旧。大家了解一下即可。除了直线折旧法之外，如果企业采用其他折旧方法均需要到税务部门进行备案，另外就是需要在所得税汇算清缴的时候进行纳税调整。

折旧是怎么算的

前面讲了折旧的原理，咱们来看一个直线折旧法的例题。

【例 4.8】昊阳便利店上个月购入运货的小货车一辆，购买时价值 45 000 元，预计残值 5 000 元，使用年限预计为 4 年。同时购入办公用家具一批，价值 17 000 元，预计残值 1 000 元，使用年限预计 5 年。计算折旧并编制分录。

固定资产计提折旧有个规则，当月增加次月开始提折旧，当月减少次月开始不提折旧。笔者把这个叫做次月原则。

题中小货车每年需要计提的折旧=（45 000−5 000）÷4=10 000 元/年

小货车每个月需要计提的折旧=10 000÷12=833.33 元/月

办公家具每月需要计提的折旧=（17 000−1 000）÷5÷12=266.67 元/月

每个月计提折旧的会计分录为：

借：销售费用——折旧　　833.33

　　管理费用——折旧　　266.67

　　贷：累计折旧——货车　　833.33

　　　　　　　　——办公家具　　266.67

第5章

合法经营就要纳税2——关于所得税

张老板看张燕洋洋洒洒的讲完了各项支出，现在他最关心的问题就是：要赚多少钱才能不亏本呢？他这么想的，也是这么问的。且看张燕如何解答吧！

张燕推了推眼镜，说道："这个问题可以说是困扰众多老板的终极问题啦！要想不亏本最好的办法当然就是收入高于所有的支出啦！在不赚钱也不亏本的时候，也就是收支平衡的状态下，我们管那个时候的收入叫收支平衡点。只要超过收支平衡点就赚钱啊！"

张老板想了想，道理都懂，但是还有个疑问啊！是不是这时候就是可以安心数钱的惬意时光了？

张燕又笑了："当然不是啰，这个时候还有一种税必须要交！交完了剩下的就都是你赚的啦！"

听完之后，张老板依然一头雾水。

5.1 净利是检验经营成果的重要标准

经过前面四个章节的讲解，咱们摸清了利润表的几大组成部分。

- 收入：便利店的钱从哪赚到的。
- 成本：为了赚取收入花掉的钱就是成本。

- 增值税附税：进销差价交的增值税的附加税。
- 三大期间费用：不能对象化的费用，按照谁受益就是谁的费用的原则进行归集。

利润表本身就是检验企业经营成果的报表，说得通俗点就是看看这个买卖是赚钱还是赔本儿，值不值得干。

利润表最后一部分信息是看企业是否盈利，盈利多少，并对这个盈利征税的过程。所以这个章节咱们就来讲讲关于是否盈利，以及盈利以后需要交什么税这两件事儿。

净利是怎么算出来的

利润表本身就是计算当期经营到底有多少盈利还是亏损的报表。所以净利的计算过程，就是利润表从上到下依次相减的最后结果。

首先，咱们来回顾一下本书开头提到的那张利润表，如表 5.1 所示。

表 5.1 利润表

2017年12月

编制单位：昊阳便利店　　　　单位：元

项目	本期数	本年累计数
一．主营业务收入	56 425.50	753 860.70
减：主营业务成本	42 231.64	597 056.39
主营业务税金及附加	3 287.63	41 029.16
二．主营业务利润	10 906.23	115 775.15
加：其他业务利润	0.00	23 142.77
减：销售费用	3 482.19	38 129.66
管理费用	986.52	11 240.56
财务费用	538.29	7 213.59
三、营业利润	5 899.23	82 334.11
加：投资收益	0.00	2 500.00
补贴收入	4 000.00	8 000.00
营业外收入	12 000.00	43 125.17
减：营业外支出	286.00	1 315.16
四．利润总额	21 613.23	134 644.12
减：所得税	5 403.31	33 661.03
五、净利润	16 209.92	100 983.09

从上表中我们看到，利润表从上到下共有五个层次，第五个层次就是净利润啦！如果按照我们的章节来说的话，可以总结为下列公式：

净利润=收入-成本-税金-期间费用-所得税

将上述公式展开后我们得到如下公式：

净利润=（主营业务收入+其他业务收入+营业外收入+补贴收入+投资收益）-（主营业务成本+其他业务成本+营业外支出）-主营业务税金及附加-（销售费用+管理费用+财务费用）-所得税

所以净利润的计算过程就是编制利润表的过程。

到底销售多少货才能保本

这个问题可说是所有老板心里最重要的疑惑了！因为只有知道了卖多少货不亏本，才能知道这笔生意值不值得做。

本章最开始咱们说了，在既不盈利也不亏损的时候，有一个盈亏平衡点。只要销售额或者销售量超过盈亏平衡点就会盈利，反之则亏损。

【例 5.1】昊阳便利店 5 月份发生的费用如表 5.2 所示：

表 5.2　昊阳便利店 5 月份费用一览表

序号	项目	金额（元）
1	工资	24 000
2	租金	32 000
3	水电费	4 500
4	进货成本	79 000
5	各项税费	9 600
6	办公费	2 000
7	运输费	8 500
8	银行手续费	2 742
合计		162 342

假设上表中项目为 5 月份全部经营业务所需的全部费用，若便利店商品平均单价为 385 元/件，试问盈亏平衡点销量为多少？

我们看到上表中的费用可以分为两大类，工资、租金和水电费每个月都是固定不变的，这种叫做固定费用。进货成本、税费、办公费，运输费以及银行手续费这几项，都会与便利店的销售量呈现正相关。也就是说业务量大费用就多，反之就少，这种叫做变动费用。

既然已经知道这是当月经营中所遇到的所有费用，那么只要收入大于这些费用的总和，就一定能盈利啦！收入等于这些费用的总和时，那时的收入就是盈亏平衡点，公式如下：

已知：

收入-成本=利润

展开得到：

收入-(固定成本+变动成本)=利润

计算盈亏平衡点就是利润为零的时候，所以：

盈亏平衡点收入－(固定成本+变动成本)=0

通过移项得到公式：

盈亏平衡点收入=变动成本+固定成本

再次展开得到：

盈亏平衡点销量×单价=变动成本+固定成本

最后通过移项得到：

盈亏平衡点销量=（变动成本+固定成本）÷单价

所以本题中的盈亏平衡点销量=162 342÷385=421.67 件

也就是说，当销售量达到 421.67 件的时候，利润为 0，不足 421.67 件亏损，超过 421.67 件则会实现盈利。

当然，咱们这里讲的是一个完美的模型，现实情况中会有各种变量影响，不过原理是一样的。另外像便利店这种业态，由于商品种类太过庞杂，可能无法估算出具体的盈亏平衡点销量。那么可以根据打算进货以及本月费用情况估算出盈亏平衡点销售额，也可对经营方针产生指导作用。

另外还有一点需要说明，在销售额或销售量刚好达到盈亏平衡点的时候利润为 0。所以不用考虑所得税的问题，那么如果盈利了所得税要怎么计算呢？请看下节。

5.2　净利之前的最后一关

上节咱们讲了盈亏平衡点是怎么计算出来的，我们看到，在计算公式中，除了所得税之外，所有其他项目咱们都讲过了。本节咱们就来讲讲关于所得税的计算以及缴纳的优惠政策等。

除了毛利之外还有一种利润叫营业利润

在讲解所得税之前，有必要啰嗦一下。这个问题是由几个前面咱们讲过的问题逐步推导出来的：

- 毛利是什么，怎么计算咱们已经讲过了，主营业务收入减掉主营业务成本的差额叫做毛利。
- 销售商品会产生流转环节的增值税，增值税本身并不影响损益，但是增值税的附税和其他经营性支出一样会影响损益。
- 经营性支出除了可以对象化的成本之外，还有不能对象化的期间费用。

那么问题来了，上述几项逐次相减得到的是什么呢？

答案其实很简单，他们逐次相减得到的是与毛利对应的一种利润，叫做营业利润。而用营业利润减掉所得税得到的就是净利润！

毛利、营业利润和净利润三者之间好似洋葱，层层包含。毛利是最外层，净利润是核心。为了让大家看得更明白，如图 5.1 所示。

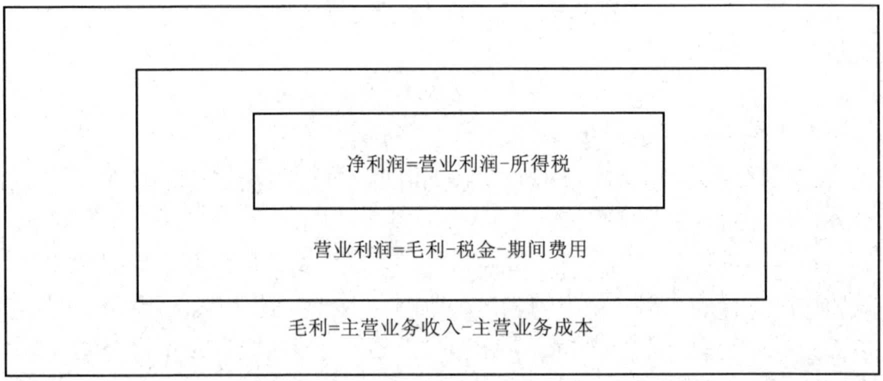

图 5.1　利润层次示意图

所得税是怎么算出来的

1. 关于企业所得税的计算

咱们前面讲了，便利店收入减掉成本之后的差额叫做毛利。毛利再减掉各种税金和人员工资、煤水电费、租金等日常经营的必要花销之后还有盈余的话，这个盈余叫做企业所得税应纳税所得额，需要按照25%的税率缴纳企业所得税。最后的净利需要再减掉所得税才能得到，只有净利才是企业真正的，剔除所有花费之后赚到的钱。

所得税的计算公式：

当期应纳所得税=当期应纳税所得额 × 25%

该公式按照利润表的结构展开后，可以得到如下公式：

当期应纳所得税=（主营业务收入-主营业务成本-增值税附税-期间费用+营业外收入-营业外支出 ± 投资收益 + 补贴收入）× 25%

【例 5.2】昊阳便利店 2018 年 3 季度损益类科目发生额如表 5.3 所示，请计算 3 季度需要预缴的所得税金额。

表 5.3　昊阳便利店 2018 年 3 季度损益类科目发生额一览表

序号	项目	金额
1	主营业务收入	162 749元
2	主营业务成本	144 107元

续上表

序号	项目	金额
3	主营业务税金及附加	3 216元
4	销售费用	3 786元
5	管理费用	2 149元
6	财务费用	168元
7	营业外收入	200元
8	营业外支出	0
9	补贴收入	0

上题中有几个关键信息一定要注意一下：一是注意这是整个3季度的数据，二是这些数据都是发生额。

本例中的应纳税所得额的计算过程如下：

应纳税所得额=162 749−144 107−3 216−3 786−2 149−168+200=9 523元

所以本例中的应纳所得税为：

应纳所得税=9 523×25%=2 380.75元

这笔业务的会计分录：

9月底计提所得税

借：所得税　　　　2 380.75

　　贷：应交税金——所得税　　　　2 380.75

10月初缴纳所得税

借：应交税金——所得税　　　　2 380.75

　　贷：银行存款——税款户　　　　2 380.75

25%的所得税意味着企业的盈利实际上有25%是要上交国家的，剩余75%属于企业。

2. 关于企业所得税的缴纳

我国的企业所得税的缴纳实行的是按期预交汇算清缴的模式，每年分四个季度进行预交，在每年4月、1月、10月和转年1月的申报期申报本年一到四季度的季度预缴所得税，转年5月底之前进行汇算清缴。

预交是按照会计利润计算缴纳的，汇算清缴则需要将会计利润换算成税法利润后再计算全年应纳的所得税。预交类似十汇算清缴的一次预演，汇算清缴则类似于秋后算账。

会计利润就是按照会计准则计算出来的利润，税法利润则要对一些不准予税前抵扣的项目和对于一些可以加计扣除的项目进行调整，每年的调整政策略有不同，但一般来说调整的项目多为工资、招待费、广告费、折旧费、高新技术研发费等费用项目。

【例 5.3】昊阳便利店 2018 年度在职员工 6 人，账载工资 375 000 元，当年所得税汇算清缴的工资扣除限额为 5 000 元/月每人，计算工资薪金一项应该调增多少利润？

本例中的账载工资是按照会计准则计算出来的，以此为基础计算出来的利润叫做会计利润。而税法要求的扣除限额计算出来的就是税法利润啦！我们先来看看税法要求的工资扣除限额是多少。

税法要求的工资扣除上限=5 000×12×6=360 000 元

账载工资与税法工资的差额=375 000−360 000=15 000 元

也就是说按照税法要求，企业的会计利润中多抵扣了 15 000 元工资，所以按照税法要求，会计利润要调增 15 000 元，才能达到税法要求的计算应纳税所得额的标准。

【例 5.4】昊阳便利店 2018 年度账簿中共计发生招待费 3 000 元，全年收入 623 514 元。税法规定的扣除政策为：企业发生的与生产经营活动有关的业务招待费支出，按照发生额的 60%扣除，但最高不得超过当年销售(营业)收入的 5‰，试问企业需要调增多少应纳税所得额？

本题中已经明确给出了税法要求的扣除限额的两个要求，所以计算过程如下：

（1）账载业务招待费发生额的 60%=3 000×60%=1 800 元

（2）当年营业收入的 5‰=623 514×5‰=3 117.57 元

（3）因为 1 800 元 < 3 117.57 元，所以当年业务招待费的扣除上限为 1 800 元

（4）会计利润需要调增=3 000−1 800=1 200 元

关于调增利润这件事儿，咱们再说几句，刚才举例的这两题都是调减了会计账簿中的费用，也就是变相调增了利润，增加了应纳税所得额，进而增加了应纳所得税。

例题中列举的，是大部分企业都会遇到的调整情况。再次强调一下，每年的汇算清缴政策都会有细微的差别，一定要按照当年的最新政策来进行纳税调整。

3. 关于企业所得税的优惠政策

对于盈利企业而言，在汇算清缴的时候，如果在本年度之前尚有亏损没有弥补，则可以先弥补亏损再计算所得税，弥补的期限是 5 年，弥补的办法是当年盈利直接减除以前年度的累计亏损，直到差额为正数为止。该正数数值乘以 25%即为当年应纳所得税。如果差额为负数，则当年不再缴纳所得税，该负数金额下一年度继续弥补。

上述原则的计算过程其实并不复杂，咱们来看两个例题：

【例 5.5】假定昊阳便利店 2012 年亏损 10 万元，2013 年所得额 1.5 万元，2014 年所得额 5 万元，2015 年亏损 9 万元，2016 年所得额 1 万元，2017 年所

得额7万元。计算2017年可供以后年度弥补亏损有多少？

根据上述资料编制企业所得税弥补亏损明细表如表5.4所示

表5.4 企业所得税弥补亏损明细表

单位：（万元）

行次	项目	年度	盈利额或亏损额	当年可弥补的所得额	以前年度亏损弥补额					本年度实际弥补以前年度亏损额	可结转以后年度弥补的亏损额
					前四年度	前三年度	前二年度	前一年度	合计		
		1	2	3	4	5	6	7	8	9	10
1	第一年	2012	−10	−10	1.5	5		1	7.5	2.5	*
2	第二年	2013	1.5	1.5	*						
3	第三年	2014	5	5	*	*					
4	第四年	2015	-9	-9	*	*	*			4.5	4.5
5	第五年	2016	1	1	*	*	*	*			
6	本年	2017	7	7	*	*	*	*	*	7	4.5
7											4.5

从上表可以看出，本年为2017年，往前推算5年的第一年为2012年。六年中共计盈利14.5万元，其中10万元由2012年的亏损全部弥补，剩余4.5万元由2015年的亏损弥补，弥补后2015年尚有4.5万元亏损可以用于以后年度弥补。弥补的最后期限为2020年。

我们再来看一个没有完全利用以前年度亏损的案例。

【例5.6】假定昊阳便利店2017年度如果亏损1.5万元，其他条件不变，计算2017年可供以后年度弥补亏损有多少？

根据上述资料编制企业所得税弥补亏损明细表，如表5.5所示。

表5.5 企业所得税弥补亏损明细表

单位：（万元）

行次	项目	年度	盈利额或亏损额	当年可弥补的所得额	以前年度亏损弥补额					本年度实际弥补以前年度亏损额	可结转以后年度弥补的亏损额
					前四年度	前三年度	前二年度	前一年度	合计		
		1	2	3	4	5	6	7	8	9	10
1	第一年	2012	-10	-10	1.5	5		1	7.5		*
2	第二年	2013	1.5	1.5	*						
3	第三年	2014	5	5	*	*					
4	第四年	2015	-9	-9	*	*	*				9
5	第五年	2016	1	1	*	*	*	*			
6	本年	2017	-1.5	-1.5	*	*	*	*	*		1.5
7											10.5

从上表看出，2012年度剩余的亏损2.5万元，在2017年度最后一年汇算清缴中不能弥补，昊阳便利店将失去弥补的机会。此外 2015 年度"可结转到以后年度弥补的亏损额"将会是9万元，此时2017年度"可结转到以后年度弥补的亏损额"是9+1.5（2017年度亏损）=−10.5万元！

从上述两个例题中可以看出，在企业有前期亏损的情况下，不要惧怕盈利。很多老板都存在一个误区，觉得企业所得税太高了，千万不能产生盈利啊！其实这种想法是非常错误的！

首先，人为控税绝对是不对的，如果为了实现一定的税务目标而做假账偷税漏税是要承担法律责任的。

其次，作为税务部门来说，对于长亏不倒的企业也是税务稽查的重点问题企业，长亏不倒会招致重大的税务风险。

最后，明智的做法是善用前期亏损，体现真实的经营成果，而且还可以降低税务风险，最重要的是并不会增加企业税负，可以说是一举多得的好方法。

第6章

检验经营成果的时候到了——利润表的编制

经过了前面的讲解，张老板对利润表的各大组成部分有了基本的了解。在有了这些基础知识之后，终于可以接触到让他蒙圈的财务报表了。他有一肚子问题，都不知道从哪开始问比较好。比如他关心的怎么从利润表看出经营策略该如何调整？又比如利润表理隐藏了什么陷阱？想想都好激动，这些谜底都要揭晓了。

但是张燕还是小小的给他泼了一下冷水，因为在讲解这些比较高等级的问题之前，还有最后一个小问题，我们要先了解一下利润表本身。比如利润表长什么样？又比如利润表和其他报表有什么不同又有什么关系？明白了这些才能更好的分析它啊！所以，让我们先开始了解一下利润表吧！

6.1 利润表为什么要叫损益表

利润表的别名就是损益表，为啥要叫损益表呢？因为通过利润表可以看到，经营中产生了多少利润，进而也就能知道损益情况！

这张报表对经营的指导意义很大，但是也有一定的局限性，所以还需要资产负债表和现金流量表的信息作为补充。三大财务报表每张都反映不同的内容，三个组合在一起才能看清经营的全貌。

那么利润表本身除了揭示了企业的利润多少，还传达了什么信息呢？通过利润表我们可以看到各项支出的比例，了解哪些支出超过了预算，或者针对哪些费用还可以降低以提高利润等。

利润表全貌

关于利润表的样子，大家一定不陌生。昊阳便利店 2018 年 12 月的利润表如表 6.1 所示。

表 6.1　昊阳便利店 2018 年 12 月利润表

2018年12月

编制单位：昊阳便利店　　　　单位：元

项目	本期数	本年累计数
一．主营业务收入	56 425.50	753 860.70
减：主营业务成本	42 231.64	597 056.39
主营业务税金及附加	3 287.63	41 029.16
二．主营业务利润	10 906.23	115 775.15
加：其他业务利润	0.00	23 142.77
减：营业费用	3 482.19	38 129.66
管理费用	986.52	11 240.56
财务费用	538.29	7 213.59
三、营业利润	5 899.23	82 334.11
加：投资收益	0.00	2 500.00
补贴收入	4 000.00	8 000.00
营业外收入	12 000.00	43 125.17
减：营业外支出	286.00	1 315.16
四．利润总额	21 613.23	134 644.12
减：所得税	5 403.31	33 661.03
五、净利润	16 209.92	100 983.09

收入类的科目用正数表示，支出类的科目则作为正数的抵减项。

在讲解所得税的时候，我们知道了因为所得税按季度缴纳，所以那时候统计了一季度的数据。关于数据的性质，当时咱们说的所有的数据都是发生额。现在来解释一下为什么强调发生额的概念。

发生额是相对于余额来说的。发生额是每个科目这一个月究竟发生了多少金额的业务，而余额是指期初余额加上或者减去不同方向的本期发生额后的金额。对于所有损益类科目来说，每个月都要把所有发生额结转到本年利润里，所以没有期初余额，也不会有期末余额。报表里所有数据的取数都是当期的发生额。

那么余额呢？余额是资产负债表取值的依据。

还有一个问题，就是资产负债表和损益表的所有项目取值都是一级科目。咱们前面讲过，会计做分录是具体到末级科目的，通过对末级科目的汇总归纳，得到一级科目的发生额余额等信息，填到报表里即可。

一张不能具体到某一天的报表

利润表是一种时期报表。时期报表是什么意思呢？仔细观察表 6.1，我们发现标题下的日期处写的是 2018 年 12 月，并没有具体到 12 月的某一天，也就是说这是 12 月这一时期的报表。这是为什么呢？

首先，时期报表的对应概念时点报表，时点报表就是具体到某一天的，比如资产负债表会具体到 12 月 31 日。

其次，时期的概念和取值有关，前面咱们说了，利润表取值取的是发生额，损益类科目每个月结转一次，每个月有一个总的发生额，所以利润表的每个数据都是一段期间的发生额汇总数，不能具体到某一天。

结合以上两点，利润表就变成了不能具体到某一天的时期报表！

本年利润

利润表的编制方法、如何取数咱们都介绍过了，那么怎么知道利润表算出来的净利润对不对呢？这一小节咱们就来讲一下怎么判断利润表编制的正确与否。

我们先来看看检验会计工作的三个标准，他们就是账证相符、账表相符、账实相符。

- 账证相符：是指会计账簿要和记账凭证相符。
- 账表相符：是指会计账簿要和财务报表相符。
- 账实相符：是指会计账簿要和实物资产相符。

第二个相符就是用来检查会计报表编制的正确与否的标准！那么具体到利润表呢？每一个一级科目当然都是和总账里的一级科目进行核对。但是最后一项净利润呢？会计科目里没有叫做“净利润”的一级科目啊！这个要注意了，净利润对应的是本年利润这个科目！净利润的本月数等于本年利润的本月发生额，净利润的本年累计数等于本年利润的同期余额。比如 4 月份的利润表的本年累计净利润就是本年利润科目 4 月底的余额，借方表示亏损，贷方表示盈利。

6.2 利润表与其他报表的钩稽关系

资产负债表，利润表和现金流量表是一套完整的报表体系，每张报表本身有平衡关系，报表和报表之间有钩稽关系。所以整个报表体系是一套不复杂但是很精密的系统，牵一发而动全身。

上一节咱们讲了利润表内部的数值填列和表格与账簿的核对。这一节咱们就来看看利润表和其他报表之间的钩稽关系。

利润表与资产负债表是一对好朋友

利润表反应的是企业的经营成果是盈利还是亏损，资产负债表则反映了企业的财务状况，资产多少？负债多少？所有者权益有多少等信息。资产负债表看的是“脸蛋”，可以知道各项与企业长期经营有关的项目，各自占有多少资金量；而利润表看的则是“家底”，知道企业的收入从哪赚取、花费到哪去、最终形成了多少利润。那这两张描述企业经营的不同方面的报表之前有什么联系呢？

本年利润是连接资产负债表和利润表的重要纽带。有一个非常重要的公式，大家一定要记住：

资产负债表年末未分配利润 - 资产负债表年初未分配利润=利润表本年累计净利润

这个公式就是资产负债表与利润表，表间钩稽的公式！

【例 6.1】昊然便利店 2018 年 1 月 31 日资产负债表未分配利润的年初数是 84 513.26 元，12 月利润表本年累计净利润是 100 983.09 元，试问当 12 月 31 日资产负债表未分配利润年末数为多少时，两张报表符合表间钩稽关系？

刚才的公式，通过移项我们得到下列公式：

资产负债表年初未分配利润 + 利润表本年累计净利润=资产负债表年末未分配利润

所以资产负债表年末未分配利润=84 513.26+100 983.09=185 496.35 元。

也就是说只有资产负债表年末未分配利润等于 185 496.35 元时，资产负债表和利润表才满足表间钩稽关系，这时两张报表编制的才都正确。

另外从例题看起来张老板生意不错哦，今年实现盈利 100 983.09 元，已经超过了之前几年的累计盈利 84 513.26 元了。

未分配利润在资产负债表里的地位，相当于净利润或者本年利润在利润表里一样重要哦！

原来现金流量表和利润表也有点儿“暧昧”

刚才说了资产负债表和利润表之间的关系，现在我们来看看另一张财务报表——现金流量表和利润表之间的关系。

现金流量表是一张反映企业的“大现金”从哪来花到哪去的报表。大现金的意思就是除了现金之外，这张报表还反映了现金等价物。比如除了现金和银行存款，还反映了其他货币资金、应收票据等项目。

看这句话是不是觉得和利润表反应的内容很相似？都反应了企业的钱从哪来花到哪去。那这两张表的区别是什么呢？

这两张报表最主要的区别在于编制基础不同。

我国企业会计准则要求会计记账要用权责发生制为基础，就是说不管费用有没有实际花掉，只要是该本会计期间花费的钱就计入本期费用。比如计提的各种税金，当期并没有实际交税，但是月底结账之前要先把本月应当担负的税金计提，下月实际缴税时不再用损益科目反映。所以利润表也是用权责发生制为基础编制的。

但是现金流量表和其他报表不同，它是按照收付实现制为基础编制的。也就是说它不管费用到底应该由哪个期间担负,只考虑该费用有没有实际花费掉。

现金流量表由两部分组成，分别是主表和补充资料。主表中的部分信息是由资产负债表加工而来的,而补充资料部分的信息则是通过利润表加工获取的。

第 7 章

了解利润表反映的信息——利润表分析指标

上一章里张燕给张老板讲解了关于利润表的那些事儿，包括利润表怎么取数、时期报表的概念、利润表和其他报表的关系等几个问题。张老板听得热血沸腾，终于慢慢的把前面讲的那些知识和财务报表串联起来了。

不过他心里的终极疑问还是没有得到解答，比如利润表本身到底体现了经营中反映的什么信息？如何利用这些信息来改善经营达到更好的经营成果？这才是他最想知道的。

在本章里，张燕从盈利能力和发展能力两个方面给张老板讲解了利润表分析的一些指标，对指标的含义也进行了讲解。另外还讲了一下如何利用利润表提供的信息来改善经营。好啦！我们快来跟着张老板一起学习吧！

7.1 便利店能赚到多少钱——盈利能力分析

作为便利店老板，最关心的莫过于自己的生意能不能赚到钱，能赚到多少钱。所以盈利能力分析应运而生啦！

本书共列举了四个常用的盈利能力分析指标，从收入与利润、成本与利润、总资产与利润还有净资产与利润四个方面分析企业的盈利能力。

指标分析是两个数字的比率，大部分指标从名字就可以知道是哪两个数值的比率，所以计算并不困难，公式也很简单，最重要的是指标数值的含义。这也正是财务报表分析的意义所在。

在讲解分析指标之前，为了方便阅读，还是先把前面一直沿用的利润表贴出来。后面的分析都是以表 7.1 为基础的。

表 7.1　昊阳便利店 2018 年 12 月利润表

编制单位：昊阳便利店　　　　单位：元

项目	本期数	本年累计数
一．主营业务收入	56 425.50	753 860.70
减：主营业务成本	42 231.64	597 056.39
主营业务税金及附加	3 287.63	41 029.16
二．主营业务利润	10 906.23	115 775.15
加：其他业务利润	0.00	23 142.77
减：营业费用	3 482.19	38 129.66
管理费用	986.52	11 240.56
财务费用	538.29	7 213.59
三、营业利润	5 899.23	82 334.11
加：投资收益	0.00	2 500.00
补贴收入	4 000.00	8 000.00
营业外收入	12 000.00	43 125.17
减：营业外支出	286.00	1 315.16
四．利润总额	21 613.23	134 644.12
减：所得税	5 403.31	33 661.03
五、净利润	16 209.92	100 983.09

每一块钱收入里含有多少利润——营业利润率

营业利润率是咱们盈利能力分析中遇到的第一个指标。

【例 7.1】从表 7.1 看到昊阳便利店 2018 年 12 月的营业利润为 5 899.23 元，净利润为 16 209.92 元，主营业务收入为 56 425.50 元，请计算营业利润率并分析。

营业利润率是用来分析每一块钱收入里含有多少利润的指标，含义嘛当然是指标越大，说明利润越多！先来看看公式：

营业利润率=营业利润÷全部业务收入×100%

净利润率=净利润÷全部业务收入×100%

两个指标是口径不同，但含义是一样的。由于利润是分子，所以当然是分子越大，数值越大，企业的利润越高。营业利润率主要考虑的是成本税金和期间费用对收入的影响。净利润率则是考虑了经营中的全部因素之后对收入的比率。上题中的两个指标计算如下：

营业利润率=5 899.23÷56 425.50×100%=10.45%

净利润率=16 209.92÷56 425.50×100%=28.73%

我们看到营业净利润率高于营业利润率，这说明便利店的非经营性业务产生的利润高于主营业务利润。正常情况下主营业务产生的营业利润才是企业的主要利润来源，而指标显示本年非经营性业务的利润已经超过了主营业务利润。

延伸考虑一下，便利店可以考虑在不影响正常经营的条件下，进一步压缩经营成本，从而达到主营业务利润超过非经营性利润的目标。

除了营业利润率和净利率之外，还有一个指标也是反映一块钱收入里含有多少利润的，这个指标叫做毛利率。

【例 7.2】从表 7.1 看到昊阳便利店 2018 年 12 月的主营业务收入是 56 425.50 元，主营业务成本是 42 231.64 元，计算毛利率。

毛利是指销售收入和销售成本的差。所以毛利率的公式就是：

毛利率=（主营业务收入-主营业务成本）÷主营业务收入 × 100%

放到本例中，

毛利率=（56 425.50−42 231.64）÷ 56 425.50 × 100%=25.16%

通过毛利率和营业利润率的对比我们发现一个问题：毛利率高而营业利润率低，到净利润率又高了。这说明拉低利润的主要问题是各种费用太高了，适当控制费用要素，净利率还可以提高。

花费每一分钱能带来多少利润——成本费用利润率

成本费用利润率是盈利能力分析的第二个指标，其实这里有个规律，盈利能力分析都是分析利润和其他项目的比例。

【例 7.3】从表 7.1 看到昊阳便利店 2018 年全年的利润总额是 134 644.12 元，主营业务成本是 597 056.39 元，主营业务税金及附加是 41 029.16 元，销售费用 38 129.66 元，管理费用 11 240.56 元，财务费用 7 213.59 元。计算成本费用利润率。

成本费用利润率这个指标的利润指的是利润总额和成本费用总额的比率，而成本费用总额的计算公式是：

成本费用总额=主营业务成本+主营业务税金及附加+销售费用+管理费用+财务费用

所以，成本费用利润率=利润总额 ÷ 成本费用总额 × 100%

本例中

成本费用总额=597 056.39+41 029.16+38 129.66+11 240.56+7 213.59=694 669.36

成本费用利润率=134 644.12 ÷ 694 669.36 × 100%=19.38%

这里提示两个问题：一是注意指标口径，前面的指标计算的都是 12 月本月的数值，本例中计算的是 2018 年全年的数值。在具体进行分析的时候一定要看好打算分析的指标口径，然后按照口径进行取数。二是我们也可以按照成本的不同种类，比如主营业务成本、其他业务成本等不同口径，与其相对应的利润进行比较，了解不同层次的利润和成本之间的内在关系。

每一元资产能带来多少利润——总资产报酬率

前面讲的营业利润率和成本费用利润率都是直接用利润表的数值进行的指标分析，下面我们讲的这两个指标则需要一些资产负债表里的数据。

【例 7.4】昊阳便利店 2018 年 12 月的利润总额为 21 613.23 元，利息支出为 215 元，总资产年初数为 89 000 元，年末数为 95 000 元，计算总资产报酬率。

总资产报酬率反映了一定时期内获得的报酬总额与平均资产总额的比率。公式如下：

总资产报酬率=息税前利润总额 ÷ 总资产平均值

其中：

息税前利润总额=利润总额+利息支出=净利润+所得税+利息支出

总资产平均值=（总资产年初数+总资产年末数）÷ 2

本例中：

息税前利润总额=21 613.23+215=21 828.23

总资产平均值=（89 000+95 000）÷ 2=92 000

总资产报酬率=21 828.23 ÷ 92 000 × 100%=23.73%

这个指标反映的是资产综合利用的结果，也就是便利店利用债权人和张老板投入的钱赚取了多少盈利。所有盈利能力指标的分析都一样，都是指标越大越好。比如总资产报酬率，指标越高就说明了便利店对自身资产的利用效果越好，获利能力强，管理水平也高。

每一元净资产能带来多少利润——净资产收益率

净资产是相对于总资产说的，总资产和净资产都是资产负债表里的概念。

利润表利用的是收入-费用=利润

而资产负债表利用的是：

资产=负债+所有者权益

这里的资产就是总资产，所有者权益就是净资产啦！

【例 7.5】昊阳便利店 2018 年年初所有者权益总额为 72 000 元，年末所有者权益总额为 79 000 元，全年的净利润为 100 983.09 元，计算净资产收益率指标。

净资产收益率是便利店一定时期获得的净利润与平均净资产的比率，公式如下：

净资产收益率=净利润 ÷ 平均净资产 × 100%

其中：

平均净资产=（所有者权益年初数+所有者权益年末数）÷2

本例中的平均净资产=（72 000+79 000）÷2=75 500

净资产收益率=100 983.09÷75 500×100%=133.75%

这个指标反映的是便利店利用张老板投入的资本等自有资本经营后赚取利润的能力。从指标数值看出来张老板一定要乐疯了，运营效果太好了，可以考虑增资扩大生产经营啦！

这个净资产利润率越高，说明便利店的自有资本获取收益的能力越强，对投资人也就是张老板利益的保证程度也就越高。换言之这个买卖值得做。

7.2 从盈利能力看企业经营潜力

前面咱们讲了四个关于盈利能力分析的指标，其实还有两个指标咱们没有讲。一个是关于现金流的盈余现金保障倍数，另外还有一个资本收益率指标，是一个评价资本性投入与资本溢价获利能力的指标。另外还有一些上市公司经常采用的每股收益率或者市盈率等指标咱们也没有讲。这是因为考虑到这些指标大部分企业用不到，没有前四个指标那么接地气，所有企业都能用，而且指标计算也是主要针对主流的财务报表，所以本书就不做讨论了。

已经讲过的这四个指标从不同侧面反映了便利店的经营能力或者叫获利能力。说白了就是赚钱的能力。当然越能赚钱的买卖才越具有经营的潜力啰。

这四个指标的共性都是越大越好，但大小是从何而论呢？这就涉及到一个比较的问题，所有的报表分析都是在对比的基础上才能得出结论的。对比的方法有两种：一是横向对比，二是纵向对比。

1. 横向对比

横向对比是指对同一时期，同一行业的其他企业的同类指标。比如 2018 年 12 月昊阳便利店的营业利润率为 10.45%，同一时期两条街之外的蛋饼喵小卖部的营业利润率为 9.32%，这就说明昊阳便利店的盈利能力更强，管理水平更高。

2. 纵向对比

纵向对比是指对昊阳便利店不同时期的同一个指标进行对比。比如 2018 年 12 月昊阳便利店的营业利润率为 10.45%，但是去年同期该指标为 12.13%，这就说明今年的经营管理没有去年好，去年的赚钱能力更好一些。

另外就是这四个指标虽然都是越高越好，但是因为是从不同侧面反映同一个问题，所以在利润一定的情况下，四个指标之间对比也能发现一些问题。在同样的利润下，成本费用利润率明显偏低，则说明需要控制成本费用了，只要费用控制到位就能提高利润。

7.3 如何看发展能力指标

如果你经营了一家店，这家店经营情况非常好，作为老板你首先想的是什么？当然是扩大规模增加投资或者开个分店啊！这一节我们讲的几个指标，都是分析作为投资人，到底是否有扩大经营的必要的指标。

不过有的指标不只限于利润表的分析，有的是与往年对比才能得出结论，咱们主要掌握计算方法，把这些指标作为一整个知识体系来了解记忆，不要太过在意他们与某一会计期间的利润表之间的联系。

另外还有一个指标，叫做技术投入比率，该指标多用于高新技术企业，因为普通企业涉及较少所以咱们不做讨论，有兴趣的同学可以自己翻翻资料。

好啦，话不多说，咱们来看看这些指标是怎么计算的吧！

到底多卖了多少钱——营业收入增长率

收入增长可以说是企业发展特别好的最有力证明了，现在首先来介绍下营业收入增长率指标。

【例 7.6】昊阳便利店 2018 年全年销售收入为 623 157.06 元，2018 年全年销售收入为 753 860.70 元，请计算营业收入增长率。

营业收入增长率要先计算营业收入的增长额，也就是两年销售收入的差额，公式如下：

本年营业收入增长额=本年营业收入总额-上年营业收入总额

然后用该差额和上年收入额进行对比，可得到营业收入增长率。

营业收入增长率=本年营业收入增长额 ÷ 上年营业收入总额 × 100%

本例中，本年收入增长额=753 860.70-623 157.06=130 703.64 元

营业收入增长率=130 703.64 ÷ 623 157.06 × 100%=20.97%

这个指标大于零，说明本年营业收入比去年有所增长，这个指标当然是越大越好，说明营业收入增长越快，企业市场前景越好。

这个指标就是典型的纵向对比的指标，通过便利店自身不同时期的同一数值进行对比。当然，不一定是今年和去年对比，也可以是同一年的不同月份进

行对比，主要看财务信息使用者的要求。

有没有亏本呢——资本保值增值率

除了销售收入的增长之外，自有资本的增长也是经营良好的一个证明。自有资本是什么呢？就是张老板为了做买卖投入到便利店的资本。这个指标计算的依据是资产负债表中的所有者权益项目。

【例 7.7】昊阳便利店 2018 年年初所有者权益总额为 72 000 元，年末所有者权益总额为 79 000 元，计算资本保值增值率。

本指标计算的其实就是所有者权益，即企业净资产是否增长，若增长则指标数值大于 100%，但是有一个需要注意的地方是本指标计算的基础，是扣除了客观因素后的所有者权益，即反映便利店在自身努力下实际增减变动的情况。公式如下：

资本保值增值率=扣除客观因素后的本年末所有者权益总额 ÷ 年初所有者权益总额 × 100%

本例中，

资本保值增值率=79 000 ÷ 72 000 × 100%=109.72%

可见昊阳便利店年末净资产超过了年初净资产，也就是说本年并没有亏本，经营情况良好，发展能力非常不错。

没亏本的话增值了多少——资本积累率

刚才咱们看到昊阳便利店 2018 年的资本增值了 109.72%，那资本积累率是什么意思呢？

【例 7.8】昊阳便利店 2018 年年初所有者权益总额为 72 000 元，年末所有者权益总额为 79 000 元，计算资本积累率。

资本积累率是资本保值增值率的延伸指标，积累的意思就是增长，所以资本积累率的公式为：

资本积累率=本年所有者权益增长额 ÷ 年初所有者权益 × 100%

本年所有者权益增长额=年末所有者权益-年初所有者权益

本例中，

所有者权益增长额=79 000-72 000=7 000 元

资本积累率=7 000 ÷ 72 000 × 100%=9.72%

其实实务操作中常用资本保值增值率 100%来求得资本积累率，结果是一样的。

本指标和资本增值率一样，也是越大越好。表明便利店的资本积累越多，应对风险、持续发展的能力越强。

“脸蛋”有没有变漂亮——总资产增长率

在分析了所有者权益的增长率和积累率之后，与净资产对应的总资产的变动是不是也可以反映企业的发展能力呢？答案是肯定的。

【例 7.9】昊阳便利店 2018 年总资产年初数为 89 000 元，年末数为 95 000 元，计算总资产增长率。

总资产的增长率和其他增长率指标一样，也是先计算增长额然后计算增长率，公式如下：

本年总资产增长额=年末资产总额-年初资产总额

总资产增长率=本年总资产增长额 ÷ 年初资产总额 × 100%

本例中，

本年总资产增长额=95 000-89 000=6 000 元

总资产增长率=6 000 ÷ 89 000 × 100%=6.74%

增长率越高，表明便利店一年内资产经营规模扩张的速度越快。但是因为总资产除了包括净资产还包括负债，所以总资产的增长要注意资产规模扩张的质与量，排除因为负债的大量上涨造成的资产上涨假象，而且要关注后续发展能力，谨防盲目扩张。

家底增加了多少——营业利润增长率

除了收入、所有者权益还有总资产的增长之外，营业利润的增长也是反映发展能力的一个重要指标。

【例 7.10】昊阳便利店 2018 年 12 月的营业利润为 5 899.23 元，去年同期的营业利润为 3 249.17 元，计算营业利润增长率。

和前面的增长率指标一样，营业利润增长率也是先计算增长额，再计算增长率。公式如下：

营业利润增长额=本期营业利润总额-上期利润总额

营业利润增长率=营业利润增长额 ÷ 上期营业利润总额 × 100%

本例中：

营业利润增长额=5 899.23-3 249.17=2 650.06 元

营业利润增长率=2 650.06 ÷ 3 249.17 × 100%=81.56%

该数值大于 0 则说明营业利润却有增长，指标数值越大说明营业利润增长越多，发展能力越强。

三年对比会更加准确——营业收入和资本的三年平均增长率

前面几个指标都是两个期间的数值进行对比，那么如果连续比较三年的数值，其趋势是不是会更加明显？所以我们来看看三年平均增长率这个指标。

在讲解这个指标之前，我们要先弄清两个概念，分别是定基动态比率和环基动态比率。

1. 定基动态比率

定基的意思非常简单，就是固定的基础。

【例 7.11】昊阳便利店 2016 年营业收入为 487 214.65 元，2017 年的营业收入为 623 157.06 元，2018 年的营业收入 753 860.70 元，请以 2016 年为固定基期计算三年的营业收入定基动态比率。

定基动态比率=分析期数额 ÷ 固定基期数额 × 100%

所以，

2017 年的定基动态比率=623 157.06 ÷ 487 214.65 × 100%=127.9%

2018 年的定基动态比率=753 860.70 ÷ 487 214.65 × 100%=154.73%

经过分析，2018 年的定基比率高于 2017 年的定基比率，故这三年的营业收入是逐年递增的趋势。

2. 环基动态比率

了解了定基动态比率，环基动态比率也很好理解了，就是指和上期相比较的比率。

【例 7.12】昊阳便利店 2016 年营业收入为 487 214.65 元，2017 年的营业收入为 623 157.06 元，2018 年的营业收入 753 860.70 元，请计算三年的营业收入环比增长比率。

环比动态比率=（本期的某个指标-上期的这个指标）÷ 上期的这个指标 × 100%

所以，

2017 年的环比动态比率=623 157.06 ÷ 487 214.65 × 100%=127.9%

2018 年的环比动态比率=753 860.70 ÷ 623 157.06 × 100%=120.97%

经过分析，虽然昊阳便利店三年来营业收入逐年递增，但是环比动态比率表明 2018 年的指标小于 2017 年指标，也就是说 2018 年的营业收入增速放缓，增幅变小，考虑是否遇到了发展中的瓶颈，是否需要改善经营模式。

看了定基动态比率和环比动态比率之后，我们再来介绍一个高端一点儿的指标，叫做平均增长率指标。

3. 三年平均增长率

这个指标表明了便利店的持续发展态势和市场扩张能力，不过一般都是上市公司用于衡量持续性盈利能力的指标。

【例 7.13】昊阳便利店 2016 年营业收入为 487 214.65 元，2017 年的营业收入为

623 157.06 元，2018 年的营业收入 753 860.70 元，请计算营业收入三年平均增长率。

平均增长率其实是环比增长率的延伸指标，计算公式如下：

三年销售平均增长率=[（当年主营业务收入总额÷三年前主营业务收入总额）^1/3 − 1] × 100%

=（当年主营业务收入/三年前主营业务收入）^1/3 − 1）× 100%

本例中，

2018 年三年平均增长率

={753 860.70 ÷（753 860.70+623 157.06+487 214.65）^1/3−1} × 100%

={753 860.70 ÷ 1 864 232.41^1/3−1} × 100%

=−86.52%

2017 年三年平均增长率

={623 157.06 ÷（753 860.70+623 157.06+487 214.65）^1/3−1} × 100%

={623 157.06 ÷ 1 864 232.41^1/3−1} × 100%

=−88.86%

该指标越高，表明便利店主营业务持续增长势头越好，市场扩张能力越强。

以上三个指标除了可以用于营业收入的分析，也可以用于分析资本，指标计算公式和指标意义没有差异。不过实务操作中前两个指标的意义远大于第三个，更实用。

7.4　从发展能力看企业发展蓝图

通过分析了便利店的发展能力，基本上可以遇见今后的发展蓝图。增长率越高，发展能力越强，获利能力越强，越有投资的潜力。

但是这么多庞杂的指标，是不是看的有点儿晕？所以我们来看以下是各种指标的共性！

- 增长率指标往往都是越大越好，表明便利店的经营成果越好，发展能力越强，越有投资潜力。
- 计算增长率之前往往要计算增长额，用当期数值减去上期数值，得数为正数则说明却有增长，反之则说明指标下降了，没有上期发展得好。
- 增长率的计算都是用增长额与上期指标进行对比，大于 0 的都是增长良好的，反之则说明指标下降了。
- 各项指标可以是同一年度不同月份之间进行对比，这种比较往往说明了当年的管理能力和经营成果，可以看到季节因素对指标的影响。

- 各项指标也可以是不同年份的同一月份进行对比。这种比较往往说明的是同样的季节下市场因素对指标的影响。
- 各项指标当然也可以是同一时期同一类型的不同企业之间进行对比，这种比较说明了不同企业之间的发展能力的差别。
- 前面介绍的公式，只是说明原理，具体进行报表分析的时候，要根据管理的需求对公式进行调整，使指标数值满足管理需要。

7.5 分析各项费用占比情况，了解企业成本控制的重点

本节重点讲解与经营管理有关的，实用的分析方法。

利润表大家见过很多次了，里面有不同的项目，其实最为直观的报表分析方法是从报表本身下手，观察各项费用的占比情况，了解企业成本控制的重点。

但是这个方法需要丰富的管理经验，所以分析结果带有一定的主观性，不如前面介绍的指标分析客观。但是因为其直观易用，可操作性强，建议大家作为一种辅助方法，对前面指标分析的结果做一个补充。

【例 7.14】昊阳便利店 2018 年 12 月利润表的部分数据见表 7.2 所示:

表 7.2　昊阳便利店 2017 年 12 月部分利润表信息

各费用名称	金额（元）
主营业务成本	42 231.64
主营业务税金及附加	3 287.63
营业费用	3 482.19
管理费用	986.52
财务费用	538.29

我们可以计算各项主要支出占整体支出的比重来确定该支出是否合理。例如主营业务成本占经营性支出的比例

=42 231.64 ÷（42 231.64+3 287.63+3 482.19+986.52+538.29）× 100%

=42 231.64 ÷ 50 526.27 × 100%

=83.58%

假设根据同一时期同一行业其他企业的同一指标来看，其他企业主营业务成本占比通常在 70%左右，则可基本确定便利店需要控制成本了，寻找价格更优惠的供应商。因为只有成本更低在同行业才更有竞争力，吸引更多客源，进而取得更多收入。

第二部分

了解便利店的财务状况——关于资产负债表的知识体系

第一部分的利润表反映的是便利店的经营成果，第二部分的资产负债表体现的是便利店的财务状况。整个第二部分都是围绕着资产负债表的组成、编制和分析展开的。

第 8 章～第 11 章讲解了流动资产、非流动资产、负债和所有者权益的有关内容。第 12 章讲解的是如何编制资产负债表。第 13 章讲解的是如何对资产负债表进行分析，以及分析结果对经营的指导意义。

学完了本书的第一部分内容，张老板了解了自己的便利店的收入从何而来，也了解了赚来的钱最后花到哪去了。他有一点儿自我膨胀了，觉得自己已经掌握了财务报表的奥秘了。就在这个时候，张燕拿出了另外一张财务报表见表 8.1，张老板看完又发愁了。

这张报表长得比利润表复杂，项目繁多，里面的单元格也多了不少，张老板看的这个头疼啊。

张燕解释到："你已经学过的利润表反映的是便利店的经营成果，而现在看到的这张报表反映的是便利店的财务状况。如果说利润表看的是便利店的家底，也就是便利店到底有没有赚到钱的话，那么资产负债表看的就是脸蛋，比如便利店有多少货币资金？有没有固定资产？有多少外债没还？又有多少自有资本等等。"

张老板诧异的问到："连有多少自有资本都能看到？

张燕笑笑，"当然啦！这些都是资产负债表里的项目。"

张老板又问："可我没看见哪项上写着是我投入了多少钱的啊！"

张燕笑得合不拢嘴："当然不会这么写啦！资产负债表上的每个项目都有自己的含义，你要先一项一项了解他们都包括了什么内容，然后再来学习这张报表里的学问。"

所以话不多说，还是先来一项一项学习资产负债表里面的每个项目吧！

表 8.1　资　产　负　债　表

2018年12月31日

编制单位：昊阳便利店　　　　单位：元

资产	行次	年初数	期末数	负债及所有者权益	行次	年初数	期末数
流动资产：				流动负债：			
货币资金	1	132 400.00	165 872.00	短期借款	30	30 000.00	18 000.00
短期投资	2			应付票据	31		
应收票据	3			应付账款	32	10 920.00	13 265.05
应收账款	4	32 150.50	13 251.65	预收账款	33	8 526.70	11 265.80
减：坏账准备	5			其他应付款	34	9 246.70	
应收账款净额	6			应付工资	35	15 850.80	17 248.60
预付账款	7	1 350.00	4602.50	应付福利费	36	4 625.60	
应收补贴款	8			未交税金	37	31 762.02	25 112.40
其他应收款	9			未付利润	38		
存货	10	284 354.00	253 429.11	其他未交款	39		
待摊费用	11			预提费用	40		
待处理流动资产净损失	12			一年内到期的长期负债	41		
一年内到期的长期债券投资	13			其他流动负债	42		
其他流动资产	14						
				流动负债合计	43	110 931.82	84 891.85

续表

资产	行次	年初数	期末数	负债及所有者权益	行次	年初数	期末数
流动资产合计	15	450 254.50	437 155.26	长期负债：			
长期投资：				长期借款	44	50 000.00	
长期投资	16	26 000.00	26 000.00	应付债券	45		
固定资产：				长期应付款	46		
固定资产原价	17	45 321.60	53 217.90	其他长期负债	47		
减：累计折旧	18	13 425.32	24 159.66	其中：住房周转金	48		
固定资产净值	19	31 896.28	29 058.24				
固定资产清理	20			长期负债合计	49	50 000.00	
在建工程	21			递延税项：			
待处理固定资产净损失	22			递延税款贷项	50		
固定资产合计	23	31 896.28	29 058.24				
无形资产及递延资产：				负债合计	51	160 931.82	84 891.85
无形资产	24			所有者权益：			
递延资产	25			实收资本	52	100 000.00	100 000.00
				资本公积	53		
无形资产及递延资产合计	26			盈余公积	54		
其他长期资产：				其中：公益金	55		
其他长期资产	27			未分配利润	56	221 218.96	281 321.65
递延税项：				所有者权益合计	57	321 218.96	381 321.65

第8章

可以快速变现的资产——关于流动资产

资产负债表示意图如下所示，给我们最直观的感觉就是这张报表分为左右两边，左半边显示的都是资产类科目，右半边的上半部分是负债类科目，右半边的下部分反应的是权益类科目。在本章里我们要讲解的就是左半边的资产类科目！

资产负债表示意图

1.流动资产	3.负债
2.非流动资产	4.所有者权益
资产总额	负债+所有者权益

所有的经济业务都不是在单独某个会计要素里面变动，而是会引起两个甚至更多科目之间的变动，而且会计报表之间也存在勾稽关系。

仔细看左半边的资产类项目，大致又可以分为上半部分流动资产和下半部分的非流动资产两部分。那么这是根据什么区分的呢？所谓流动性就是变现能力，变现能力又是什么呢？就是说这项资产能不能顺利的变成钱。比如说仓库里的存货，卖掉就是钱了对吧？再比如人家欠便利店的货款，收回来也是钱啰。存在银行和保险柜的钱就更不用说了，直接就是钱啊！但是如果是房子、车子这种资产呢，虽然说也可以卖掉，但是其出售速度绝对没有店里的商品那么快，我们把这类的都叫非流动资产。

话不多说，我们来看看便利店里到底有哪些资产吧！

8.1 流动性最强的资产——货币资金

我们先来看看资产负债表左半部分的上部分——流动资产的介绍，前面说了，流动性是指变现能力。流动资产就是变现能力高于非流动资产的资产，那么资产是个什么意思呢？资产包括三层含义：

- 资产是经营活动形成的——说明资产的来源。
- 资产是便利店拥有或者控制的资源——说明资产的归属。
- 资产预期可以给便利店带来收益——说明资产的效用。

满足以上三点的就可以看作企业的资产啦！而且满足了上述三个条件，还可以轻松卖掉的就是流动资产了。

流动资产包括货币资金、应收账款、应收票据、其他应收款、预付账款以及存货等几项内容。

大现金才是企业存活的命脉

“大现金”是一个非常重要的概念，不只关系到资产负债表，还关系到现金流量表和企业存活的现金流。

所谓的“大现金”就是指现金及现金等价物的总和，包括现金、银行存款、其他货币资金、3 个月内到期的债券投资。

“大现金”要同时满足四个要求：

- 期限短——三个月以上的投资或者票据不符合此项。
- 流动性强——其他货币资金中的各种保证金不符合此项。
- 易于转化为已知金额的现金——股票投资不符合此项。
- 价值变动风险很小——股票投资不符合此项。

为什么“大现金”关系到企业存活的命脉呢？有的企业从财务报表上看，资产都集中在固定资产或者存货，这类不易变现的资产上，虽然看起来企业资产并不少，但是能立即变现的资产占比较小。这种类型的企业一旦发生经营危机，或者市场环境发生剧烈变动的话，因为没有能立即变现的“大现金”，企业经营必将遭遇危机。即便勉强低价出售库存商品或者变卖固定资产，对企业来说也会发生惨重的损失。所以经营过程中要极力避免账上资产满满，实际上一分钱都拿不出来的窘境。

货币资金的增加

下面大致看几个关于货币资金的会计分录！感受一下货币资金的核算。

【例 8.1】昊阳便利店 8 月 13 日通过批发销售货物明细，如表 8.1 所示：

表 8.1　昊阳便利店 8 月 13 日销售清单

序号	货物名称	含税单价	销售数量	价税合计	其中：金额	其中：税额
1	方便面	57元/箱	4箱	228.00	196.55	31.45
2	桶装水	36元/箱	6箱	216.00	186.21	29.79
3	火腿肠	42元/箱	5箱	210.00	181.03	28.97
4	薯片	80元/箱	3箱	240.00	206.90	33.10
合计				894.00	770.69	123.31

上述货款以现金方式收取，当然结束营业后现金收入将全额存入银行。

含税金额和不含税金额的换算咱们前面介绍了，这里再来复习一下：

不含税金额×（1+16%）=含税金额

不含税金额=含税金额/（1+16%）

上述业务的会计处理如下：

借：现金　　894

　　贷：主营业务收入——食品　　770.69

　　　　应交税金——应交增值税——销项税额　　123.31

现金存入银行的会计处理：

借：银行存款　　894

　　贷：现金　　894

注：此例中第二个分录是银行存款的增加，同时现金减少。对于收取现金营业收入的行业来说，每天应该把当天的营业款存入银行。这项业务会引起货币资金的内部结构变动，不影响资金总额。

【例 8.2】昊阳便利店向银行申请开具一笔银行承兑汇票，票面总额 350 000 元，银行收取 20%保证金，共计 70 000 元。开证手续费 18 500 元。

银行承兑汇票是企业间一种常用的结算方式，出票人需要在现在银行开立保证金账户，由银行在指定日期担保兑付确定金额给持票人的票据。票据到期后，出票人将票面金额偿还银行后，银行将保证金和票据有效期的的利息付给出票人。

本例中涉及的是刚刚出票的会计处理：

存入保证金：

借：其他货币资金——银承保证金　　70 000

　　贷：银行存款　　70 000

银行收取开证手续费：

借：财务费用——开证手续费　　18 500

　　贷：银行存款　　18 500

将银行承兑汇票支付给供应商：

借：预付账款——碧华商贸　　350 000

　　贷：应付票据　　350 000

本例中的其他货币资金科目核算的就是银承保证金，其他各种保证金，比如信用证保证金、质量保证金等。不过对于一年以上才到期的保证金因为不符合期限短和流动性强的要求，所以不能算作流动资产。

货币资金的减少

有了货币资金的增加，自然也不能少了货币资金的减少。

【例 8.3】昊阳便利店 8 月 17 日通过转账方式支付当月办公用房租 23 625 元。

借：管理费用——房租　　23 625

　　贷：银行存款　　23 625

报销和各种日常花费是最常见的货币资金减少的经济事项，除此之外还有发工资，支付快递费、水电费等。在此不再一一赘述。

【例 8.4】接【例 8.2】，昊阳便利店之前申请的银行承兑汇票到期，现在需要将保证金转出，偿还敞口，保证金在票据有效期内产生利息收入 3 000 元。

收到保证金利息：

借：财务费用——利息收入　　3 000

　　贷：银行存款　　3 000

需要注意的是，本分录的财务费用用借方红字表示利息收入，即财务费用的抵减项，这是考虑到一般财务软件中费用类科目只在借方取值的缘故。如果记到贷方可能会产生结转时贷方不能取值的问题。

敞口，就是指票面金额与保证金之间的差额，也就是占用了多少银行信用的额度。

偿还敞口，转出保证金：

借：应付票据　　350 000

　　贷：其他货币资金——银承保证金　　70 000

　　　　银行存款　　280 000

至此，这笔银承业务完结，应付票据科目一借一贷全部结平，其他货币资金科目亦已结平。

既然讲到货币资金，那么有两个货币资金的管理表格就不得不说一下，一个是库存现金盘点表，另外一个是余额调节表。这两个表格是对现金、银行存款甚至是往来账对账中产生的未达账项进行解释的一种表格。我们来看看关于这两个表格的例题吧！

【例 8.5】昊阳便利店 6 月 30 日现金日记账余额为 13 252.65 元，对库存现金进行盘点，填制库存现金盘点表，如表 8.2 所示：

表 8.2　现金盘点表

金额：元

编制单位：昊阳便利店　　　　盘点日期：2018年6月30日

账面余额		票面	数量	面值	金额小计
13 252.65		100元	110	100	11 000
		50元	40	50	2 000
		20元	8	20	160
		10元	4	10	40
		5元	3	5	15
		1元	11	1	11
		5角	40	0.5	20
		1角	65	0.1	6.5
		5分	0	0.05	0
合计	13 252.65	金额合计			13 252.50
差异金额		0.15			
差异原因		出纳人员工作疏忽，导致现金短款0.15元，现已自行赔款			

现金盘点表正常情况下应该是账实相符，也就是说库存现金金额应该刚好等于现金日记账的余额，但是由于记账时间差异或者出纳人员工作失误会造成现金长款或者现金短款。若是因为未达账项产生的现金长短款，待未达账项全部入账之后即可实现账实相符。但如果是因为人为因素造成的现金长短款则需要根据具体原因进行账务处理。

本例中发现现金短缺时的会计分录为：

借：待处理财产损益　　0.15

　　贷：现金　　0.15

查明原因后尚未收到赔款时的会计分录：

借：其他应收款——出纳小张　　0.15

　　贷：待处理财产损益　　0.15

收到赔款时的会计处理：

借：现金　　0.15

　　贷：其他应收款——出纳小张　　0.15

【例 8.6】昊阳便利店 2018 年 6 月 30 日银行存款日记账余额为 251 350.60 元，当日银行对账单余额为 264 718.65 元，经查发现一下未达账项：

1. 银行已收建国五金店转账货款 3 250 元，便利店未收。

2. 便利店已付速达商贸支票货款 10 118.05 元，银行未付。

根据上述资料编制银行余额调节表，如表 8.3 所示：

表 8.3　银行余额调节表

单位：元

编制单位：昊阳便利店　　编制日期：2018年6月30日

银行日记账余额	251 350.60	银行对账单余额	264 718.65
加：银行已收，便利店未收	3 250	加：便利店已收，银行未收	0
减：银行已付，便利店未付	0	减：便利店已付，银行未付	10 118.05
调整后余额	254 600.60	调整后余额	254 600.60

由上表可见，调整后的余额是一样的，证明之时因为未达账项的原因造成的两方余额的差异，并没有记账失误。

运用同样的原理，我们可以用调节表来分析客户和供应商往来账差异的原因，如果只是因为记账时间的差异造成的往来账不平，等到所有未达账项全部入账之后就可以平衡，但是如果不是未达账项的原因就需要分析原因，分别处理。

最后，特别提醒大家一下，一定要时刻关注企业的现金流，当发生现金流危机的时候，企业经营往往也会面对巨大的风险！

8.2　往来款是经营中必不可少的

刚刚我们看了各种货币资金的核算，经营中除了这种流动性最强的货币资金之外，各种往来款也是经营中必不可少的。应收账款和预付账款还有其他应收款都是往来款的重要组成部分。

应收账款

应收账款可以说是一种促销的手段，采用下发货后收款的赊销方式吸引客户，达成长期贸易关系。我们来看一个采用应收账款结算的例题。

【例 8.7】昊阳便利店对嘉华物业公司采取赊销形式进行销售，本月发生销售明细如下表 8.4 所示。

表 8.4　昊阳便利店 8 月 27 日销售清单

单位：元

序号	货物名称	含税单价	销售数量	价税合计	其中：金额	其中：税额
1	墩布	25元/把	4把	100.00	86.21	13.79
2	扫把	12元/把	8把	96.00	82.76	13.24
3	簸箕	22元/个	7个	154.00	132.76	21.24
4	垃圾袋	30元/卷	30卷	900.00	775.86	124.14
合计				1 250.00	1 077.59	172.41

上述销售的会计分录如下：

借：应收账款——嘉华物业　　1 250

　　贷：主营业务收入——保洁用品　　1 077.59

　　　　应交税金——应交增值税——销项税　　172.41

大部分客户都能按时偿还货款，但是少数客户不能遵守信用按时付款，这就有了应收账款的账龄分析。

我们可以采用表 8.5 所示的表格形式，将应收账款科目下核算的各个客户的余额按照发生时间分为 3 个月、6 个月、一年、两年等不同等级。年限越长收回来的可能性就越小，所以就要计提坏账准备金。

【例 8.8】昊阳便利店 2018 年 6 月应收账款账龄分析表，如表 8.5 所示：

表 8.5　昊阳便利店 2018 年 6 月应收账款账龄分析表

单位：元

序号	客户名称	结款方式	欠款合计	账龄3个月	账龄6个月	账龄1年	账龄2年	跟进情况说明
1	七号私厨	月结	9 856	9 856				对账无误，追讨无果
2	朝阳五金	季结	6 231	2 350	3 881			多次追讨无果
3	建国土产	月结	7 586			2 266	5 320	基本没有希望收回
合计			23 673	12 206	3 881	2 266	5 320	

假设账龄 3 个月的应收账款坏账率为 5%，6 个月为 10%，一年为 50%。2 年为 90%，试计算 6 月份应计提的坏账准备金并做会计处理。

应收账款的坏账损失率是根据账龄来确定的，一般来说越长时间没有收回来的应收账款，能收回来的可能性也就越小，损失的可能性也就越大。所以本题中：

6 月应计提的坏账损失金额

$=12\ 206\times5\%+3\ 881\times10\%+2\ 266\times50\%\times5\ 320\times90\%$

$=610.3+388.1+1\ 133+4\ 788$

$=6\ 919.40$

会计处理如下：

借：管理费用——坏账损失　　6 919.40

　　贷：坏账准备　　6 919.40

坏账准备金的性质和前面咱们讲过的固定资产折旧差不多，折旧是固定资产的抵减科目，坏账准备金科目是应收账款的抵减科目。折旧是为了更新固定资产计提的准备金，而坏账准备是为了防止应收账款无法回收而计提的准备金。

不过税务对坏账准备的税前扣除是有相关规定的，具体政策以当年所得税汇算清缴政策为准。

收到客户的各种票据怎么办

前面讲了客户暂时没有付款的会计处理，那么如果客户不是采用转账方式付款，而是采用的银行承兑汇票等票据付款，我们要怎么处理呢？有一个专门核算这些票据的科目叫做“应收票据”。

应收票据除了核算银行承兑汇票还核算商业承兑汇票，有的公司还会采用信用证来付款，信用证同样也是一种利用银行信用来实现先购货等票据到期以后再付款的结算方式。核算的时候，如果信用证不是很多可以放在应收票据中一并核算，只要标注要信用证号就可以了。但是如果信用证较多，也可以单独设置“应收信用证”科目进行核算。

那么有的读者可能会问，到底什么是承兑汇票呀？银行承兑汇票和商业承兑汇票有什么不一样呢？

承兑，其实就是承诺付款的意思。承兑汇票就是在票据到期后承诺付款，那么银行承兑汇票当然就是票据到期后开出票据的银行承诺付款啰，商业承兑汇票与此差不多，就是票据到期后出票的公司承诺付款。由此可见，银行承兑汇票的可信度高于商业承兑汇票。

因为承兑汇票不是见票立即付款，一般银行承兑汇票的有效期为半年到一年之间，也就是说收票方要到票据到期以后才能拿到实际的货款和持有期间的利息。如果收到了票据又急于立即拿到货款怎么办呢？

一般来说，收到票据有三种处理方式：

- 持有至到期，等待银行或者出票方付款。
- 背书转让，把未到期票据当做货款付给别人。
- 票据未到期，又没能背书转让，在急用钱的情况下可以损失一部分利息去贴现。

本节主要介绍上面三种情况的核算处理。

1. 关于贴现息的计算

银行承兑汇票的贴现息计算，因为票面金额跟贴现利率已知，所以主要是确定计息天数的问题。

按照支付结算办法的规定，影响计息天数的因素有以下两个方面：

① 异地托收（以地级市为限）加3天资金在途；

② 到期日遇节假日要加天调整，如遇周六要加两天，十月一日加7天等。

贴现利息=票面金额×[（票据到期日-贴现日）+资金在途+节假日调整]÷30天×月利率

实际收到的贴现款=票面金额-贴现利息

【例8.9】昊阳便利店收到银行承兑汇票一张,票面200万元，来行申请办理

贴现，票据有效期为六个月，持有日期为140天，银行，贴现率为3.4%（年利率）

贴现息=到期值×贴现率÷360×贴现天数=2 000 000×3.4%÷360×（6×30-140）=7 555.56元

你可以得到的钱即贴现净额=2 000 000-7 555.56=1 992 444.44元

分录处理如下：

（1）收到票据时：

借：应收票据——银行承兑汇票——×××票据号　2 000 000

　　贷：应收账款等相关科目　2 000 000

（2）票据贴现时：

借：银行存款——×××银行　1 992 444.44

　　财务费用——贴现息　7 555.56

　　贷：应收票据——银行承兑汇票——×××票据号　2 000 000

（3）关于持有到期的银行承兑汇票

银行承兑汇票的付款期限最长不超过6个月，到期之前十日是银行承兑汇票的提示付款期限。

【例8.10】接上例，假如便利店将票据持有到期则到期时的账务处理为：

借：银行存款——×××银行　2 000 000

　　贷：应收票据——银行承兑汇票——×××票据号　2 000 000

（4）银行承兑汇票的转让

背书是一种要式形为，背书必须记载下列事项：

（一）被背书人名称；

（二）背书人签章。

未记载上述事项之一的，背书无效。两次或多次贴单背书的，盖齐缝单（法人章、财务章）。

收到银行承兑汇票的时候一定要检查背书的连续性和文字书写部分的正确性。

【例8.11】接上例，假设该公司将票据转让给另一家名为欧宝的供应商，用于抵偿其应该支付给欧宝的贷款，则账务处理为：

借：应付账款——欧宝　2 000 000

　　贷：应收票据——银行承兑汇票——×××票据号　2 000 000

订货要预付订金怎么办

应收账款是便利店对客户的一种优惠政策，咱们再来看一种供应商对便利店的销售政策——预付账款。

预付账款就是预先付给供应商一部分资金，然后对方才会发货开具发票的结算方式。采用这种结算模式，一般是因为采购的商品往往属于紧俏商品，或者是为了达成长期的贸易关系。

【例 8.12】昊阳便利店 9 月份向国强食品厂订购了一批食品，商品总价 87 625 元，双方约定先付总价款的 20%作为订金，收到订金后发货，验货无误后付尾款。请做出相关会计处理：

（1）支付定金：

借：预付账款——国强食品厂　　17 525
　　贷：银行存款　　17 525

（2）收到货物

借：库存商品——食品　　75 538.79
　　应交税金——应交增值税——进项税额　　12 086.21
　　贷：预付账款——国强食品厂　　87 625

（3）验货无误，支付尾款

借：预付账款——国强食品厂　　70 100
　　贷：银行存款　　70 100

至此预收账款借贷两清，该合同执行完毕。

临时性往来款要怎么处理

大家要特别注意，应收账款和预付账款核算的都是货款，但是经营过程中除了货款之外，还有很多临时性的拆借款之类的往来款，如果是往来款要怎么处理呢？

对于各种往来款、临时性借款等，我们要放在其他应收款科目里核算。

【例 8.13】昊阳便利店的业务员小李要去杭州出差，打算向便利店预借差旅费 3 000 元，便利店的会计处理如下：

借：其他应收款——小李　　3 000
　　贷：现金　　3 000

【例 8.14】接上例，小李出差归来，共发生交通费 1 200 元，住宿费 1 000 元，餐费 300 元，退回现金 500 元，便利店的会计处理如下：

借：现金　　500
　　销售费用——差旅费　　2 500
　　贷：其他应收款——小李　　3 000

临时性借款本着多退少补的原则进行核算，本例中是借的多实际发生的差旅费较少，如果情况相反的话，则便利店需要将小李垫付的资金支付给他即可。

8.3 流动资产中和成本关系紧密的一项

介绍了货币资金和各种往来款，当然也不能漏掉仓库里躺着的那些库存商品。

存货的实物管理

1. 存货的实物盘点

库存商品和现金一样，需要定期盘点。库存商品账页和其他科目的账页长得有点儿不一样，除了登记金额，还要登记数量，方便实物盘点，所以又叫数量金额式账页。根据经营项目的不同，不同行业的盘点表也略有不同。

【例 8.15】昊阳便利店 2017 年 5 月 31 日对仓库进行盘点，编制库存商品盘点表如表 8.6 所示：

表 8.6 昊阳便利店库存盘点表

编制单位：昊阳便利店　　库管员：肉圆妹　　盘点日期：2017年5月31日

序号	品种	账面数量	实物数量	盘盈	盘亏	备注
1	方便面	15箱	15箱			
2	火腿肠	27箱	27箱			
3	桶装水	16箱	15箱		1箱	发货未记
合计		58箱	57箱		1箱	

从上表可见，有一箱桶装水存在已发货但库管员没有将出库单登记，导致库存商品账面数量与实物数量不符，应当追究库管员的责任。

2. 存货订货周期的计算

考虑订货周期也是存货管理的一个重要部分，这需要一定的管理经验，要了解存货的销售情况以及多久可以收到货物，还有安全库存量等信息。

存货核算的那些事

存货的核算最重要的是计提低价准备还有发出存货计价方法两部分。

1. 存货跌价准备

对于市场价格变动频繁的存货，有可能会发生溢价或者跌价，应当经常观察存货成本和其在市场上销售价格，也就是其可变现净值之间的关系。当可变现净值低存货价值较高的时候也就说明存货跌价了。

【例 8.16】昊阳便利店 9 月底库存薯片 80 箱，进货成本为 50 元，现在市场售价为 20 元每箱，可见存货价值已发生大幅下跌，需要计提存货跌价准备，会计处理如下：

借：资产减值损失——计提的存货跌价损失　　2 400

　　贷：存货跌价准备　　2 400

假设下月末该薯片市场价格有所回升，售价升至 45 元每箱，则需要转回之前计提的存货跌价准备金：

借：存货跌价准备　　2 000

　　贷：资产减值损失——计提的存货跌价损失　　2 000

上述货物实际销售的时候应当将已经计提的存货跌价准备转入主营业务成本科目。

借：主营业务成本——食品　　4 000

　　贷：库存商品——食品　　4 000

借：存货跌价准备　　400

　　贷：主营业务成本——食品　　400

该商品的实际成本=4 000−400=3 600 元，与其市场价值即可变现价值一致。

2. 发出存货的计价方法

发出的存货有各种不同的计价方法，有先进先出、加权平均、个别计价法等。企业应当根据各自不同的经营内容选择适合自己的计价方法。

对于价格稳步上涨的存货一般采用先进先出法核算成本，也就是先购入的商品先发出。最终库存商品的价值，是最后入库，也就是最接近市价的价格。

对于价格变动频繁的存货则多采用加权平均法计算存货价值，加权平均又分为全月一次加权平均和移动加权平均，也就是求平均单价。最终库存商品的价值为一段时期内的平均单价。

对于大宗商品，往往整笔采购整笔发出，这个时候采用个别计价法比较方便，也就是每一笔入库对应一笔成本。相比之下这种方法比较简便易行。

不过需要注意的是，新会计准则取消了发出存货计价的后进先出法，原因是这种计价方法会使库存商品价值远离市场真实价值，而且存在实物流转和成本流转不相符的情况。

第9章

可以证明实力的资产——非流动资产

张老板看张燕洋洋洒洒讲了很多流动资产，就问张燕流动资产这么好，那把所有资产都换成流动资产不就好了。

张燕笑了，给他讲到：流动资产的优点显而易见，可以很轻松的换成钱，对于企业经营来说是非常重要的资产。但是，与流动资产对应的非流动资产，是不是就是一无是处的无用资产呢？

我们先来看看到底哪些资产属于非流动资产，非流动资产也有几个判断的标准：

- 企业拥有和控制并且预期可以带来经济收益，这是资产的共性。
- 不容易变现，一般在一年以内的一个经营周期里无法轻松变现。
- 可以提升企业实力，代表企业实力雄厚家底殷实。

满足以上几项条件的都属于非流动资产，比如各种长期投资（包括股权投资和债权投资），投资性房地产，各种固定资产，土地使用权或是专利技术等无形资产等，这些都属于非流动资产。

如果说人才、获利能力以及经营政策等属于企业的软实力的话，那么非流动资产则代表了企业的硬实力。如果某个企业老板说自己的企业发展良好，那么该企业一定应该拥有与经营成果相匹配的非流动资产，不然的话，你可能遇到了传说的皮包公司。

综上所述，流动资产和固定资产各有各的利弊，对于健康成长良性发展的正规公司，应该拥有适当的非流动资产证明实力，也要拥有可以轻松变现的流动资产应对经营风险，这才是正常的资产构成。

9.1 有实物形态的固定资产

提到非流动资产，大家最先想到的，应该就是房子车子这种，看得见摸得到，有实物形态的固定资产了吧？本节咱们先来介绍下这些硬件。

固定资产的实物管理

固定资产和库存现金还有库存商品一样，由于存在实物形态，除了在账簿上记载已经发生的经济业务的金额之外，实物管理也是会计核算的的重要组成部分。

所以首先，咱们来弄明白符合什么条件的资产才能算作固定资产呢？

1. 固定资产的标准

- 有实物形态，且使用周期至少在一年以上。
- 单位价值较大。
- 成本能够可靠计量，且与其相关的经济利益可以流入企业。

看了上面的描述，除了生产办公用的房子、车子之外，办公家具、电子设备、生产设备等等都属于企业的固定资产。

不过凡事总有特殊，有些使用周期很长，但是价值较低廉的实物资产，比如一些办公用品、保洁用品之类的不属于固定资产，因为他们不满足单位价值较大的要求，他们属于低值易耗品。

还有一个特殊的就是投资性房地产，因为是用作投资的，虽然也满足有实物形态、使用周期一年以上、单位价值较大的特点，但是因为是用作投资的，其成本不易计量且今后出售收益也不好确定，所以投资性房地产属于一个单独的核算科目，不属于固定资产核算的范畴。

2. 固定资产的实物盘点

固定资产要定期进行实物盘点，同时也印证了前面咱们讲到的检验会计工作的标准之一——账实相符。

固定资产的盘点主要是对账面上记载的资产种类和件数进行清点，看看是否发生固定资产的损失报废或者遗漏记录没有上账的情况。

【例 9.1】昊阳便利店 2018 年 3 月 31 日对固定资产进行例行盘点，编制固定资产盘点表如表 9.1 所示：

表 9.1　固定资产盘点表

编制单位：昊阳便利店　　　　盘点日期：2017年3月31日

序号	资产名称	账载数量	实物数量	盘盈/盘亏	备注
1	五菱之光小货车	1件	1件		
2	办公家具	15件	14件	-1件	一件家具搬家时不慎丢失
3	办公电脑	10台	10台		
4	打印机扫描仪	3台	3台		
合计		29	28	1	

从上表可见，在搬家中遗失了一件办公家具，该家具原始价值 8 500 元，已提折旧 3 000 元，没有计提过资产减值准备，会计处理如下：

发现盘亏时的账务处理：

借：待处理财产损益——待处理固定资产损溢　　5 500
　　累计折旧　　3 000
　　贷：固定资产　　8 500

因为找不到具体责任人，所以计入营业外支出：

借：营业外支出——盘亏损失　　5 500
　　贷：待处理财产损益——待处理固定资产损溢　　5 500

如果可以找到责任人赔款的话，则应该计入“其他应收款——具体责任人”核算。

增加固定资产的会计处理

固定资产的核算存在的问题：一是增加固定资产时的会计处理，二是计提折旧的方法，三是固定资产计提减值准备。先来看下固定资产增加的时候核算方法。

1. 外购固定资产

购入固定资产的时候需要注意的有两点：一是进项税的处理，二是购入当月不需要计提折旧，报废当月依然需要计提折旧。

【例 9.2】昊阳便利店 2018 年 12 月 15 日购入办公用品，扫描打印传真一体机一台，不含税金额 15 517.24 元，增值税 2 482.76 元，总金额 18 000 元。

购买当月的会计处理如下：

借：固定资产——办公设备　　15 517.24
　　应交税金——应交增值税——进项税额　　2 482.76
　　贷：银行存款　　18 000

2. 自行建造固定资产

除了外购固定资产之外，还可以采用自营建造、出包建造或者投资者投入等方式取得。

【例 9.3】昊阳便利店 2018 年 3 月 11 日购入一组需要安装的货架，买价 20 172.41 元，税款 3 227.59 元，为了安装货架发生人工费 600 元，另外购买安装材料 120 元，3 月 15 日该组货架可以正式投入使用。

本例中的货架属于建造的固定资产，我们来看看各个时间节点上的会计处理：

（1）购入货架：

借：在建工程——货架　　20 172.41

　　应交税金——应交增值税——进项税额　　3 227.59

　　贷：银行存款　　23 400

（2）购买材料发生人工费：

借：在建工程——货架　　720

　　贷：应付工资　　600

　　　　现金　　120

（3）投入使用：

借：固定资产——货架　　20 892.41

　　贷：在建工程——货架　　20 892.41

至此，在建工程中核算的货架全部转入固定资产科目，安装过程完毕。

除了自营之外，还有一种自行建造固定资产的方法叫做外包。也就是说将整个工程发包给建造承包商，由建造承包商实施具体的施工。

一般采用外包方式建造的都是大型工程，比如便利店想自己修建一座仓库，往往就要找专业的施工机构来施工。

3. 投资者投入的固定资产

投资者投入企业的不一定就是货币资金，也可能是固定资产，无形资产等其他形式的资产。现在来看下投资者投入固定资产的账务处理。

【例 9.4】昊阳便利店的张老板家有辆货柜车，他琢磨着自己家也不用，干脆投入便利店好了，就算自己出资的一部分啦！该车购买时原价 135 000 元，经过评估的公允价值为 98 000 元。

本例中车辆的公允价值低于原始价值，故应该按照公允价值入账。

借：固定资产——货柜车　　98 000

　　贷：实收资本——张老板　　98 000

除了上面讲到这几种固定资产的增加方式之外，还有可能在债务重组、企业合并或者非货币性资产交换中取得固定资产，这几种情况请参见相关会计准则，因为便利店发生的概率不高，一般企业也很少遇到，此处不再赘述！

另外还有一种可能的情形就是固定资产的盘盈，如果是盘盈的话要区分是不是本年发生的差错，如果是以前年度的前期差错，应该通过“以前年度损益调整”科目核算。

固定资产的折旧是如何计算出来的

直线法是最为常用的折旧方法，除了直线法之外还有工作量法、双倍余额递减法还有年数总和法。

这四种方法中，双倍余额递减法和年数总和法都属于加速折旧法，适用于高新设备等更新换代较快的固定资产。

1. 工作量法计提折旧

【例 9.5】接【例 9.2】，昊阳便利店决定对之前购买的一体机采用工作量法计提折旧，该一体机预计净残值为 500 元，预计可打印 350 000 次，每个月大概打印 12 000 次，计算每个月的折旧额。

单位工作量折旧额=（固定资产原价-残值）÷预计总工作量

月折旧额=该项固定资产当月工作量 × 单位工作量折旧额

故本题中：

单位工作量折旧额=（15 517.24-500）÷350 000=0.042 906 元/次

月折旧额=0.042 906 × 12 000=514.88 元/月

2. 双倍余额递减法计提折旧

【例 9.6】接【例 9.2】，昊阳便利店决定对该一体机采用双倍余额递减法计提折旧，该一体机预计净残值为 500 元，预计可用 5 年，计算年折旧率，和不同年份的月折旧额。

年折旧率=2 ÷ 预计可使用寿命 × 100%

月折旧额=（固定资产原值-残值）× 年折旧率 ÷ 12

故本题中：

年折旧率=2 ÷ 5 × 100%=40%

第 1 年折旧额=15 517.24 × 40%=6 206.9

第 1 年月折旧额=6 206.9 ÷ 12=517.24

第 2 年折旧额=（15 517.24-6 206.9）× 40%=3 724.14

第 2 年月折旧额=3 724.14 ÷ 12=310.34

第 3 年折旧额=（15 517.24-6 206.9-3 724.14）× 40%=2 234.49

第 3 年月折旧额=2 234.49 ÷ 12=186.21

双倍余额递减法，在固定资产折旧的初期和中期时不考虑净残值对折旧的影响。为了防止净残值被提前一起折旧，会计制度规定，在固定资产使用的最后两年中，折旧计算方法改为平均年限法，即在最后两年将固定资产的账面余额减去净残值后的金额除以 2 作为最后两年的应计提的折旧。

第 4、5 年折旧额=[（15 517.24−6 206.9−3 724.14−2 234.49）−500] ÷ 2=1 425.86

第 4、5 年月折旧额=1 425.86 ÷ 12=118.82

这种折旧方法越靠前的年份，计提的折旧额越多，这符合高新技术设备的使用规律，即越新的技术价值越高，研发时间越长越容易被淘汰。

3. 年数总和法计提折旧

【例 9.7】接前例，昊阳便利店决定对该一体机采用年数总和法计提折旧，该一体机预计净残值为 500 元，预计可用 5 年，计算每年折旧率和不同年份的折旧额。

年折旧率=尚可使用年数 ÷ 年数总和 × 100%

年折旧额=(固定资产原值−预计残值) × 年折旧率

月折旧率=年折旧率 ÷ 12

月折旧额=(固定资产原值−预计净残值) × 月折旧率

故本题中：

年数总和=5+4+3+2+1=15

第 1 年折旧额=（15 517.24−500） × 5 ÷ 15=5 005.75

第 1 年月折旧额=5 005.75 ÷ 12=417.15

第 2 年折旧额=（15 517.24−500） × 4 ÷ 15=4 004.6

第 2 年月折旧额=4 004.6 ÷ 12=333.72

第 3 年折旧额=（15 517.24−500） × 3 ÷ 15=3 003.45

第 3 年月折旧额=3 003.45 ÷ 12=250.29

第 4 年折旧额=（15 517.24−500） × 2 ÷ 15=2 002.3

第 4 年月折旧额=2 002.3 ÷ 12=166.86

第 5 年折旧额=（15 517.24−500） × 1 ÷ 15=1 001.15

关于年数总和法的优点显而易见，是最趋于现金收支规律的一种方法。也符合高新技术资产的规律，即资产的原始成本在早期获取收入过程中所耗用的要比后期大，因此早期折旧费应大于后期。此外，资产的净收入在后期要少于早期，即使不计利息成本，资产净收入的减少。

固定资产的大修和小修

固定资产使用年限比较长，在使用过程中难免出现需要维修的情况。那么维修是怎么进行会计处理的呢？大型的维修，我们称之为资本化的后续支出，日常的小维修则称为费用化的后续支出。

1. 资本化的后续支出

【例 9.8】昊阳便利店有一座仓库，当时修建时花了 36 万，预计净残值 10%，使用寿命 20 年，采用直线法计提折旧。使用 10 年以后仓库的消防喷淋设施开始漏水，为了仓库货物的安全，便利店决定修缮该设施，旧的喷淋设施价值 5 万元，新的喷淋设施价值 7 万元，工程队估算需要花费安装费用 8 千元左右。假设不考虑相关税费的的影响，便利店的会计处理如下：

（1）计算仓库已经计提的折旧额=36×(1−10%)÷20×10=16.2 万元

借：在建工程——仓库	198 000	
累计折旧——仓库	162 000	
贷：固定资产——仓库		360 000

（2）安装新的喷淋设施

借：在建工程——仓库	78 000	
贷：工程物资——喷淋设施		70 000
银行存款		8 000

（3）计算旧的喷淋设施的账面价值=5−5×(1−10%)÷20×10=2.75 万元，此时应该终止确认旧部件的账面价值，假定全部报废无残值。

借：营业外支出	27 500	
贷：在建工程——仓库		27 500

（4）喷淋设施验收合格，投入使用

新仓库的入账价值为 19.8+7.8−2.75=24.85 万元

借：固定资产——仓库	248 500	
贷：在建工程——仓库		248 500

本例中维修仓库的消防喷淋设施，可以满足固定资产确认的条件，这种支出属于可以资本化的后续支出。

对于这种大修理，便利店应当将仓库的原价、已经计提的折旧还有减值准备转销，将仓库的账面价值转入在建工程，在此基础上重新确定仓库的价值。

对于更换的喷淋设施，旧的部件应当终止确认账面价值，扣除被替换部分的价值，新的部件则计入固定资产的成本。

2. 费用化的后续支出

除了这种大修理，还有一些日常保养中发生的小维修，这些小维修往往不满足固定资产确认的条件。

【例 9.9】昊阳便利店的店面招牌上的霓虹灯不亮了，装修公司说只需要更换灯管就能重新使用，更换灯管需要从便利店的商品里领用灯管就可以，材料费 820 元，支付安装师傅工资 150 元。便利店的账务处理如下：

借：销售费用——维修费	970	

贷：库存商品——灯管　　820

应付工资　　150

本例中的更换霓虹灯明显不满足固定资产的确认条件，所以属于费用化的后续支出。对于费用化的后续支出，只需要按照固定资产的受益部门确认期间费用就可以了。霓虹灯用于店面，属于销售部门受益，所以计入销售费用。依此类推，如果是办公室的灯管更换的话，属于管理部门受益，应当计入管理费用。

有钱就换的固定资产

像是汽车或者电脑之类的固定资产，随着使用年限的增加，经常要更新换代。这在固定资产的核算中，属于处置或者叫报废核算。

一般来说谈到报废都是固定资产无法再继续使用了，不能再为便利店带来经济价值了，这叫做报废。那处置就是说在还能继续用的时候，想更新换代了。是能继续用但是不想用的情况下，这叫处置。

【例 9.10】昊阳便利店有辆小货车已经到了报废年限，不能再继续上路。张老板决定将其报废。该车辆购买时原价 120 000 元，应计提折旧 108 000 元，没有计提减值准备。在清理过程中，发生评估费等费用 3 500 元，相关税费 1 350 元。报废后收到报废款 8 000 元。便利店处理如下：

（1）转入固定资产清理：

借：固定资产清理——小货车　　12 000

累计折旧——小货车　　108 000

贷：固定资产——小货车　　120 000

（2）支付评估费和相关税费

借：固定资产清理——小货车　　4 850

贷：银行存款　　3 500

应交税金　　1 350

（3）收到报废款

借：银行存款　　8 000

贷：固定资产清理——小货车　　8 000

（4）确认固定资产清理损益

借：营业外支出——处置非流动资产损失　　8 850

贷：固定资产清理——小货车　　8 850

本例中处置报废的小货车属于净损失，如果是净收益则计入“营业外收入”科目。

除了上例中的报废之外，对于出售、转让、固定资产损毁等情况，也应当按照上述步骤确认固定资产处置的损益。

我们再来归纳总结一下固定资产清理的会计处理步骤：

- 第一步，应当先将固定资产的原值、累计折旧还有减值准备转入“固定资产清理”科目。
- 第二步，通过“固定资产清理”科目归集发生的清理费用和相关税费。
- 第三步，收到的残料价值和清理收入也应当计入“固定资产清理”科目统一归集。
- 第四步，如果是损毁的固定资产，会涉及到保险公司或者责任人的赔款。对于收到的赔款也应当冲减清理支出。
- 第五步，归集“固定资产清理”科目的发生额，如果余额在借方属于清理损失，因为清理固定资产不属于便利店的日常业务，所以要计入“营业外支出”科目。对于正常处置损失属于营业外支出——处理非流动资产损失，对于自然灾害等原因造成的损失则应该计入营业外支出——非常损失。

固定资产掉价了怎么办

关于固定资产的最后一个问题，就是关于固定资产的减值准备。咱们前面也说了，固定资产是在相当长的一段时间内，可以供企业生产经营使用的实物资产。在这么长的时间内，难保其不发生损坏、技术陈旧或者其他经济原因，导致其可收回金额低于其账面价值，这种情况称之为固定资产减值。

【例 9.11】昊阳便利店之前购买的一体机发生了减值，计提资产减值准备 2 000 元，请做相关会计分录。

借：资产减值损失　　　　2 000

　　贷：固定资产减值准备　　　　2 000

9.2 无形资产

前面讲了看得见摸得到的有形的固定资产，这节咱们来讲讲没有实物形态的资产——无形资产。

无形资产包括什么

张老板的便利店现在虽然只是个小小的店面，但是张老板的梦想是把它做成家乐福那样誉满全球的超级连锁商店，梦想着实远大。对于经营多年的一些商业体，往往能在未来期间为企业经营带来超额利润的潜在经济价值。举个例子，比如同样是可乐汽水，可口可乐、百事可乐和咱们国产的非常可乐在价格上绝对会有所不同。基本上同样的味道，配方应该也相近，为什么价格不同呢？这就是商誉的作用。

除了商誉，一些高新技术企业往往拥有专利权或是非专利技术，有的企业拥有国家批准的土地使用权，甚至是一些餐馆里不为人知的神秘配方等，这些都属于无形资产。

无形资产初始计量

无形资产的核算无外乎取得、摊销和计提减值准备几方面。

【例 9.12】张老板有个朋友老李有一项制作香辣虾的独门秘方，打算用这项秘方入股昊阳便利店，正好便利店也提供餐饮服务，此举可谓双赢。经评估部门评定，该专利技术价值 83 000 元，张老板的便利店还需要支付相关税费 2 000 元，则便利店的会计处理如下：

借：无形资产——秘方	85 000	
贷：实收资本——老李		83 000
银行存款		2 000

无形资产的取得除了例题中的接受投资之外，还有自行研发、外部购入、接受捐赠等各种形式，会计处理大同小异。在此不再赘述。

对于无形资产的入账价值，一般都是按照公允价值加各项税费来确定，也就是使该项资产达到预定用途所发生的所有支出都要计入入账价值。

无形资产的摊销

无形资产和固定资产一样，因为使用周期长，开发需要大量经费，所以也存在摊销的问题。

【例 9.13】接前例，该秘方预计可使用 10 年，但是考虑到市场因素和竞争对手的发展等方面，估计 3 年后该秘方就不再具有市场吸引力。所以便利店决定按照最短的 3 年来进行摊销，而且经评估该秘方没有残值。

本例中的秘方虽然可以用 10 年，但是根据谨慎性原则，应该选择可使用年限与可替代年限中的较短期限，即 3 年进行摊销。

每年应摊销额=85 000 ÷ 3=28 333.33

每月摊销额=28 333.33 ÷ 12=2 361.11

会计分录如下：

贷：管理费用——秘方摊销　　2 361.11

贷：累计摊销——秘方摊销　　2 361.11

无形资产的摊销，其原理和固定资产的折旧是一样的，都是将资产的损耗提前估算出来，用准备金的形式在税前列支，等到更新的时候再从原值中减除。

不同使用寿命的无形资产的核算

无形资产和固定资产略有不同，因为有的无形资产无法准确估计使用寿命，而且即便是使用寿命确定的无形资产，也常会因为各种原因，转变为无法确认使用寿命的无形资产，所以还需要定期对无形资产的使用寿命进行复核。对于使用寿命无法确定的无形资产，持有期间不用进行摊销，但需要进行减值测试，如果发现该无形资产已经减值，则需要计提相应的减值准备。

【例 9.14】接前例，该秘方预计可使用 3 年，但是老李经常会对秘方进行升级换代，并且每次更新配方之后香辣虾的销售额都会大幅上涨，所以无法准确确定该秘方的使用寿命。2017 年底该秘方成本为 85 000 元，该秘方的公允价值为 78 000 元，便利店的会计处理如下：

借：资产减值损失　　7 000

　　贷：无形资产减值准备——秘方　　7 000

本例中的秘方因为经常更新，且销量没有下降，所以可以视为使用寿命不确定的无形资产，持有期间不需要进行摊销，但每年都要根据减值测试的结果调整账面价值，一旦发生减值，要及时计提减值准备。

无形资产在持有期间也可以出租或者出售，因为与无形资产有关的业务明显不属于企业的日常业务，所有其出租收益在其他业务收入中反映，出售损失在营业外支出中反映。

【例 9.15】接前例，昊阳便利店的香辣虾配方还挺受市场欢迎，张老板打算将这项秘方出售给隔壁刘妈妈私房菜馆，菜馆每年支付技术使用费 52 000 元，每年摊销 28 333.33 元，为此业务便利店需要纳税 8 000 元，便利店的会计处理如下：

（1）取得技术使用费：

借：银行存款　　52 000

　　贷：其他业务收入　　52 000

（2）累计摊销

借：其他业务成本　　28 333.33

　　贷：累计摊销　　28 333.33

（3）支付税费

借：其他业务成本　　8 000

　　贷：应交税金　　8 000

上例中体现的是出租无形资产的情形，出租的收益放在其他业务收入科目核算，累计摊销和支付的税金放在其他业务成本核算。

与出租相对应，当然也有出售的情况发生，我们再来看个例题：

【例 9.16】接前例，昊阳便利店的香辣虾秘方在使用 1 年以后因为竞争对手太多，已经不再有市场竞争力，张老板决定将其出售，出售价款为 45 000 元，一年内已摊销 28 333.33 元，本业务涉及增值税税率为 6%，请做出会计处理：（2018 年 5 月 1 日以后，一般纳税人销售无形资产适用的增值税税率依旧为 6%）

本例中应缴纳的增值税为 45 000 ÷（1+6%）× 6%=2 547.17

借：银行存款	45 000	
累计摊销——秘方摊销	28 333.33	
营业外支出——处置非流动资产损失	14 213.84	
贷：无形资产——秘方		85 000
应交税金——应交增值税——销项税额——6%		2 547.17

上例中的出售是以损失告终，如果出售价款高于账面成本则需要在营业外收入——处置非流动资产利得中反映。

最特殊的无形资产

上面咱们讲解的是比较简单无形资产的核算，实务操作中还有一种非常特殊的无形资产——土地使用权，需要注意以下两点：

- 房地产开发企业取得的土地使用权，不能单独计入无形资产，而应该将该土地使用权计入建造的房屋建筑物成本中。
- 如果是外购房屋建筑物支付价款中包含了土地价值，则应该将总价款在房屋和土地之间合理分配，实在无法分配的要全部作为固定资产进行处理。

9.3　对外投资

咱们前面讲了非流动资产里有实物形态的固定资产，也讲了没有实物形态的无形资产，下面的篇幅咱们来讲一下各种对外投资。

投资性房地产的初始计量和后续维修

用于生产经营等自用用途的自有房屋属于固定资产，但是有一种自有房屋，持有的目的不是为了自行使用，而是用于投资。也可以这么说，自用的房产其持有目的是为了生产经营提供场地支持；投资的房地产是为了将房屋和土地使用权的出租作为企业的一项业务，或者是持有至增值后转让。

1. 投资性房地产的取得

取得投资性房地产的方式是多种多样的：

【例 9.17】昊阳便利店购买了一座临街的店面，该店面交通便利处于繁华地带，张老板决定将这个店面出租赚取租金，购买店面时花了 800 000 人民币。便利店的会计处理如下：

借：投资性房地产——临街商铺　　800 000

　　贷：银行存款　　800 000

本例中的店面购买的时候就已经决定将其用于出租，所以计入投资性房地产科目核算。除了购买之外，还可以采用自行建造，或者从自有房产转化的方式增加投资性房地产。

2. 投资性房地产的后续支出

用于投资的房地产也会产生后期维修的问题，和固定资产一样，也有大维修和小维修的区别。

【例 9.18】接前例，该临街商铺购入两年后需要进行一次大规模的整体装修之后才能出租，装修钱账面价值为 800 000 元，已计提折旧 70 000 元，购买各种装修材料花费 85 000 元，支付装修设计费用 12 000 元，支付工人工资 20 000 元。现在工程完工可以用于出租，便利店的会计处理如下：

（1）投资性房地产转入装修工程

借：投资性房地产——临街商铺（在建）　　730 000

　　投资性房地产累计折旧　　70 000

　　贷：投资性房地产——临街商铺　　800 000

（2）装修过程中发生支出

借：投资性房地产——临街商铺（在建）　　117 000

　　贷：银行存款　　97 000

　　　　应付职工薪酬　　20 000

（3）装修工程验收合格，转回投资性房地产

借：投资性房地产——临街商铺　　847 000

　　贷：投资性房地产——临街商铺（在建）　　847 000

对于上例中大型装修，属于满足资本化条件的后续支出，这些支出可以提高投资性房地产的使用效率或者使用年限，所以其花费应该计入投资性房地产的成本。

【例 9.19】接前例，该临街商铺的门窗不够严密，需要更换所有玻璃和密

封条，这样冬天才能有更好的保温效果。这项维修需要花费 6 800 元购买材料。便利店的会计处理如下：

借：其他业务支出　　6 800

　　贷：银行存款　　6 800

像更换门窗这种小修理明显是不符合资本化条件的，因为收取租金属于便利店的其他业务收入，所以与之对应的，费用化的小修理的支出要记入其他业务支出中核算。

用于投资的店面的成本计量模式

投资性房地产的后续计量有两种模式，分别是成本模式和公允价值计量模式，两种模式之间还会发生转换，下面来看看成本模式下的核算方法。

【例 9.20】昊阳便利店购买的临街商铺没办法持续取得可靠地公允价值资料，所以认定为采用成本模式计量的投资性房地产。购买时花费了 800 000 元，采用直线法计提折旧，预计使用年限为 20 年，预计净残值为 5%，按照合同规定承租方每月支付租金 20 000 元。年末时房地产市场受到利率变化的影响，价值普遍贬值，同地段同等条件的商铺可收回金额约为 690 000 元，此前便利店没有对该商铺计提减值准备。

（1）确认投资性房地产

借：投资性房地产——临街商铺　　800 000

　　贷：银行存款　　800 000

（2）计提折旧

每月应计提折旧=800 000×（1-5%）÷20÷12=3 166.67 万元

借：其他业务支出　　3 166.67

　　贷：投资性房地产累计折旧　　3 166.67

（3）收取租金

借：银行存款　　20 000

　　贷：其他业务收入　　20 000

（4）计提减值准备

借：资产减值损失　　110 000

　　贷：投资性房地产减值准备　　110 000

上例中描述的是投资性房地产的成本模式，成本模式就是采用房地产取得时的价值作为入账价值。需要注意的是，投资性房地产也需要和自有房屋一样按月计提折旧。租金收入计入其他业务收入，折旧计入其他业务支出。此外，每年都要对投资性房地产进行减值测试。

采用公允价值进行后续计量的投资性房地产

上例题中有一句话：昊阳便利店购买的临街商铺没办法持续取得可靠地公允价值资料。那么如果在可以持续取得可靠公允价值资料的情况下，投资性房地产要采用公允价值进行后续计量！需要注意的是，不能对同一建筑物或是土地使用权同时采用两种计量模式进行计量。

公允价值，是在公开公平公正的条件下对一项资产的估价，但是建筑物有点儿特殊，不可能有完全相同的两座建筑物，所以要考虑地理位置、交易环境、房屋结构、新旧程度甚至可使用情况等相关信息做出评估。

【例 9.21】昊阳便利店购买的一座仓库一直用于出租，根据该地房地产市场的情况，可以持续可靠的去的公允价值的信息，所以认定为公允价值计量模式，该商铺购买时花费了 350 000 元，年末时公允价值比原值上升了 70 000。昊阳便利店的会计处理如下：

（1）确认投资性房地产

借：投资性房地产——仓库　　350 000

　　贷：银行存款　　350 000

（2）确认公允价值上升

借：投资性房地产——公允价值变动　　70 000

　　贷：公允价值变动损益　　70 000

上例反映的就是公允价值计量模式下的投资性房地产后续核算，公允价值模式与成本模式最大的不同是，公允价值计量不需要计提折旧，但是需要定期确认公允价值变动损益。

成本模式变更为公允价值模式

同一项投资性房地产不能同时采用成本模式和公允价值模式一起计量，但是如果房地产市场发展慢慢成熟，能够满足采用公允价值计量的要求，是可以将成本模式变更为公允价值模式的。但是公允价值模式是不能变为成本模式的！

【例 9.22】昊阳便利店购买了一间用于出租的临街商铺，购买时该地区没有相关的公允价值信息，所以采用了成本模式进行计量。两年后该地区已经满足公允价值模式计量的要求，所以便利店决定将该商铺的计量方法从成本模式变更为公允价值模式。该商铺原价为 800 000 元，已计提折旧 70 000，商铺的账面价值为 730 000 元，公允价值为 750 000 元。便利店的会计处理如下：

借：投资性房地产——成本　　750 000

　　投资性房地产累计折旧　　70 000

　　贷：投资性房地产——商铺　　800 000

利润分配——未分配利润　　20 000

上例中从成本模式变更为公允价值模式，属于会计政策变更，就是说变更了核算方法。变更时公允价值与账面价值的差额调整期初留存收益。

投资用的店面升值或贬值后的处理

咱们前面讲了投资性房地产除了赚取租金之外,还可以持有至升值后出售。当然，既然是投资，也有可能会出现投资失误，导致可回收价值明显低于账面价值。出现这两种情况的时候就需要处置投资性房地产了。不论采用何种模式进行计量，均应当将与该房地产有关的科目全部结转到当期损益中。我们来分别看看两种模式不同的处理方式。

1. 成本模式下投资性房地产的处置

【例 9.23】昊阳便利店有一间一直采用成本模式进行计量的沿街商铺准备出售，商铺原价 800 000 元，已计提折旧 70 000 万元，买方出价 750 000 元，便利店的会计处理如下：

（1）结转与投资性房地产有关的科目

借：其他业务支出　　730 000

投资性房地产累计折旧　　70 000

贷：投资性房地产——临街商铺　　800 000

（2）收到出售价款

借：银行存款　　750 000

贷：其他业务收入　　750 000

2. 公允价值进行计量的投资性房地产的处置

【例 9.24】昊阳便利店有一间用于出租的仓库，由于该地区周边规划的问题预计会影响仓库的价值，所以便利店决定将仓库出售，仓库原价 350 000 元，公允价值为 320 000 元，出售价款为 300 000 元。便利店的会计处理如下：

（1）结转与投资性房地产相关的科目

借：投资性房地产——公允价值变动　　30 000

其他业务支出　　320 000

贷：投资性房地产——成本　　350 000

（2）收到出售价款

借：银行存款　　300 000

贷：其他业务收入——出售投资性房地产收入　　300 000

9.4 其他投资方式

上一节咱们提到买个用房进行投资，但是一般投资不一定都是这种有形资产。比如买国库券或者股票都属于投资。这节咱们就来讲讲其他金融资产。

其他金融资产包括：持有至到期投资、可供出售金融资产、以公允价值计量且变动记入当期损益的金通资产三类。因为金融资产的分类和计量有着密切的关系，不同类别的金融资产其初始计量和后续计量的标准都有所不同，所以分类一旦确定不能随意变更。

持有至到期投资的初始计量和后续计量

最常见的持有至到期投资就是国库券了，它需要同时满足以下几个特点：

- 中途不能出售。
- 到期日固定。
- 回收金额固定或者可确定。
- 购买方有明确的意图和能力持有至到期。

既然是投资，那么购买的时候就会有平价溢价或者折价的情况出现，当平价购买的时候票面利率等于实际利率。实际利率就是按照实际购买价格和到期值倒推出来的利率。这部分计算涉及资金时间价值的概念，需要查复利现值系数表运用内插法。此处将直接给出实际利率。

【例 9.25】昊阳便利店花 1 000 元（含交易费用）购买了面值 1 300 元的五年期债券，票面利率为 5%，每年利息 65 元（1 300 × 5%），利息每年支付，本金最后一次性支付。合同约定发行方不可提前赎回，便利店将其划分为持有至到期投资。经过查询复利现值系数和内插法的计算，本例中的实际利率为 11.29%，摊余成本见表 9.2 所示。

表 9.2　摊余成本计算表

单位：元

年份	期初摊余成本A	实际利息收入 B=A×11.29%	现金流入C	期末摊余成本 D=A+B−C
第一年	1 000	112.9	65	1 047.90
第二年	1 047.90	118.31	65	1 101.21
第三年	1 101.21	124.33	65	1 160.54
第四年	1 160.54	131.02	65	1 226.56
第五年	1 226.56	138.48	65	1 300.04

注：上表中第五年的实际利息收入考虑了计算过程中出现的尾差。

吴阳便利店的会计处理如下：

（1）购入债券：

借：持有至到期投资——成本	1 300	
贷：银行存款		1 000
持有至到期投资——利息调整		300

（2）第一年末确认利息收入，收到票面利息

借：应收利息	65	
持有至到期投资——利息调整	47.9	
贷：投资收益		112.9
借：银行存款	65	
贷：应收利息		65

（3）第二年末确认利息收入，收到票面利息

借：应收利息	65	
持有至到期投资——利息调整	53.31	
贷：投资收益		118.31
借：银行存款	65	
贷：应收利息		65

（4）第三年末确认利息收入，收到票面利息

借：应收利息	65	
持有至到期投资——利息调整	59.33	
贷：投资收益		124.33
借：银行存款	65	
贷：应收利息		65

（5）第四年末确认利息收入，收到票面利息

借：应收利息	65	
持有至到期投资——利息调整	66.02	
贷：投资收益		131.02
借：银行存款	65	
贷：应收利息		65

（6）第五年末确认利息收入，收到票面利息和本金

借：应收利息	65	
持有至到期投资——利息调整	73.44	
贷：投资收益		138.44
借：银行存款	65	

贷：应收利息 65

借：银行存款 1 300

贷：持有至到期投资——成本 1 300

上例中的“持有至到期投资——利息调整”科目，反映了实际利息收入从归集到分配的过程，折价或者溢价产生的投资收益，会通过每年的利息调整逐年分配，最后该科目的余额为 0。

本例中为折价购入，所以每年的摊余成本和实际利息收入逐年递增，直到最后和面值一致。如果是溢价购入则摊余成本和实际利息收入逐年递减，直至最后和面值一致。

持有至到期投资的核算很有特点，很像看着一个孩子慢慢长大，如下：

- 你要对这个孩子不离不弃（有明确意图持有至到期）。
- 你对孩子的所有培养花费都会增加孩子的内涵（交易费用计入投资成本）。
- 这个孩子的实际表现和你对他的期待可能有所不同（实际利率与票面利率不同）。
- 你的期望和孩子的实际发展需要时间你才能慢慢接受（实际利率摊销法核算）。

根据培养孩子的理念，持有至到期投资的初始计量要注意的三个点如下：

- 发生的一切交易费用要记入投资成本。
- 实际利率在计算的时候要考虑交易费用，而且还要考虑溢价折价因素。
- 计算出的实际利率在持有期间保持不变。

持有至到期投资转换为可供出售金融资产

除了初始计量和后续计量，持有至到期投资还有最后一个问题，就是它的转换。

【例 9.26】由于昊阳便利店资金配置发生变化，原来划分为持有至到期投资的某项债券价，只能将其出售。但是只有 60%的债券出售成功，收取价款 300 000 元(此价格为当时的公允价值)，此时该债券的账面成本为 550 000 元。便利店的账务处理如下：

出售时：

借：银行存款 300 000

投资收益 300 00

贷：持有至到期投资——成本 （550 000 × 60%）330 000

重分类：

借：可供出售金融资产 （300 000 ÷ 60% × 40%）200 000

资本公积——其他资本公积　　　　　　　　　　　20 000

贷：持有至到期投资——成本　　　（550 000 × 40%）220 000

从上例中可以看出，出售了60%的持有至到期投资之后，剩下的40%作为可供出售金融资产核算，并且以公允价值进行后续计量。重分类日，该投资剩余部分账面价值和公允价值的差额，应当计入所有者权益。在该可供出售金融资产发生减值或者终止确认时转出，计入投资收益。

一般发生了上述重分类之后的两个完整会计年度内不得再次确认为持有至到期投资。不过以下几种情况出现的时候，出售了大部分持有至到期投资后，剩余部分可以依然按照持有至到期投资核算。

- 出售日或者重分类日距离到期日很近，并且其公允价值不受市场利率变化的影响。
- 根据合同的约定，已经提前收回大部分投资，现在要将剩余部分出售或者重分类的。
- 因为人力无法控制，并且预计不会重复发生的时间而进行的出售或者重分类。比如：税收政策的变化、投资环境的变化、被投资企业财务状况的变化等。

【例 9.27】接前例，两个月后，昊阳便利店将该债券全部出售，收取价款170 000元，便利店的账务处理如下：

借：银行存款　　　　　　　　　　　　　　170 000

投资收益　　　　　　　　　　　　　　30 000

贷：可供出售金融资产　　　（300 000 ÷ 60% × 40%）200 000

借：投资收益　　　　　　　　　　　　　　20 000

贷：资本公积——其他资本公积　　　　　　　　20 000

从上例中我们看到，一开始重分类时计入“资本公积——其他资本公积”的账面价值和公允价值的差额，在该可供出售金融资产终止确认时转出，最终计入了投资收益。

便利店买了些短线获利的股票

股票有两种操作模式：短线获利和长线持有，本节重点讲短线获利的股票投资。

短线获利的股票投资，在会计核算上叫做“可供出售金融资产”。当然，咱们前面讲的债券也可以转化为金融资产。需要注意的是，只有持有至到期投资才可以转化为“可供出售金融资产”，别的金融资产不能重分类为这一项。

【例 9.28】昊阳便利店以每股3.5元的价格购买了一家科技公司发行的股票3 000股，其中含有已宣告尚未支付的股利700元，支付了手续费500元；5月

30日收到已宣告的股利，并且该股票的市场价格上升为每股5元；6月30日以每股4.5元的价格出售。

（1）购买时的分录

借：可供出售金融资产——成本（3.5 × 3 000+500−700）10 300
　　应收股利　700
　　贷：银行存款　11 000

（2）5月30日资产负债表日

借：银行存款　700
　　贷：应收股利　700

借：可供出售金融资产——公允价值变动　4 700
　　贷：资本公积——其他资本公积　4 700

（3）6月30日资产负债表日

借：银行存款　（4.5 × 3 000）13 500
　　资本公积——其他资本公积　4 700
　　贷：可供出售金融资产——成本　10 300
　　　　可供出售金融资产——公允价值变动　4 700
　　　　投资收益　（13 500−10 300）3 200

从上例中，我们总结了可供出售金融资产的会计处理需要注意以下几点：

- 初始确认时的交易费用计入投资成本并且以公允价值计量。
- 企业取得可供出售金融资产时的应收股利单独确认，但持有期间的股利计入投资收益。
- 资产负债表日，可供出售金融资产应当以公允价值计量，且公允价值变动计入资本公积——其他资本公积。
- 处置可供出售金融资产时，应将取得的价款与该金融资产账面价值之间的差额，计入投资收益；同时，将原直接计入所有者权益的公允价值变动累计额对应处置部分的金额转出，计入投资损益。

以公允价值计量且变动计入当期损益的金融资产

本节重要讲解名字最长的金融资产——以公允价值计量且变动计入当期损益的金融资产。

这种金融资产可以进一步分为交易性金融资产和指定为以公允价值计量且变动计入当期损益的金融资产。这两者的区别，主要还是看购买时候的意图，还有购买时候怎样指定的核算类型。需要注意的是，这类金融资产主要看重与金融市场的紧密结核性，也就是说看市场上与该项资产有关的交易环境等的变化对该资产的影响，以及进而对企业财务状况和经营成果的影响。

【例 9.29】昊阳便利店用 40 000 元购买了面值 35 000 元的债券，票面利率 3%，季度付息，剩余期限为 4 年。其中包括已宣告尚未领取的利息 1 050 元，另支付交易费用 2 000 元。同年 9 月 30 日该债券的市场价值为 32 000 元，同年 12 月 31 日该债券的市场价值为 37 000 元，转年 3 月 31 日便利店将债券以 36 500 的价格将该债券出售，出售时获得上年利息 1 050 元，本年利息 1 050 元。便利店将其划分为交易性金融资产，账务处理如下：

（1）购买时

借：交易性金融资产——成本　　35 000

　　应收股利　　1 050

　　投资收益　　5 950

　　贷：银行存款　　42 000

（2）9 月 30 日收到上期利息

借：银行存款　　1 050

　　贷：应收股利　　1 050

（3）9 月 30 日计提本期利息

借：应收股利　　1 050

　　贷：投资收益　　1 050

（4）9 月 30 日调整公允价值变动

借：公允价值变动损益　　3 000

　　贷：交易性金融资产——公允价值变动　　3 000

（5）12 月 31 日收到上期利息

借：银行存款　　1 050

　　贷：应收股利　　1 050

（6）12 月 31 日计提本期利息

借：应收股利　　1 050

　　贷：投资收益　　1 050

（7）12 月 31 日调整公允价值变动

借：交易性金融资产——公允价值变动　　5 000

　　贷：公允价值变动损益　　5 000

（8）转年 3 月 31 日计提利息

借：应收股利　　1 050

　　贷：投资收益　　1 050

（9）转年 3 月 31 日获得上期和本期利息各 1 050 元

借：银行存款　　2 100

　　贷：应收股利　　2 100

（10）转年 3 月 31 日出售债券

借：银行存款	36 500	
公允价值变动损益	2 000	
贷：交易性金融资产——成本		35 000
交易性金融资产——公允价值变动		2 000
投资收益		1 500

从上例中我们可以归纳出这种名字最长的会计处理的几个要点：

- 初始确认的时候以公允价值计入成本，相关的交易费用要记入当期损益。溢折价和为购买金融资产发生的差旅费不属于交易费用。
- 企业取得此项金融资产时的应收股利单独确认，但持有期间的股利计入投资收益。
- 资产负债表日，此项金融资产应当以公允价值计量，且公允价值变动计入当期损益。
- 处置该项金融资产时，应将取得的价款与该金融资产账面价值之间的差额，计入投资收益；同时调整公允价值变动损益。

金融资产发生减值了怎么办

咱们前面讲了很多资产，比如固定资产还有存货，都会有减值的情况发生，那么已经入账的金融资产是不是也要进行减值测试计提减值准备呢？本节主要讲解金融资产发生减值的处理方法。

1. 什么时候可以确认金融资产的减值准备

便利店应当在资产负债表日对以公允价值计量且其变动计入当期损益的金融资产以外的金融资产的账面价值进行检查，有客观证据表明该金融资产发生减值的，应当计提减值准备，计入当期损益。

上面说的这个客观证据的特点是：实际发生的、对预计未来的现金流量有影响、影响金额可以可靠计量。

我们举例说明一下什么是客观的证据：

- 债务人发生严重亏损以致倒闭，已经做了破产清算。
- 债务人违反合同规定不能按时给付股息或者利息，本金的偿还更加遥遥无期。
- 因为发行方的重大损失导致金融工具的市场公允价值大幅下降甚至无法在活跃市场进行交易。
- 债权人考虑到政策和市场因素，决定对发生财务困难的债权人做出让步。
- 由于债务人的技术等的落后，导致金融资产的现金流量确实已经与预期相比大幅减少……

2. 金融资产减值损失的计量

每种金融资产都有不同的核算方法，其减值的核算也略有不同。

【例 9.30】昊阳便利店用城北支行账上的 1 000 元（含交易费用）购买了面值 1 300 元的债券，票面利率 5%，每年利息为 65 元（1 300 × 5%），利息每年支付，本金最后一次支付。合同约定发行方不可提前赎回，昊阳便利店将其划分为持有至到期投资。每年的摊余成本我们已经计算过，如表 9.3 所示：

表 9.3　摊余成本计算表

年份	期初摊余成本A	实际利息收入 B=A×11.29%	现金流入C	期末摊余成本D=A+B−C
第一年	1 000	112.9	65	1 047.9
第二年	1 047.9	118.31	65	1 101.21

假设第二年年底，债务方的财务状况严重恶化，其未来现金流量的现值下降到 1 000 元，低于表中计算出的 1 101.21 元，则昊阳便利店应当做如下处理：

借：资产减值损失　　101.21

　　贷：持有至到期投资——减值损失　　101.21

同时应重新计算该金融资产的摊余成本。

【例 9.31】昊阳便利店购买了牡丹公司的债券 100 张，面值 1 200 元，共计花费 120 000 元。该债券票面利率为 3%，按年支付，划分为可供出售金融资产。

当年年底昊阳便利店发现牡丹公司由于新产品研发的决策失误导致偿付能力下降，债券的公允价值下降为每张 1 000 元，如不采取措施该债券的公允价值很可能继续下跌。

转年牡丹公司新产品研发成功，偿债能力有所恢复，债券的公允价值上升为每张 1 100 元。

假定昊阳便利店初始确认该债券时确认的实际利率为 3%，则账务处理如下：

（1）购买时：

借：可供出售金融资产——成本　　120 000

　　贷：银行存款　　120 000

（2）当年年末计提利息收到利息并确认减值准备

借：应收利息　　3 600

　　贷：投资收益　　3 600

借：银行存款　　3 600

　　贷：应收利息　　3 600

借：资产减值损失　　20 000

　　贷：可供出售金融资产——公允价值变动　　20 000

由于预计该债券的公允价值可能持续下跌，所以应该确认资产减值损失。

（3）转年年末确认利息收入，转回资产减值损失

应确认的利息收入=（期初摊余成本-发生的减值损失）×实际利率

=（120 000-20 000）×3%

=3 000

借：应收利息　　3 600

　　贷：投资收益　　3 000

　　　　可供出售金融资产——利息调整　　600

借：银行存款　　3 600

　　贷：应收利息　　3 600

减值损失转回前的摊余成本=期初摊余成本-发生的减值损失-（现金流入-实际利息）

=120 000-20 000-600

=99 400

此时债券的公允价值为 110 000 元，应该转回的金额=110 000-99 400=10 600 元

借：可供出售金融资产——公允价值变动　　10 600

　　贷：资产减值损失　　10 600

【例 9.32】昊阳便利店以每股 1.2 元的价格（含有已宣告尚未领取的股利 0.2 元）购买了安妮公司发行的股票 20 000 股，占安妮公司有表决权股份的 0.5%，无重大影响，划分为可供出售金融资产。

5 月 31 日，收到股利 4 000 元。

8 月 31 日，该股票的市场价格下降为每股 0.9 元，且该下降是暂时的。

10 月 31 日，安妮公司海外市场出现严重亏损，该股票价格下降为每股 0.5 元。

12 月 31 日，政府出台利好措施，扶持安妮公司的市场，该股票价格回升为每股 0.8 元。

假定不考虑其他因素，昊阳便利店的账务处理如下：

（1）购买时：

借：可供出售金融资产——成本　　20 000

　　应收股利　　4 000

　　贷：银行存款　　24 000

（2）5 月 31 日：

借：银行存款　　4 000

　　贷：应收股利　　4 000

（3）8 月 31 日：

借：资本公积——其他资本公积（1.2-0.2-0.9）×20 000=2 000

　　贷：可供出售金融资产——公允价值变动　　2 000

（4）10 月 31 日：

借：资产减值损失　　10 000

　　贷：资本公积——其他资本公积　　2 000

　　　　可供出售金融资产——公允价值变动　　8 000

（5）12 月 31 日：

借：可供出售金融资产——公允价值变动　　6 000

　　贷：资本公积——其他资本公积　　6 000

通过上面几个例题，我们对金融资产的减值准备的核算进行了一次总结，金融资产减值比较，如表 9.4 所示。

表 9.4　金融资产减值核算比较表

项目	计提减值准备	减值准备的转回
持有至到期投资	发生减值时，应当将金融资产的账面价值减记至预计未来现金流量现值，减记的金额确认为资产减值损失，计入当期损益	如有客观证据表明该金融资产价值已经恢复，原确认的减值损失应当予以转回，计入当期损益
可供出售金融资产	发生减值时，应当将该金融资产的账面价值减记至公允价值，原直接计入所有者权益的因公允价值下降形成的累计损失，也应当予以转出，计入当期损益	可供出售债务工具投资发生的减值损失在随后的会计期间公允价值已经上升且客观上与原减值损失确认后发生的事项有关的，原确认的减值损失应当予以转回，计入当期损益
		可供出售权益工具投资发生的减值损失，不得通过损益转回，公允价值上升计入资本公积

9.5　便利店的长期股权投资

对于大部分企业来说，在经过一段时间的积累以后，要面对一个新的问题，就是企业的扩张。扩张的方式有很多种，比如直接成立若干个分支结构，也可以通过在别的公司入股达到对其的控制。我们说的长期股权投资就是指为了企业合并所进行的投资。

关于企业合并的基础知识

企业合并是指两个或两个以上单独的企业合并成一个报告交易主体的交易或者事项。企业合并情况下形成的长期股权投资，又分为同一控制下控股合并与非同一控制控股合并两种形式。

给大家举个例子：所谓合并，就像是两块橡皮泥，最初是两小块。为了可以捏一个更大的玩偶呢就把两小块糅合到一起了。同一控制大概就像是两块颜色一样的橡皮泥糅合起来，糅合以后还是原来的颜色，不会产生其他颜色（通常情况下，同一控制下的企业合并是指发生在同一企业集团内部企业之间的合并。如母公司将全资子公司的净资产转移至母公司并注销子公司，母公司将其拥有的对一个子公司的权益转移至另一子公司）;非同一控制就像是两款颜色不同的橡皮泥，糅合以后产生一种新的颜色。

参与合并的企业在合并前后均受同一方或相同的多方最终控制且该控制并非暂时性的，为同一控制下的企业合并。参与合并的企业在合并前后不受同一方或相同的多方最终控制的，为非同一控制下的企业合并。

同一控制下的企业合并形成的长期股权投资

同一控制下的企业合并有以下两种出资方式：

1. 合并方以支付现金、转让非现金资产或承担债务方式作为合并代价

在这种方式下，应当在合并日按照取得被合并方所有者权益账面价值的份额作为长期股权投资的初始投资成本。投资成本与支付的对价的差额调整“资本公积——资本溢价/折价”，“资本公积——资本溢价/折价”不足以冲减的调整“留存收益”。合并方发生的审计、法律服务、咨询评估等费用，在发生的当时计入当期的管理费用。

【例 9.33】昊阳便利店有两个分店经营不善，为了节约经营成本，决定将城东分店和城北分店合并到城东分店旗下。城东分店向城北分店支付了人民币 300 000，取得对方全部所有者权益的账面价值，共计 320 000，城东分店的会计分录如下：

借：长期股权投资——城北分店　　320 000

　贷：银行存款　　300 000

　　资本公积——资本溢价　　20 000

2. 合并方以发行权益债券作为合并对价

【例 9.34】昊阳便利店有两个分店经营不善，为了节约经营成本，决定将城东分店和城北分店合并到城东分店旗下。城东分店向城北分店支付了其发行

的股票 1 000 股，价值 300 000 元，取得对方全部所有者权益的账面价值，共计 320 000 万元，总公司的会计分录如下：

借：长期股权投资——城北分店　　320 000

　贷：股本　　300 000

　　资本公积——资本溢价　　20 000

根据上述例题，我们总结出这种企业合并的主要特点是：

- 从最终实施控制方的角度来看，其所能够实施控制的净资产，没有发生变化，原则上应保持其账面价值不变；
- 由于该类合并发生于关联方之间，交易作价往往不公允，很难以双方议定的价格作为核算基础，因为如果以双方议定的价格作为核算基础的话，可能会出现增值的情况。

我国目前的企业合并大部分是同一控制下的企业合并，这种合并中合并方和被合并方双方并不完全出于自愿的交易行为，合并对价也不一定是双方讨价还价的结果，不能体现公允价值，而以账面价值作为会计处理的基础可以有效地避免利润操纵，因此，同一控制下的企业合并采用账面价值计量。

非同一控制下企业合并形成的长期股权投资

这是一种通过向没有关联关系的公司注资实现对其的控制的合并方式。

【例 9.35】昊阳便利店于 2018 年 3 月取得橘子公司 80%的股权，为核实橘子公司的资产价值，昊阳便利店聘请了一家注册资产评估机构对其资产进行评估，支付了评估费用 700 万。昊阳便利店用于支付的对价价值，如表 9.5 所示。

表 9.5　昊阳便利店支付对价价值一览表

2018年3月18日　　单位：万元

项目	账面价值	公允价值
专有设备	3 000	4 500
办公厂房	2 000	1 500
银行存款	1 700	1 700
合计	6 700	7 700

昊阳便利店与橘子公司不存在任何关联方关系，支付的专有设备和厂房已经计提折旧 300 万元。

由于昊阳便利店与橘子公司不存在任何关联方关系，所以这是费用以控制下的企业合并，应该用公允价值作为初始投资成本。昊阳便利店账务处理如下：

借：长期股权投资　　77 000 000

　管理费用　　7 000 000

　累计折旧　　3 000 000

贷：固定资产——专有设备　　31 800 000

固定资产——厂房　　21 200 000

营业外收入　　34 000 000

从上例中，我们看到非同一控制下的企业合并，由于参与合并的各方不受同一方或相同的多方控制，企业合并大多出于企业自愿的原则，是双方自愿交易的结果，因此有双方认可的公允价值。另外交易过程中，合并各方出于自身的利益考虑会进行讨价还价，交易以公允价值为基础。因此，非同一控制下的企业合并采用以公允价值为基础进行会计计量。

长期股权投资的成本法的适用范围

长期股权投资在持有期间根据投资企业对被投资单位的影响程度以及是否存在活跃市场、公允价值能否可靠计量等进行划分，应当分别采用成本法和权益法进行核算。我们这节就来介绍和成本法有关的这些事儿。

成本法，顾名思义就是按照成本计价的方法。那么什么情况下才能使用成本法呢？我们来看看成本法的适用范围有哪些。

1. 企业能够对被投资单位实施控制

那么控制是什么意思呢？控制，是指有权决定一个企业的财务和经营政策，并且能从被控制企业的经营活动中获得利益。

那么什么样才叫可以对被投资企业实施控制呢？一般出现以下情况之一的时候就是可以控制对方了。

- 通过与其他投资者协商、协议等，投资企业拥有被投资单位 50%以上表决权资本的控制权。

【例 9.36】假设有 ABC 三个企业对 D 公司进行投资，A 公司占全部资本的 40%，B 公司占全部资本的 20%，C 公司占 15%。ABC 公司的资本全部拥有表决权，A 公司与 B 公司达成协议，B 公司所掌握的股权由 A 公司代表。也就是说 A 公司实际上拥有 60%的表决权资本。C 公司和 D 公司本身的表决权资本均小于 A 公司所掌握的。A 公司实际上已经完全控制了 D 公司。

- 根据章程或协议，投资企业有权控制被投资企业的财务和经营政策。

【例 9.37】上例中的 A 公司虽然只有 40%的股权，但是根据投资协议的规定，A 公司有权利制定 C 公司的财务政策和经营政策，那么就是说 A 公司有权决定 D 公司的生产经营方针。基本上也就控制了 D 企业。

- 有权任免被投资单位董事会等类似权力机构的多数成员。

【例 9.38】接上例，A 公司虽然只有 40%的股权，但是根据投资协议的规定，A 公司有权任免 D 公司董事会主席和大多数董事会成员。我们知道，董事会是决定企业重大事项的机构，A 公司的这项权利相当于控制了整个 D 公司的决策命脉。

● 在被投资单位董事会或类似权利机构会议上有半数以上投票权。

【例 9.39】接上例，A 公司虽然只有 40%的股权，但是根据投资协议的规定，A 公司在被投资单位董事会或类似权利机构会议上有半数以上投票权，也就是说 A 公司可以决定 D 公司的重大事项，对 D 公司可以实施控制。

以上这几种情况说明投资企业可以控制被投资单位，被投资单位为其子公司，投资企业应当将子公司纳入合并财务报表的合并范围。投资企业在其个别财务报表中对其长期股权投资采用成本法核算，合并财务报表时按照权益法进行调整。

2. 没有共同控制或重大影响的长期股权投资

投资企业对被投资单位不具有共同控制或重大影响，且在活跃市场中没有报价、公允价值不能可靠计量的长期投资。

● 共同控制。

【例 9.40】假设有 ABC 三个企业对 D 公司进行投资，A 公司占全部资本的 40%，B 公司占全部资本的 20%，C 公司占 15%。也就是说 ABCD 四个公司共同控制 D 公司。D 公司是合营企业。

判断是否构成共同控制的条件：

（1）A 公司 B 公司 C 公司都不能单独控制 D 公司的生产经营活动；

（2）涉及 D 公司基本经营活动的决策需要 A 公司 B 公司 C 公司一致同意；

（3）A 公司 B 公司 C 公司可以通过合同或者协议的形式任命其中的一个合营方对 D 公司的日常活动进行管理，但是其必须在各合营方已经一致同意的财务和经营政策范围内行使管理权。

满足以上条件的就叫做共同控制。

● 重大影响。

【例 9.41】假设有 ABC 三个企业对 D 公司进行投资，A 公司占全部资本的 40%，B 公司占全部资本的 20%，C 公司占 15%。A 公司就对 D 公司的经营决策产生了重大影响。

重大影响的表现：

（1）可以对合营公司的技术资料进行垄断；

（2）参与被投资企业的经营策略、股利分配政策的制定；

（3）在被投资企业的董事会之类的机构中派有代表；

（4）与被投资企业正在发生重大交易；

（5）向被投资企业派驻管理人员。

成本法核算实例

在了解了什么情况下可以用成本法进行核算之后，我们再来看一下成本法核算的实例吧！

【例 9.42】2017 年 2 月 14 日，昊阳便利店用 300 万元购入了楼家国贸 26% 的股权，便利店对该公司不具有共同控制或重大影响，且在这家公司的股权活跃市场中没有报价，公允价值不能可靠计量。2012 年 3 月 31 日楼家国贸宣告分派股利，便利店分得了 20 万元。

昊阳便利店的账务处理如下：

借：长期股权投资——楼家国贸	3 000 000	
贷：银行存款		3 000 000
借：应收股利——楼家国贸	200 000	
贷：投资收益		200 000

从上例中，我们总结出成本法的核算的要点：

（1）初始投资和追加投资都按照投资成本增长长期股权投资的账面价值；

（2）除取得投资时实际支付的价款中包含的应付股利意外应当按照享有被投资单位宣告发放的现金股利或利润确认投资收益；

（3）期末的时候应该考虑是否发生减值，如果发生了减值要计提减值准备，但是长期股权投资的减值准备不允许转回。

长期股权投资的权益法的适用范围

前面我们简要的介绍了长期股权投资核算方法中的成本法。下面我们来看看与之相对的权益法的有关知识。

权益法与成本法相对应，我们介绍过，成本法是用投资成本核算的方法，权益法则是用投资企业享有被投资企业所有者权益的份额进行核算的方法。并且在持有投资期间被投资企业的所有者权益发生变动了，投资企业就要相应的调整长期股权投资的账面价值。

论到权益法的适用范围也是和成本法相对的，权益法适用于投资企业对被投资企业具有共同控制或是重大影响的长期投资，即对合营企业和联营企业投资应当采用权益法核算。

权益法的核算实例

1. 初始投资成本的调整

投资企业在取得长期股权投资以后，对于支付的投资成本和应享有的被投资企业可辨认净资产公允价值份额之间的差额，应区别情况分别处理。

（1）初始投资成本大于所占有份额

这种情况的本质是投资企业在取得投资过程中通过购买作价体现出的与所取得股份对应的商誉以及被投资单位不符合确认条件的资产的价值。这种情况下不用调整长期股权投资的成本。

【例 9.43】昊阳便利店 2017 年 2 月 14 日 500 万元取得宏发实业 40%的股份，宏发实业的关键技术都是由昊阳便利店提供的，所以昊阳便利店对其有重大影响，采用权益法核算。宏发实业当日净资产的账面价值为 1 000 万元。昊阳便利店的账务处理如下：

借：长期股权投资——宏发实业——成本　　　　5 000 000

　　贷：银行存款　　　　　　　　　　　　　　5 000 000

本例中宏发实业 40%的股份的价值为 400 万元（1 000×40%），小于昊阳便利店支付的 500 万元，两者之间的差额不调整长期股权投资的账面价值。

（2）初始投资成本小于所占有份额

这种情况说明被投资企业在交易过程的让步，对于投资方来说是一种收益，计入取得收益当期的营业外收入，同时调增长期股权投资的账面价值。

【例 9.44】昊阳便利店 2017 年 2 月 14 日 300 万元取得宏发实业 40%的股份，宏发实业的关键技术都是由昊阳便利店提供的，所以昊阳便利店对其有重大影响，采用权益法核算。宏发实业当日净资产的账面价值为 1 000 万元。昊阳便利店的账务处理如下：

借：长期股权投资——宏发实业——成本　　　　4 000 000

　　贷：银行存款　　　　　　　　　　　　　　3 000 000

　　　　营业外收入　　　　　　　　　　　　　1 000 000

本例中宏发实业 40%的股份的价值为 400 万元（1 000×40%），大于昊阳便利店支付的 300 万元，两者之间的差额调增长期股权投资的账面价值。

2. 有关损益调整的核算

在持有被投资企业股份的时候，被投资企业会发生盈利也有可能产生亏损。

采用权益法核算，就是投资企业与被投资企业“同呼吸，共命运”，被投资企业盈利或亏损，投资企业应当按照享有的份额调整长期股权投资的账面价值，并且确认为当期投资损益。

长期股权投资科目除了按照被投资单位设定二级科目以外，下面还设有三个明细科目：

● 成本

● 损益调整

● 其他权益变动

当被投资企业发生亏损的时候，以对应被投资企业的三个明细科目的合计减至零为限。

如果被投资企业宣告发放股票股利，投资单位不做账务处理，但是应该在备查簿中进行登记。

【例 9.45】接上例，宏发实业 2017 年 12 月宣告实现净利润 800 万元，昊阳便利店按比例确认投资收益 320 万元。2018 年 3 月 31 日宣告发放现金股利，昊阳便利店可以分派到 20 万元，4 月 15 日收到现金股利。

（1）确认实现的投资收益：

借：长期股权投资——宏发实业——损益调整　　3 200 000

　　贷：投资收益　　3 200 000

（2）宣告发放现金股利：

借：应收股利　　200 000

　　贷：长期股权投资——宏发实业——损益调整　　200 000

（3）收到现金股利：

借：银行存款——城东支行　　200 000

　　贷：应收股利　　200 000

【例 9.46】接上例，宏发实业 2018 年 12 月发生亏损 2 000 万元，昊阳便利店应该承担 800 万元，昊阳便利店的账务处理如下：

借：投资收益　　8 000 000

　　贷：长期股权投资——宏发实业——损益调整　　7 000 000

　　　　长期应收款——宏发实业　　1 000 000

备注：本例中，宏发实业的“长期股权投资”下共有：成本 400 万元；损益调整 320-20=300 万元。也就是说长期股权投资一级科目下总账的余额是 400+300=700 万元。目前的亏损 800 万元已经超过了长期股权投资一级科目的余额，我们只能以 700 万元为冲减的限额，剩余的部分暂时在“长期应收款”科目下核算。如果属于或有事项造成的亏损则应在“预计负债”科目反应。以后实现盈利则相应的恢复“预计负债”和“长期应收款”还有“损益调整”科目，调整的金额以冲减的金额为限。

● 被投资企业除净损益以外所有者权益的其他变动

除了上面讲的盈利亏损以外，被投资企业可能还会发生其他所有者权益的变动。那部分变动应该通过“长期股权投资——其他权益变动”和“资本公积——其他资本公积”核算。

【例 9.47】宏发实业可供出售金融资产的公允价值增加了 200 万元，昊阳便利店按比例确认相应的资本公积 80 万元。

借：长期股权投资——宏发实业——其他权益变动　　800 000

　　贷：资本公积——其他资本公积　　800 000

长期股权投资的减值

长期股权投资在按照规定进行核算确定其账面价值的基础上，如果存在减值迹象的，应当计提减值准备。

成本法下的减值按照《企业会计准则第 22 号——金融工具确认和计量》的规定确定可回收金额和应予以计提的减值准备。

权益法下的减值则按照《企业会计准则第 8 号——资产减值》的规定可回收金额和应予以计提的减值准备。

上述有关长期股权投资的减值准备在提取以后，均不允许转回。

成本法转换为权益法

从前面的讲解中我们看出，企业决定购入长期股权投资的时候，投资意图和投资比例决定了其核算方法的不同。那么当各方面的情况发生变化的时候，核算方法是不是也要相应的变化呢？

咱们还是先看成本法转换为权益法的例题：

【例 9.48】昊阳便利店原来持有安妮梦公司 60%的股权，其账面余额为 6 000 万元，未计提减值准备。2017 年 2 月 6 日，昊阳便利店将其持有的对安妮梦公司的长期股权投资中的 1/3 出售给某企业，出售取得价款 3 600 万元，当日被投资单位可辨认净资产公允价值总额为 16 000 万元，昊阳便利店原取得安妮梦 60%股权时，安妮梦公司可辨认净资产公允价值总额为 9 000 万元（假定公允价值与账面价值相同）。自昊阳便利店取得对安妮梦公司长期股权投资后至部分处置投资前，安妮梦公司实现净利润 5 000 万元。其中，自昊阳便利店取得投资日至 2010 年年初实现净利润 4 000 万元。假定安妮梦公司一直未进行利润分配。除所实现净损益外，安妮梦公司一直未发生其他计入资本公积的交易或事项。昊阳便利店按照 10%提取盈余公积。

在出售 20%的股权后，昊阳便利店对安妮梦公司的持股比例为 40%，安妮梦的主要技术由昊阳便利店提供，但不能对安妮梦公司生产经营决策实施控制。对安妮梦公司长期股权投资应由成本法改为权益法核算。

（1）确认长期股权投资处置损益

借：银行存款　　36 000 000

　　贷：长期股权投资　　20 000 000

投资收益　　16 000 000

（2）调整长期股权投资账面价值

剩余长期股权投资的账面价值为 4 000 万元，与原投资时应享有被投资单位可辨认净资产公允价值的份额之间的差额 400 万元（4 000−9 000×40%）为商誉，该部分商誉的价值不需要对长期股权投资的成本进行调整。

处置投资以后按照持股比例计算享有被投资单位自购买日至处置投资日期间实现的净损益为 2 000 万元（5 000×40%），应调整增加长期股权投资的账面价值，同时调整留存收益。

借：长期股权投资　　20 000 000

　贷：盈余公积　　1 600 000

　　利润分配——未分配利润　　14 400 000

　　投资收益　　4 000 000

从上例中，我们看到，长期股权投资核算由成本法转为权益法的情形包括：

- 因持股比例上升能够对被投资单位施加重大影响或共同控制，由成本法转为权益法。
- 因持股比例下降不再对被投资单位实施控制，但能够对被投资单位施加重大影响或共同控制，由成本法转为权益法。

在上述情况下，应当以成本法下长期股权投资的账面价值作为按照权益法核算的初始投资成本，并且在此基础上比较该初始投资成本与应享有被投资单位可辨认净资产公允价值的份额，确定是否需要对长期股权投资的账面价值进行调整。

- 投资企业对被投资单位不具有共同控制或重大影响，且在活跃市场中没有报价、公允价值不能可靠计量的长期投资，因为追加投资导致持股比例上升，能够对被投资单位施加重大影响或实施是共同控制的，在自成本法转为权益法时，应区分①持有的长期股权投资以及②新增长期股权投资两部分分别处理。

　　① 原持有的长期股权投资的账面余额与按照原持股比例计算确定影响应享有原取得投资时被投资单位可辨认净资产公允价值份额之间的差额，属于通过投资作价体现的商誉部分，不调整长期股权投资的账面价值；属于原取得投资时因投资成本小于应享有被投资单位可辨认净资产公允价值的份额的差额，一方面应调整长期股权投资的账面价值；另一方面应同时调整留存收益。

　　② 对于新取得的股权部分，应比较新增投资的成本与取得该部分投资时应享有被投资单位可辨认净资产公允价值份额，其中，投资成本大于投资时应享有被投资单位可辨认净资产公允价值份

额的，不调整长期股权投资的成本；对于投资成本小于应享有被投资单位可辨认净资产公允价值份额的，应调整增加长期股权投资的成本，同时计入取得当期的营业外收入。

- 因处置投资收益导致对被投资单位的影响能力由控制转为具有重大影响或是与其他投资方一起实施共同控制的情况下，在投资企业的个别财务报表中，首先应按处置或收回投资的比例结转应终止确认的长期股权投资成本。在此基础上，应当比较剩余的长期股权投资成本与按照剩余持股比例计算原投资时应享有被投资单位可辨认净资产公允价值的份额，属于投资作价中体现的商誉部分，不调整长期股权投资的账面价值；属于投资成本小于应享有被投资单位可辨认净资产公允价值的份额的，在调整长期股权投资成本的同时，应调整留存收益。

权益法转换为成本法

【例 9.49】昊阳便利店持有玉龙山公司 30%的有表决权股份，因能够对玉龙山公司的生产经营决策施加重大影响，采用权益法核算。2017 年 10 月,昊阳便利店将该项投资中的 50%对外出售，出售以后，无法再对玉龙山公司施加重大影响，且该项投资不存在活跃市场，公允价值无法可靠确定，出售以后转为采用成本法核算。出售时，该项长期股权投资的账面价值为 3 200 万元，其中投资成本 2 600 万元，损益调整为 600 万元，出售取得价款 1 800 万元。

昊阳便利店确认处置损益相关的会计分录：

借：银行存款		18 000 000
贷：长期股权投资	（32 000 000×50%）	16 000 000
投资收益		2 000 000

处置投资后,该项长期股权投资的账面价值为 1 600 万元，其中包括投资成本 1300 万元，原确认的损益调整 300 万元。假定在转换时被投资单位的账面未分配利润为 2 600 万元，则昊阳便利店未来期间自玉龙山公司分得现金股利或利润时,取得的现金股利或利润未超过按持股比例计算享有的分配原未分配利润 2 600 万元的金额 390 万元（2 600×15%），应冲减长期股权投资的账面价值，超过部分确认为投资收益。假设分回 400 万元，则账务处理如下：

借：应收股利		4 000 000
贷：长期股权投资	（2 600×15%）	3 900 000
投资收益		100 000

从上例中，我们看到：

1. 因追加投资原因导致原持有的对联营企业或合营企业的投资转变为对子公司投资的，长期股权投资账面价值的调整应当按照前面的相关规定处理。

2. 因减少投资导致长期股权投资的核算由权益法转换为成本法（投资企业对被投资单位不具有共同控制或重大影响,并且在活跃市场中没有报价，公允价值不能可靠计量的长期股权投资）的，应以转换时长期股权投资的账面价值作为按照成本法核算的基础。继后期间，自被投资单位分得的现金股利或利润未超过转换时被投资单位账面未分配利润中本企业享有份额的，分得的现金股利或利润应冲减长期股权投资的成本，不作为投资收益。自被投资单位取得的现金股利或利润超过转换时被投资单位账面未分配中本企业享有份额的部分,确认为当期损益。

不想继续投资了怎么办

【例 9.50】昊阳便利店持有金溪公司 40%的股权，2017 年 12 月 31 日，昊阳便利店决定出售 5%的股权，出售时昊阳便利店账面上对金溪公司长期股权投资的构成为：投资成本 300 000 元，损益调整 80 000 元，其他权益变动 40 000 元。出售取得价款 70 000 元。

（1）昊阳便利店确认处置损益的账务处理：

借：银行存款　　70 000

　　贷：长期股权投资[（300 000+80 000+40 000）÷ 40% × 5%]52 500

　　　　投资收益　　17 500

（2）除了应将实际取得价款与出售长期股权投资的账面价值进行结转。确认出售损益以外，还应当将原计入资本公积的部分按比例转入当期损益。

借：资本公积——其他资本公积 （40 000 ÷ 40% × 5%）50 000

　　贷：投资收益　　50 000

从上例中，我们看到：企业处置长期股权投资时，应当把与该项投资有关的所有科目全部转出,出售所得价款与处置长期股权投资账面价值之间的差额,应确认为处置损益。

采用权益法核算的长期股权投资，原计入资本公积中的金额，在处置时也要进行结转,将与所出售股权相对应的部分在处置时自资本公积转入当期损益。

第10章 原来经营的资金可以找别人拆借——负债

张老板问张燕怎么还没讲到他投资的钱，在哪呢，张燕让他稍安勿躁，然后徐徐的讲到：前面的章节里，咱们讲解了资产负债表中各种资产类科目的核算，这一章咱们要开始讲解右半部分靠上的负债类科目啦！

我们可以换个角度来理解资产负债表，左半部的资产是用右半部分的负债和所有者权益的资金添置的。也就是说左边是资金流向，右边是资金来源，咱们现在就要来说说这第一项来源——负债。

和资产类科目一样，负债类科目也按照流动性分为流动负债和非流动负债两部分。咱们先来看看流动负债吧！

10.1　常有常清的外债——流动负债

负债根据其期限长短可以分为流动负债和长期负债两种，流动负债往往是在一年内就要偿还，所以流动负债中有一种“一年内到期的长期负债”。流动负债和长期负债只是一个大致的分类，下面还有不同内容的细分。当然负债也不完全是通过借贷获得的资本，也可能是企业之间的资金拆借或是企业与职工之间的结算等。流动负债大致有应付票据、应付账款、预收账款、短期借款、应付职工薪酬、其他应付款还有各种应交税金等相关科目。

支付给供应商的承兑汇票

讲资产的时候有一个科目叫做“应收票据”，核算的是从客户手里收到各种承兑汇票。那么与之对应的，我们也可以把汇票之类的作为付款方式支付给供应商！我们开具或者通过背书形式转让给供应商的票据应该通过“应付票据”科目进行核算。

作为出票人开具出的票据有两种形式：分别是带有利息和不带利息的应付票据下面来看下核算上的异同。

1. 带利息的应付票据

假设我方开出的是带有利息的应付票据，票据到期的时候除了要支付本金以外，对应的利息应当作为财务费用入账。

【例 10.1】假设昊阳便利店开出一张期限为 6 个月受票人为安妮公司的商业承兑汇票，汇票面值为 30 万，票面利率 5%（年利率）这张票据用于购买一批办公用品，假设不考虑相关税费，昊阳便利店的账务处理如下：

（1）开出商业承兑汇票

借：原材料　　300 000

　　贷：应付票据　　300 000

（2）到期承兑

借：应付票据　　300 000

　　财务费用——利息　　1 500

　　贷：银行存款　　301 500

2. 不带利息的应付票据

如果我方出具的是不带利息的应付票据，到期仅需支付票面金额即可。

【例 10.2】假设昊阳便利店开出一张期限为 3 个月的不带息商业承兑汇票，面值为 20 万元用于购买办公家具一批，则昊阳便利店的会计处理应为：

（1）开出商业承兑汇票

借：固定资产　　200 000

　　贷：应付票据　　200 000

（2）到期承兑

借：应付票据　　200 000

　　贷：银行存款　　200 000

3. 应付票据到期未能偿还

如果咱们出具的应付票据到期未能偿还的话，可能出现以下两种情况：

● 转作应付账款

对于企业暂时无力偿还的应付票据，应当在票据到期时转入应付账款科目核算。

【例 10.3】昊阳便利店前期开出了一张 30 万元商业承兑汇票到期未能支付，预计到期日后 10 天可以偿还，昊阳便利店的账务处理如下：

借：应付票据　　300 000

　　贷：应付账款　　300 000

● 用其他应付票据偿付

如果收票方不接受上一种情况，则需要用新的应付票据来替换原来的应付票据。

4. 以银行承兑汇票作为付款方式

上面咱们说到的都是商业承兑汇票，如果通过和银行申请，在银行开立指定的保证金账户之后，银行可以出具信用更高的银行承兑汇票。而且保证金在存款期间还能获得存款利息，虽然会有开证手续费等费用，但是这种票据信用较高，更容易被供应商认可。

【例 10.4】昊阳便利店和建行合作，出具了一笔 135 000 元的银行承兑汇票，建行要求便利店在行内开立指定的保证金专户，并在户内存 20%的保证金直到票据到期解付。票据有效期半年，保证金存款利息为年息 2.07%，银承手续费为 13 500 元，票据用于支付给戴安娜家纺公司采购一批床上用品，票据到期后保证金和利息全部转回，并用建行一般户内款项支付敞口。便利店的会计处理如下：

（1）存保证金：

借：其他货币资金——银承保证金　（13 500 × 20%）27 000

　　贷：银行存款　　27 000

（2）支付银承手续费

借：财务费用——手续费　　13 500

　　贷：银行存款　　13 500

（3）将银承支付给供应商

借：库存商品——纺织品　（135 000 ÷ 1.16）116 379.31

　　应交税金——应交增值税（进项税款）　　18 620.69

　　贷：应付票据　　135 000

（4）票据到期收回保证金和存款利息，偿还票据敞口

借：银行存款　　27 279.45

　　财务费用——利息收入

（13 500 × 20% × 2.07% ÷ 2，利息收入在借方要用负数表示）−279.45

贷：其他货币资金——银承保证金　　27 000

借：应付票据　　135 000

贷：银行存款　　135 000

至此，关于此笔银行承兑的业务全部完成了。

收到供应商的发票但未付款

资产里有一个项目叫做“应收账款”，用来核算发票已开但是货款尚未收到的经济业务。负债里也有一个科目与之对应，当我们购买商品或者享受服务而又未付款的时候，就会形成一项债务——应付账款。

1. 应付账款产生的原因

应付账款产生的原因是购货方付款与销货方收入确认之间的时间差异造成的。一般的交易习惯都是销货方先开出发票，购货方见票付款。月底结账时还未收到的货款销货方确认为应收账款，购货方确认为应付账款。从这里引申出一个问题，销货方确认收入之后，无论是否实际收到货款了，都需要缴纳相应的增值税。所以从往来账款管理的角度来说，为了减少不必要的流转税占压资金，要尽量避免预开发票的情况的出现。

2. 应付账款入账时间的确定

企业应当在所购买物资所有权的主要风险和报酬已经转移，或者所购买的劳务已经接受的时候确认应付账款。实物工作中往往以收到销货方开来的发票的时间确认应付账款。

3. 应付账款的入账金额

应付账款的入账金额往往是按照实际需要支付的金额入账，也就是发票金额。但是如果货物已经验收入库但是到结账的时候发票还没有收到的情况下为了保证库存商品账的账实相符，我们往往需要将没有发票的这部分库存暂估入账，待下月月初红字冲回，然后按照发票价格入账。

4. 会计处理举例

需要注意的是，应付账款是按照收款单位的名称设置二级科目的。在这里我们要说明一下，会计实务当中，只有一级科目的名称是标准的，大部分的二级科目都是企业根据自身情况和核算需要自行设置的，并没有固定的名称。实际工作中也请大家注意这点。

【例 10.5】昊阳便利店本月 28 日从赛扬商贸购入一批厨房用品，共计 2 000 件，不含税价格 80 万元，增值税额为 12.8 万元，厨房用品 31 日晚上已经验收入库，发票也已经取得，但是昊阳便利店在 31 日未对该笔货物进行付款。昊阳便利店的账务处理如下：

借：库存商品——厨房用品　　800 000

　　应交税费——应交增值税（进项税额）　　128 000

　　贷：应付账款——赛扬商贸　　928 000

【例 10.6】接上例，2 日，昊阳便利店将上述赛扬商贸的货款支付。

借：应付账款——赛扬商贸　　928 000

　　贷：银行存款——城南支行　　928 000

5. 无法支付的应付账款

对于某些因为债权人原因无法支付的应付账款，应当作为企业的营业外收入处理。当然，这种情况极为少见。

收到客户的定金

咱们前面讲解资产时说到过一个给供应商的“定心丸”就是付给供应商的定金！放在“预付账款”里核算。负债里当然也有一项与之对应。对于企业的某些紧俏商品，客户会采取预先支付定金的方式表示购买的诚意。这个时候也会形成一项负债，就是便利店接受了对方的定金但是还没有给付货物的债务，这种债务要通过“预收账款”科目来核算。

1. 预付账款的特殊性

预付账款不同于其他的负债，其他的负债都是需要企业动用现金和现金等价物去偿还，而预付账款则是以货物进行偿还。

2. 预付账款的科目性质

预付账款和所有负债类科目一样，贷方表示增加，借方表示减少。也就是说贷方记录发生的预付定金等事项，借方则等级企业向购货方发货的情况。期末余额在借方表示多发出的货物，贷方则表示欠发货物。

3. 不设“预付账款”科目可不可以？

如果企业很少发生预付账款的业务，那么是可以不设这个科目的。偶尔有预付账款类的业务发生的情况下，可以用“应收账款”进行核算。

4. 核算实例

【例 10.7】昊阳便利店采购了一批进口食品，安妮梦公司预付了 20 万元定金订下了这批货物，15 日的时候昊阳便利店向安妮梦公司发货，不含税货款 100 万元，增值税 16 万元。18 日安妮梦公司支付了剩余的货款。昊阳便利店账务处理如下：

（1）收到安妮梦公司预付定金

借：银行存款　　200 000

　　贷：预付账款——安妮梦　　200 000

（2）向安妮梦公司发货

借：预付账款——安妮梦　　1 160 000

　　贷：主营业务收入——进口食品　　1 000 000

　　　　应缴税费——应交增值税（销项税额）　　160 000

（3）安妮梦公司支付尾款

借：银行存款——城南支行　　960 000

　　贷：预付账款——安妮梦　　960 000

【例 10.8】接上例，假设昊阳便利店没有设置“预付账款”这个科目，那么其账务处理如下：

（1）收到安妮梦公司预付定金

借：银行存款　　200 000

　　贷：应收账款——安妮梦　　200 000

（2）向安妮梦公司发货

借：应收账款——安妮梦　　1 160 000

　　贷：主营业务收入——进口矿石　　1 000 000

　　　　应缴税费——应交增值税（销项税额）　　160 000

（3）安妮梦公司支付尾款

借：银行存款　　960 000

　　贷：应收账款——安妮梦　　960 000

向银行借了一笔钱

提到负债，我们最常想到的资金来源就是从银行了。短期借款，是指偿还期限在一年及一年以下的各种借款。短期借款是企业生产经营过程中流动资金的来源之一。

1. 短期借款的用途

短期借款往往是为了满足企业的正常生产经营需要借入的流动资金。周期较长的不属于短期借款科目的核算范畴。

2. 短期借款的利息支出的会计处理

实务中，银行往往每个季度末尾收取利息，所以企业采用月末预提的方式比较恰当。利息支出属于筹资的费用，所以应当计入“财务费用”中反映。预提的时候，另一方应当计入“应付利息”科目。

3. 核算实例

【例 10.9】昊阳便利店像银行借入一笔 3 个月期限的短期借款，用于采购小型电器。这笔借款共计 20 万元，每个月初支付一次利息，最后一期利息于到期日支付，借款利率为每年 5%。昊阳便利店的账务处理如下：

（1）取得借款

借：银行存款——城南支行　　200 000

　　贷：短期借款　　200 000

（2）前两个月月末计息

借：财务费用　　（200 000 × 5% ÷ 12）833.33

　　贷：应付利息　　833.33

（3）第二三个月月初支付利息

借：应付利息　　833.33

　　贷：银行存款——城南支行　　833.33

（4）到期归还本金和最后一期利息

借：短期借款　　200 000

　　财务费用　　833.33

　　贷：银行存款　　20 833.33

支付给职工的工资和保险

便利店里除了张老板肯定还有其他员工，有员工就肯定有支付工资这项经济业务发生。本节主要讲解和发工资有关的事儿。

“应付职工薪酬”是会计准则中的一个科目，有的按照会计制度做账的单位采用的是“应付工资”。

1. 应付职工薪酬的内容

首先，应付职工薪酬的内容远远大于应付工资。“应付工资”从名字上可以看出，仅仅包含应该支付给职工的工资。而应付职工薪酬的内容比较广泛。包括为职工提供的各种形式的报酬和其他相关支出，而且职工不单单指企业的正式员工，还包含了试用期未签订合同的员工和未签订劳动合同的高层领导或技术人员等。

其次，我们来看一下应付职工薪酬的具体内容。

● 职工工资奖金和津贴

不论是计时工资、计件工资还是提成、奖金、补贴、加班费等，都属于工资范畴。

● 职工福利费

职工因公负伤赴外地就医路费、职工生活困难补助等。

● 医疗保险、养老保险、失业保险、工伤保险和失业保险等社会保险

按照国家规定的基数和比例计算的社会保险，也包括补充养老保险和商业保险。

● 住房公积金

是指按照国务院规定的基数和比例计算向住房公积金管理机构缴存的住房公积金。

● 工会经费和职工教育经费

这个项目目前实行实报实销的制度，主要是有工会企业的工会活动经费和为了提高员工素质而进行培训等的支出。

● 非货币性福利

比如过年过节期间发放的实物奖励、或者为高级管理人员提供的住房等。

● 因解除与职工的劳动关系给予的补偿

是指因为各种原因，为了与已经签订用工合同并且合同尚未到期的员工解除劳动关系支付的经济补偿。

● 其他与获得职工提供的服务相关的支出

是指除了上述七种薪酬以外的其他为了获得职工提供的服务而给予的报酬，比如奖励股份等。

综上所述，应付职工薪酬的对象和范围都比原来的应付工资要广泛得多。如果采用应付工资一般指能核算应付而未付的工资，其他各项则分别放到应付福利费、其他应收款、其他应付款和各项期间费用中反映。

2. 应付职工薪酬提取和发放的时间

有的企业的资产负债表上应付职工薪酬科目没有余额，而有的企业就有余额，什么原因呢？

这个现象的出现源于对应付职工薪酬的计提和发放时间的确认不同，当月计提当月发放的不会产生余额，当月计提下月发放的就会出现余额。

那怎么判断是应该当月计提当月发放还是当月计提下月发放呢？这要根据企业的实际情况，现在的企业都是下发薪制，也就是说劳动者先提供劳动，下个月才能领到相应的薪水。这种情况下应当采取当月计提下月发放的方法。

3. 应付职工薪酬的核算实例

首先，我们来说说支付给员工的工资除了贷方计入“应付工资”或是“应付职工薪酬”之外，借方应当计入什么科目呢？

● 应付职工薪酬的入账原则

应付职工薪酬的原则如下：

① 生产部门工人的职工薪酬，有成本对象的计入“生产成本”，没有成本对象的计入“制造费用”。

② 管理部门的工资计入“管理费用”。

③ 销售人员的工资计入“销售费用”。

④ 为了建造固定资产的工人工资计入“在建工程”。

⑤ 为了研发无形资产的人工工资计入“研发支出”。

下面我们再来说说不同内容的职工薪酬的会计处理有什么不同。

● 不同内容的职工薪酬的核算

应付职工薪酬的核算有两个步骤：一是按照上面的入账原则确认应付职工薪酬；二是将已经确认的应付职工薪酬发放给员工。

（1）货币性应付职工薪酬的确认

【例 10.10】昊阳便利店当月应付工资总额 27 000 元，销售货物的店员工资为 7 000 元，办公室管理人员工资为 5 000 元，高级管理人员的工资为 8 000 元。其他为业务人员工资，昊阳便利店的账务处理如下：

借：管理费用	13 000	
销售费用	14 000	
贷：应付职工薪酬——工资		27 000

在每年的汇算清缴中注意应付职工薪酬的税前调整，税法规定税前只能扣除国家规定的最低工资标准以内的应付职工薪酬，也就是说超出部分要调增应纳税所得额。但是如果企业支付的工资少于国家规定的最低工资标准，那么税前只能扣除实发工资。所得税法要求税前可以扣除的是法定工资和实发工资中的最低值。

（2）非货币职工薪酬的确认

【例 10.11】昊阳便利店给张老板派了一辆汽车供其使用，汽车每月应提折旧 1 200 元，并且提供住房一套，房屋租金为每月 3 000 元。昊阳便利店账务处理如下：

借：管理费用——工资	3 000	
管理费用——折旧	1 200	
贷：应付职工薪酬——非货币性福利		3 000
累计折旧		1 200

（3）发放工资

发放工资是将已经提取的工资发放给职工，不过实务当中要注意扣除各种应收代付款项，所以计提的工资不一定等于实际支付给员工的工资。

【例 10.12】昊阳便利店本月共计提应付职工薪酬 27 000 元，代替职工缴纳个人所得税 2 600 元，为职工缴纳的各项社会保险中应该由职工支付的部分为 4 800 元，公积金中由应该职工承担 5 600 元，昊阳便利店的账务处理如下：

借：应付职工薪酬	27 000	
贷：其他应收款——个人所得税		2 600
——社会保险		4 800
——公积金		5 600
银行存款		14 000

向关联企业借了一笔流动资金

除了上面我们介绍的应付票据、预收账款、应付账款、应付职工薪酬和应付利息之外的各项应付、暂收的款项都属于其他应付款核算的范围。

1. 其他应付款的内容

其他应付款的内容包括但是不限于以下几项：

- 向法人或是关联单位临时借入的流动资金
- 关联单位存入的保证金
- 应付租入包装物租金
- 应付租入固定资产租金

2. 其他应付款的明细科目设置

其他应付款和其他应收款、应收账款等科目设置二级科目的原则一样。这一类的科目都应当按照当事人的名称来设立二级科目。

关于其他应付款的科目性质，也是贷方表示增加，借方表示减少。贷方记录各种应付暂收的款项，借方记录已付的款项。

3. 其他应付款的核算实例

【例 10.13】昊阳便利店流动资金暂时发生了困难，关联企业出资 500 000 元帮助昊阳便利店度过了难关，10 天以后，昊阳便利店如期将款项归还，昊阳便利店的账务处理如下：

（1）收到借款的时候

借：银行存款——城南支行	500 000	
贷：其他应付款——关联公司		500 000

（2）还款

借：其他应付款——关联公司	500 000	
贷：银行存款——城南支行		500 000

合法经营照章纳税

应交税金或者说应交税费科目除了应交增值税之外，还有很多其他的核算内容，本节将一并介绍。

应交税费和前面我们讲到的应付职工薪酬一样，都是会计准则使用的科目，会计制度下使用的科目叫应交税金，两者除了名称之外内容方面区别不大。需要注意的是注意你所在的企业是采用制度核算还是准则核算再确定用哪个科目。

应交税费核算的是各种企业应交未交，也就是预提的税费。不过有以下两个例外情况：

- 个人所得税不是企业应当负担的税金，只是企业为职工代扣代缴的，最终会从职工工资中扣除归还企业，所以个人所得税可以不通过应交税费核算，计入“其他应收款”。
- 增值税的附税中有三项内容（教育费附加、防洪费、地方教育费附加这三种是流转税的附税，由各地税征收，具体项目可能各地有所不同）不属于税金，可以放在其他应交款中处理。

除了增值税和附税，企业还会应将增值税、消费税、城市维护建设税、房产税、车船税、土地使用税等，这些都通过应交税费科目核算。

增值税的计算原则

一般纳税人采购商品的时候产生的是增值税的进项税额，进项税额的实质是我们付出的价款中包含的增值税。

我国实行的是税款抵扣制度，扣除商品在购入环节已负担的税款，可以有效的避免重复征税。

不论购进还是销售，增值税都是购买方向销售方交税，也可以理解为购买方先代替国家收了税。而最终要交给国家多少税呢？那就要看从购货方收取的税款和你交给销货方的税款的差额了，也就是销项税额和进项税额的差，如果结果是正数就是要上交给国家的税款，如果是负数则是这个会计期间里进货成本承担的税金大于销货收入应缴的税金，可以说是进货多销货少。换句话说就是这种情况下不用给国家交税了。

1. 正常缴纳的基础情况

月初没有进项税留抵，本月销项税大于进项税，则本月需要缴纳增值税。

【例 10.14】昊阳便利店 7 月初留抵税为 0，7 月销项税额为 3 582 元，进项税为 2 876 元。

7 月应纳增值税=3 582－2 876=706 元

7 月末结转增值税：

借：应交税金——应交增值税——销项税额　　3 582
　　贷：应交税金——应交增值税——进项税额　　2 876
　　　　　　　　——转出未交增值税　　706

借：应交税金——应交增值税——转出未交增值税　　706
　　贷：应交税金——未交增值税　　706

8 月初缴纳增值税：

借：应交税金——未交增值税　　706
　　贷：银行存款——税款户　　706

需要注意的是，“应交税金——应交增值税”科目正常情况下月末没有余额，余额在“应交税金——未交增值税”科目下反映。

2. 月末留底不需缴税

月初有进项税留抵，本月销项税小于进项税之和，本月不需要缴纳增值税。

【例 10.15】昊阳便利店 8 月初留抵税为 2 900，8 月销项税额为 3 582 元，进项税为 2 876 元。

8 月应缴纳增值税=3 582－（2 876+2 900）=－2 194 元

8 月末结转增值税：

借：应交税金——应交增值税——销项税额　　3 582
　　贷：应交税金——应交增值税——进项税额　　2 876
　　　　　　　　——转出未交增值税　　706

借：应交税金——应交增值税——转出未交增值税　　706
　　贷：应交税金——未交增值税　　706

8 月末实际留抵税款=期初留抵 2 900－本月应交 706=期末留底 2 194 元，下月月初不再缴纳增值税及附税。

3. 月初留底本月缴税

月初有进项税留抵，本月销项税大于进项税之和，本月需要缴纳增值税。

【例 10.16】昊阳便利店 9 月初留抵税为 2 194，9 月销项税额为 3 500 元，进项税为 200 元。

9 月应缴纳增值税=3 500－（200+2 194）=1 106 元

9 月末结转增值税：

借：应交税金——应交增值税——销项税额　　3 500
　　贷：应交税金——应交增值税——进项税额　　200
　　　　　　　　——转出未交增值税　　3 300

借：应交税金——应交增值税——转出未交增值税　　3 300

贷：应交税金——未交增值税 3 300

10 月初实际纳增值税=本月应交 3 300 元－期初留抵 2 194 元=1 106 元

借：应交税金——未交增值税 1 106

贷：银行存款——税款户 1 106

4. 月初无留底本月不交税

月初没有进项税留抵，本月进项税大于销项税，本月增值税留抵，不再缴纳增值税及附税。

【例 10.17】昊阳便利店 10 月初留抵税为 0,10 月销项税额为 2 500 元，进项税为 3 600 元。

10 月应缴纳增值税=2 500－3 600=－1 100 元，本月无需缴纳增值税及附税。

9 月末结转增值税：

借：应交税金——应交增值税——销项税额 2 500

——转出未交增值税 1 100

贷：应交税金——应交增值税——进项税额 3 600

借：应交税金——未交增值税 1 100

贷：应交税金——应交增值税——转出未交增值税 1 100

第 2 笔结转分录没有借方金额，“应交税金——未交增值税”用贷方红字表示，这样做是为了保证该科目借方金额累计数为当年实际缴纳的税款，便于统计。

增值税之账务处理篇

增值税有两种纳税人：一般纳税人和小规模纳税人，我们分别来看一下。

1. 一般纳税人的账务处理

一般纳税人购销过程中有以下六种行为：

（1）采购商品和接受应税劳务

【例 10.18】昊阳便利店购入一批热带水果用于销售，这批水果共计 400 斤，每斤不含税单价 43 元，税款为 2 752 元，运费 1 600 元由昊阳便利店支付，另外发生装卸费等 800 元。所有款项均由银行支付，昊阳便利店账务处理如下：

借：库存商品——热带水果 19 600

应交税费——应交增值税（进项税额） 2 752

贷：银行存款——城南支行 22 352

本例中库存商品的成本除了买价之外还包含运费和装卸费。

【例 10.19】昊阳便利店购入了一台专用收款设备用于扩大销售能力，该设备的不含税价格为 20 000 元，税额为 3 200 元，设备的运杂费等共计 480 元，所有款项由银行支付，昊阳便利店的账务处理如下：

借：固定资产——收款设备　　20 480

　　应交税费——应交增值税（进项税额）　　3 200

　　贷：银行存款——城南支行　　23 680

本例中固定资产的成本包含买家和运杂费。

（2）进项税额转出

前面我们已经讲解了增值税计算的原理，就是用进项税抵扣销项税。那么进项税额是不是都能用于抵扣呢？显然不是这样的。

- 当购进的货物发生了非常损失，比如损毁、丢失、地震火灾等情况下的毁坏等，其进项税额不可抵扣。
- 将购进的货物用于非应税项目，比如用于建造在建工程的时候，其进项税额也不可抵扣。
- 将购进货物用于集体福利和个人消费的时候，其进项税额也不可抵扣。

以上三种情况不得抵扣的原因，是货物并没有进入下一个流转环节。我们已经讲过，增值税是一种流转税，只有在流转过程中发生的税金才能用于抵扣。无论是非常损失、用于非应税项目、集体福利或个人消费，都是流转环节的终结，所以其进项税已经丧失了抵扣的资格。

当这三种情况发生的时候，就需要进行进项税额转出的账务处理。

【例 10.20】昊阳便利店购买的一批热带水果运输过程中发生了腐烂，腐烂的部分约为 40 斤，这批水果的不含税单价为 37 元/斤，昊阳便利店账务处理如下：

借：待处理财产损益——待处理流动资产损益　　1 716.80

　　贷：库存商品——热带水果　　1 480

　　　　应交税费——应交增值税（进项税额转出）　　236.80

【例 10.21】昊阳便利店为了员工发放一批春节福利，领用了自己仓库中米面粮油礼盒共计 8 箱，该礼盒购入时不含税单价为 220 元/盒，昊阳便利店的账务处理如下：

借：应付职工薪酬——职工福利　　2 041.60

　　贷：库存商品——粮油礼盒　　1 760

　　　　应交税费——应交增值税（进项税额转出）　　281.60

（3）销售货物或者提供应税劳务

在销售货物的时候，随同价款一起收取的是增值税的销项税额，销项税与进项税的差额其实就是商品增值部分所需要承担的税款。

【例 10.22】昊阳便利店向客户销售了一批厨房餐具，共计 2 000 套，不含税总价为 4 100 元，客户款项已经支付，由西城银行收取货款。昊阳便利店的账务处理如下：

借：银行存款——西城银行　　4 756

　　贷：主营业务收入——餐具　　4 100

　　　　应交税费——应交增值税（销项税额）　　656

（4）视同销售行为

所谓的视同销售是这件业务从企业角度来看不算正常的销售行为，但是需要缴纳增值税。当出现以下八种行为的时候，企业要缴纳增值税：

- 将货物交由他人代销。
- 代他人销售货物。
- 将货物从一地移送至另一地（同一县市除外）。
- 将自产或委托加工的货物用于非应税项目。
- 将自产、委托加工或购买的货物作为对其他单位的投资。
- 将自产、委托加工或购买的货物分配给股东或投资者。
- 将自产、委托加工的货物用于职工福利或个人消费。
- 将自产、委托加工或购买的货物无偿赠送他人。

上面这八种行为，从会计角度看不属于销售行为，不能确认销售收入。但是按照税法规定，这八种行为必须要缴纳销项税，也就是视为和销售一样，故称之为“视同销售行为”。

【例 10.23】昊阳便利店用自己仓库中的 3 箱洗洁精，作为福利发放给员工，该洗洁精的不含税售价为 360 元/箱。昊阳便利店的账务处理如下：

借：应付职工薪酬——职工福利　　1 252.80

　　贷：库存商品——洗洁精　　1 080

　　　　应交税费——应交增值税（销项税额）　　172.80

（5）出口退税

如果企业出口的产品符合国家相关规定的，则可以将已经缴纳的税款退回。

【例 10.24】昊阳便利店出口了一批零食，按照国家规定可以享受退税，共计退税 20 000 元，账务处理如下：

借：其他应收款——出口退税　　20 000

　　贷：应交税费——应交增值税（出口退税）　　20 000

（6）缴纳增值税

每个月终，企业应当按照当月购销情况计算应该缴纳的增值税。

【例 10.25】昊阳便利店 5 月份进项税额合计为 35 600 元，销项税额合计为 48 000 元，会计处理如下：

借：应交税费——应交增值税（销项税额）　　48 000

　　贷：应交税费——应交增值税（进项税额）　　35 600

　　　　应交税费——应交增值税（转出未交增值税）　　12 400

同时结转未交增值税：

借：应交税费——应交增值税（转出未交增值税）　　12 400

　　贷：应交税费——未交增值税　　12 400

实际缴纳时候的会计处理为：

借：应交税费——未交增值税　　12 400

　　贷：银行存款——税款户　　12 400

2. 小规模纳税人的账务处理

小规模纳税人不能取得和开具增值税专用发票，所以小规模纳税人不享有进项税额的抵扣权。进而不需要在应交增值税下面再设三级科目。

【例 10.26】一家小规模纳税人的公司购入商品一批，发票中标明的价款为 30 000 元，其账务处理如下：

借：库存商品　　30 000

　　贷：银行存款　　30 000

【例 10.27】接上例，该公司将这批商品销售出去，获得收入 35 000 元，该公司的增值税征收率为 3%，其账务处理如下：

借：银行存款　　35 000

　　贷：主营业务收入　　33 950

　　　　应交税费——应交增值税　　1 050

【例 10.28】接上例，假设当月没有其他销售，则上缴增值税的账务处理为：

借：应交税费——应交增值税　　1 050

　　贷：银行存款　　1 050

增值税之税款筹划篇

说到税款筹划，税负的概念不得不提。现在税务系统的大数据着实厉害，一般都是根据不同地区不同行业的企业的平均税负等指标来判断该企业的经营情况是否正常，税款缴纳是否正常等。不同税种有不同税种的监测方法，作为应用范围最广泛的增值税，其税负的控制在企业财务管理中就显得尤为重要。

税负就是在指定期间内的不含税收入和该期间内该税种实际缴纳的税款总额的比率。即：

某期间内税负=该期间内该税款的实际缴纳总额÷该期间内不含税销售收入×100%

【例 10.29】昊阳便利店 2018 年 1—10 月不含税销售额为 1 350 000 元，同期实际缴纳的增值税总额为 2 850 元，则该期间内昊阳便利店的增值税税负=2 850÷1 350 000×100%=0.21%

1. 关注本地区本行业的平均税负

这一点要靠和当地的主管税务机关沟通，说句简单易懂的话，人怕出名猪怕壮，如果本地区同行业别人家税负都差不多，只有你的单位明显偏低或者偏高，你作为税务局工作人员会怎么想?

对于有经验的税务人员来说，反常基本就等于异常了，尤其在金税三工程上线的大背景下，不用说有经验的税务人员，一旦模型推算出的数据异常，系统直接就出预警提示了。就算因为某些特殊原因导致业务真实，但税负确实明显偏低，税务系统觉察异常，一纸稽查函就可以请老板业务和财务人员去税务局“喝茶”了。

2. 税款所属期和实际缴纳期间

咱们企业财务人员做账都是按照权责发生制原则，当月发生的税款是当月计提的，但是实际缴纳期往往是在下月月初，所以会造成税款所属区和税款缴纳期有一个月的时间差。别小看这一个月，税务系统统计税负是按照税款的实际入库期间来统计的。知己知彼、百战不殆，既然知道了这个，咱们计算税负的时候最好和税务系统保持一致的习惯。不然可能出现自认为筹划得挺好，但是却出现和税务系统的结果大相径庭的情况。

3. 及时关注税负，一旦发现异常立即作出应对

知道了同地区同行业的平均税负，也知道了税务局计算税负的时间节点，下面就到了税款筹划最重要的一环了。一旦发现本企业税负异常要立即作出调整，降低税务风险。

【例 10.30】昊阳便利店所在地区同行业的平均税负为 0.25%，经过前例的计算，便利店税负为 0.21%，略低于平均税负，主管税务机关已经提示了税务风险，要求便利店适当提高税负。

例题中出现的税负较低要提高的情况，这种情况的应对方法有两种处理方式：

- 提高销项税，进项税额保持不变。

提高销项税的办法有两种：

最简便易行的就是在当月月底多做销售，或者提前将下个月尚未开票的业务提前至本月开票，这是最合理合法的操作方法。

但是有时候发现税负偏低的时候已经是下月月初了，这个时候还能用这个办法吗？在填制增值税报表的附表一的时候，有一行特别不起眼的行次，叫做“未开具发票收入”，这就是会计和税务人员常说的无票收入了。但是采用这个方法有一定的风险，因为无票收入能不能在下月冲回重新开具发票，不同税务机关的说法不一，如果不能冲回而购货方又确实需要发票，那么销售方就会承

担重复纳税的风险，所以采用这个方法之前最好和税务机关进行沟通，确保万无一失之后再采用这个方法。

- 降低进项税，销项税额保持不变

如果已经过了月底的开票时效，又不能冲回无票收入，还有没有办法补救呢？答案是肯定的。

既然销项税已经定死，咱们只能从进项税上做文章。现在全国都推行了增值税进项税额的勾选比对式认证，只要是上个月最后一天之前开具完毕的进项发票，可以在下个月报税截止日直接进行勾选确认。这为咱们确定认证多少进项提供了方便条件。如果销项税无法改变，少验证一部分进项税即可。

但是采用这个方法的同时，要提醒大家非常重要的一点，与销项税额对应的进项税额虽然没有认证，但是货物却是实实在在销售出去了，这时库存商品方面就要做暂估入库处理。也就是要把不含税价格和实物数量暂时做入库处理，下月月初进项税实际验证通过以后，一定别忘了把上月做的暂估入库的分录用红字冲回，不然会造成存货虚增，这样会为以后的对账查账带来麻烦。

以上方法在会计核算理论上其实也是有据可依的，如果采购的货物已发出但是发票尚未开具，月末为了保持库存商品账上的实物和仓库中的实物数量相符，也要做这种当月暂估入库，下月红字冲回的会计处理。

【例 10.31】假设昊阳便利店所在地区的同行业平均税负为 1.5%，经过前例的计算，便利店税负为 0.21%，略高于平均税负，怎样做对张老板来说比较有利呢？

你比其他同类企业交的税更多，这种情况下一般税务局不会提出异议，但是，作为企业财务人员，要做好企业主和主管税务机关之间的纽带和桥梁，发现税负偏高的话应当尽到适当的提醒义务。

增值税税负偏高一般是进销差价过大造成的，也就是常说的毛利过高。这种情况不但会提高增值税税负，如果当期期间费用水平正常的话还会对所得税产生影响，导致所得税税负偏高。不过财务人员只能提醒而不能代替管理者进行决策，决策权最终只能在企业主手中。毛利过高除了市场因素之外，也和商品的淡旺季，甚至商品是否紧俏等因素有关。这个不像上面的例子中讲到的降低税负就能解决的。最终决策往往需要根据行业、市场、客户等因素综合分析判断。

4. 人为控税不可取，涉及虚开更可怕

需要注意的是，人为控税不可取，不能反映企业经济业务的真实税负水平。一旦税负偏低，被税务系统认定为有增值税发票虚开嫌疑的话，问题就非常严重了。所以说，大家还是自己斟酌轻重，企业和税务机关的关系，可以用“大家好才是真的好”来概括，毕竟平稳的经营环境才能获得长久的发展！

经营中可能涉及的其他税种

1. 企业所得税

企业所得税是利润表中的重要组成部分，计算方法离不开利润表本身的结构。

【例 10.32】昊阳便利店 2018 年 3 季度损益类科目发生额，如表 10.1 所示，请计算 3 季度需要预缴的所得税金额。

表 10.1　昊阳便利店 17 年 3 季度损益类科目发生额一览表

单位：元

序号	项目	金额（元）
1	主营业务收入	162 749
2	主营业务成本	144 107
3	主营业务税金及附加	3 216
4	销售费用	3 786
5	管理费用	2 149
6	财务费用	168
7	营业外收入	200
8	营业外支出	0
9	补贴收入	0

本例中的应纳税所得额的计算过程如下：

应纳税所得额=162 749−144 107−3 216−3 786−2 149−168+200=9 523 元

所以本例中的应纳所得税为：

应纳所得税=9 523 × 25%=2 380.75 元

这笔业务的会计分录：

9 月底计提所得税

借：所得税　　　　2 380.75

　　贷：应交税金——所得税　　　　2 380.75

10 月初缴纳所得税

借：应交税金——所得税　　　　2 380.75

　　贷：银行存款——税款户　　　　2 380.75

企业所得税的计提分录，一边是损益类的“所得税”科目，另一边是负债类的“应交税金”科目，这也印证了复式记账法：有借必有贷，借贷必相等。以及六大会计要素里，一项经济业务的发生，会导致损益类科目和负债类科目同时增加的原理。

2. 应交消费税

如果企业销售了特殊商品，就需要缴纳消费税。消费税有从量定额和从价定律两种征收方法。其征收基数不包含增值税，也就是说按照不含税金额计算消费税。

● 销售应税消费品

【例 10.33】昊阳便利店销售的白酒，不含税价款为 200 000 元，假设适用税率为 70%，其会计处理如下：

借：税金及附加	140 000	
贷：应交税费——应交消费税		140 000

● 自产自用应税消费品

【例 10.34】捷达公司将自产汽油用于自己公司的领导专车加油，该汽油市场价为 3 000 元，应交增值税 510 元，应交消费税 700 元，账务处理如下：

借：管理费用	4 210	
贷：库存商品		3 000
应交税费——应交增值税（销项税额）		510
——应交消费税		700

这种情况便利店一般不太常会发生啦！大家了解一下即可。

● 委托加工应税消费品

如果特殊商品是委托加工的，则应该由受托方代收代交消费税。

【例 10.35】一家汽车制造商委托另一轮胎厂商加工轮胎，成本为 400 万元，加工费 28 万元，由轮胎加工厂代收消费税为 16 万元（不考虑增值税）。轮胎加工完成后汽车厂已经验收入库，加工费尚未支付。

（1）汽车制造商用这批轮胎继续生产小汽车，则会计处理如下：

借：委托加工物资——轮胎	4 000 000	
贷：原材料		4 000 000
借：委托加工物资——轮胎	280 000	
应交税费——应交消费税	160 000	
贷：应付账款——轮胎厂		440 000
借：原材料	4 280 000	
贷：委托加工物资		4 280 000

（2）汽车制造商将轮胎作为配件直接销售，则会计处理如下：

借：委托加工物资——轮胎	4 000 000	
贷：原材料		4 000 000
借：委托加工物资——轮胎	440 000	
贷：应付账款——轮胎厂		440 000
借：原材料	4 440 000	
贷：委托加工物资		4 440 000

（3）轮胎加工厂的会计处理如下：

借：应收账款——汽车厂　　440 000

　　贷：应交税费——应交消费税　　160 000

　　　　其他业务收入——加工费　　280 000

这种情况便利店这种业态中也不多见，大家了解即可。

● 进口应税消费品

进口环节的消费税应当计入物资成本。

【例 10.36】昊阳便利店从国外进口了一批零食，零食的价值为 80 000 元，进口环节的消费税为 13 600 元，货款尚未支付，税款已经用银行存款支付，昊阳便利店的账务处理如下：

借：库存商品——进口零食　　93 600

　　贷：应付账款　　80 000

　　　　银行存款　　13 600

3. 其他应交税费

除了上述税种之外，还有一些零星的税种，比如流转税的附税、资源税、土地增值税、土地使用税、房产税、车船使用税等。我们按照这些税款的归属来一一介绍。

● 归属于“税金及附加”的税种

这类税种的共同特征都与企业产生的收入有关，也就是说产生收入就要交税。

（1）资源税

资源税的主要征税对象是开采矿产品和生产盐的单位和个人。税款是按照应税产品的数量和规定的单位税额计算。

【例 10.37】一家制盐公司当月生产了食盐 35 吨，每吨应交资源税 5 元，则该企业的账务处理如下：

借：主营税金及附加　　175

　　贷：应交税费——应交资源税　　175

特殊行业会涉及到这个税种，大家了解即可。

（2）流转税的附税

【例 10.38】昊阳便利店当月应纳增值税为 15 万元，应交消费税为 7 万元，则便利店当月各项附税的计算和账务处理情况如下：

计算纳税基数

当月各项附税的缴税基数=15+7=22 万元

计算各项附税的具体金额

城市维护建设税=22 × 7%=1.54 万元

教育费附加=22 × 3%=0.66 万元

地方教育费附加=22 × 2%=0.44 万元

防洪费=22 × 1%=0.22 万元

（3）计提各项附税

借：税金及附加　28 600

　贷：应交税费——应交城市维护建设税　15 400

　　　　　——教育费附加　6 600

　　　　　——地方教育费附加　4 400

　　　　　——防洪费　2 200

（4）缴纳各项附税

借：应交税费——应交城市维护建设税　15 400

　　　——教育费附加　6 600

　　　——地方教育费附加　4 400

　　　——防洪费　2 200

　贷：银行存款——税款户　28 600

● 归属于“固定资产清理”的税种

这类税种是因为固定资产的清理才产生的。

【例 10.39】昊阳便利店对外转让了一处仓库，根据税法要求需要缴纳土地增值税 30 000 元。则便利店的账务处理如下：

（1）计提土地增值税

借：固定资产清理　30 000

　贷：应交税费——应交土地增值税　30 000

（2）缴纳土地增值税

借：应交税费——应交土地增值税　30 000

　贷：银行存款——税款户　30 000

● 归属于各项期间费用的税种

这类的税种大多不是每个会计期间都会发生的，或者说不完全与收入配比，所以应当按照受益对象计入各种期间费用。

【例 10.40】昊阳便利店当月需要缴纳 27 000 元的印花税，8 000 元房产税，2 000 元的土地使用税，以及 450 元的车船税，便利店的会计处理如下：

借：管理费用——印花税　27 000

　　　——房产税　8 000

　　　——土地使用税　2 000

　　　——车船税　450

贷：应交税金——印花税　27 000
　　　　　——房产税　8 000
　　　　　——土地使用税　2 000
　　　　　——车船税　450

10.2　一年之内不用偿还的外债——非流动资产

上面一节我们介绍的都是偿还期在一年以内的短期负债，即流动负债。与之相对应的，还有非流动负债，也叫长期负债的。可见，非流动负债的特点是偿还周期比较长，至少在一年以上。

借入一笔两年后归还的款项

长期借款的用途和短期借款不同，往往用于固定资产的构建、改扩建工程、大修理工程、对外投资或者为了保持长期经营能力的、保有的储备资金等。因为用途的限制，长期借款具有长期性。

1. 长期借款管理概述

长期借款关系到企业的资金链，也直接关系到企业的生产经营规模和效益，所以必须严格管理。

- 要遵守金融机构的贷款规定，编制借款计划和切实的还款计划。
- 预备不同形式的担保物，努力提高信用等级评级。
- 监督借款的使用，按期归还利息和本金。
- 及时按对方要求将反映自身财务情况的报表申报给金融机构，努力取得信任。

总之，要遵守信贷纪律，取得金融机构的好感，并且注意按时还款，提高信用等级。

2. 长期借款账务处理举例

长期借款的账务处理包括取得借款、发生利息、归还借款三个环节。

- 取得长期借款

长期借款科目和其他负债类科目一样，都是贷方表示增加、借方表示减少。需要注意的是，如果实际取得的借款和借款合同有差额，应当计入“长期借款——利息调整”科目。

【例 10.41】昊阳便利店取得了一笔长期借款，借款本金为 300 000，五年以后到期。款项用于购买一台专用物流运输设备，该设备不需要安装，设备成本为 250 000 元，其中包含增值税 34 482.76 万元。

（1）取得借款

借：银行存款	300 000	
贷：长期借款——本金		300 000

（2）购买设备

借：固定资产	215 517.24	
应交税费——应交增值税	34 482.76	
贷：银行存款		250 000

● 发生借款利息

长期借款的借款利息应当在资产负债表日按照实际利率法计算确定，如果实际利率与合同利率相差较小的，也可以采用合同利率确定利息费用。

利息费用的归属应当按照受益对象划分：

属于筹建期间的，计入“管理费用”；属于生产经营期间的，计入“财务费用”；

如果是用于构建固定资产的，符合资本化条件的要予以资本化，计入“在建工程成本”；不满足资本化条件的应当计入“财务费用”。

【例 10.42】接上例，昊阳便利店每个月计提借款利息，该借款合同利率为 5%，实际利率约为 5.1%，公司决定按照合同利率计算利息。该笔借款到期一次还本付息。

每月应该计提的借款利息=30 万 × 5% ÷ 12=0.125 万元

借：财务费用	1 250	
贷：应付利息		1 250

● 归还长期借款

归还的时候需要将前期取得的本金和后面计提的借款利息一并结清。

【例 10.43】接上例，最后一期的时候，昊阳便利店将前期计提利息和本金以及最后一期利息一并归还。

借：财务费用	1 250	
应付利息	73 750	
长期借款——本金	300 000	
贷：银行存款		375 000

融资租赁

除了长期借款，还有一种常见的长期负债——长期应付款。

1. 长期应付款简介

长期应付款主要包含融资租赁款和具有融资性质的延期付款购买资产两种形式。

融资租赁大部分用于固定资产，应当采取实际利率法计算内含利率，并且应当在租赁期内将未确认的融资利息予以摊销。

企业购买资产有可能延期支付价款，如果延期支付的购买价款超过正常的信用条件，实际上这是一种融资。既然是融资，必然会涉及实际支付价款和购买价款差额的问题，解决办法是选择金融资产中的实际利率法，所以大家一定要掌握这种方法，很多长期资产的核算中都要用到。

2. 核算实例

【例 10.44】昊阳便利店打算采用融资租赁的方式租入一台大型专用叉车，与出租方的合同显示最低付款额为 20 000 元，固定资产公允价值为 300 000，最低付款额的现值为 290 000，各种手续费和安装费用为 35 000 万元。租期为 10 年，每年年末支付租赁费用。

借：固定资产　　（290 000+35 000）325 000
　　贷：长期应付款　　20 000
　　　　未确认融资费用　　270 000
　　　　银行存款　　35 000

注：上例中固定资产的入账价值为直接费用加上租赁开始日租赁资产的公允价值与最低租赁付款额现值两者中的较低者。因为现值 29 万元小于公允价值 30 万元，所以固定资产的入账价值为 29 万元加上直接费用 3.5 万元。

第 11 章

老板将自己的钱用于经营——权益

张老板前面听张燕讲说资产负债表上能看到自己投入了多少钱，可是资产和负债部分都讲完了也没看到哪个科目是涉及自己的投资成果，不免有点儿着急。

张燕笑着安慰他说别着急，现在就来讲讲资产负债表里最后一个会计要素——所有者权益。

讲解负债的时候咱们说过，负债是购买资产的资金来源之一。那么所有者权益就是另一个来源——所有者投入的资本。

所有者权益是投资人凭着自己的投资所享有的权利在账面上的体现。讲到这里，张老板会心一笑，终于明白自己的钱原来是在这个要素里体现的。同时，所有者权益也是全部资产扣除全部负债后的余额。它有时又称为股东权益，并且具有以下特征：

- 所有者凭借所有者权益能够参与企业利润的分配；
- 企业清算时，应当在支付员工薪酬和欠缴税款等负债以后才可以将剩余的资金返还给所有者；
- 除非发生减资、清算或者分派现金股利，企业不需要偿还所有者权益。

所有者权益按照其核算的内容和要求，可以分为实收资本、资本公积和留存收益；留存收益又分为盈余公积和未分配利润。

11.1 用老板的资产出资

在企业注册成立的时候，需要缴纳一定的注册资金，这笔钱就是实收资本。实收资本是企业按照章程规定或合同、协议约定，接受投资者投入企业的资本。

投资者投入资本的种类可以是货币，也可以实物、知识产权或土地使用权等用货币估价并可依法转让的非货币资产作价出资。但是法律规定不得作为出资的财产除外。其估价应当公允，不得高估或者低估。另外需要注意的是，货币资本不得低于30%。

注册资本的缴纳方式分为一次趸交和分次认缴两种，但是分次认缴应当在工商局规定的时间内缴纳完毕。

两个或两个以上出资人共同出资兴办的企业，应当按照出资比例进行利润分配。

对于股份有限公司来说，其股东缴纳的注册资本不叫实收资本而叫做股本，其他都与普通公司的实收资本无异。

投资人或股东出资需要经过专门的事务所验资后，工商局方可承认其注册资本的真实性。而且注册资本一旦投入，除了分配现金股利等情况以外，不得抽逃注册资本。

实收资本需要存入工商局指定的账户，并且由专门的机构出具验资报告后工商局方能认可投资人的出资。最后这笔钱将会存到企业的基本户中作为生产经营的资金。

老板难道只能出钱么

不同类型的出资账务处理的方式。

1. 接受货币资产的投资

根据公司性质的不同，在股份有限公司或者上市公司中，实收资本也可以称为股本。此处，我们分两个种类来进行讲解。

● 股份有限公司接受货币资产投资

股份有限公司吸收资本的方式一般是发行股票，股票可以平价发行（面值发行），也可以溢价发行（我国目前不允许折价发行股票）。收到的款项对于股份有限公司来说叫做“股本”。

【例 11.1】一家股份有限公司发行新股 10 000 股，每股面值 1 元，发行价格为 6 元。股份不享有优先权，假设发行价款全部收到，不考虑相关税费的情况下，其账务处理如下：

借：银行存款　　60 000

　　贷：股本　　10 000

　　　　资本公积——股本溢价　　50 000

由上题可见，股本科目反映的是股份的面值，增值部分不在其核算范围之内。

● 非股份有限公司接受货币资产投资

一般的公司接受投资的账务处理与股份有限公司相比就要简单得多，因为不会涉及股本的溢价。

【例 11.2】昊阳便利店成立的时候有两个投资人，法人张晓明投资了 300 000 元，另一个投资人是张老板的亲弟弟张桂英，他投资了 200 000 元。其账务处理如下：

借：银行存款　　500 000

　　贷：实收资本——张晓明　　300 000

　　　　　　　　——张桂英　　200 000

2. 接受非货币资产的投资

根据我国公司法的规定，投资人也可以采用非货币资金投资。比如采用固定资产、物资材料或者专有技术作价都可以作为投资。下面我们来分别讲解这几类投资的核算：

● 投入固定资产

投资人投入房屋、设备或者是建筑物等作为投资的，需要专业的评估机构出具评估报告，被投资方按照评估价格入账。以该价格确定投资者在整个实收资本中所占的比例。

【例 11.3】一位投资人安先生向昊阳便利店投入如下资产作为投资：小货车一辆，评估价值为 80 000 元；专用设备一台，评估价值 30 000 元人民币，该设备进项税额为 4 137.93 元。昊阳便利店的账务处理如下：

借：固定资产——小货车　　80 000

　　　　　　——专用设备　　25 862.07

　　应交税费——应交增值税（进项税额）　　4 137.93

　　贷：实收资本——安先生　　110 000

本例中，专用设备的增值税可以用于抵扣，所以要单独反映，因为评估价值一般代表了价值的公允性，所以用评估价值作为入账价值是可行的。根据“有借必有贷，借贷必相等”的原则，实收资本为以上各项之和 110 000 元。

● 投入物资材料

除了投入设备是小货车之类的固定资产外，投资者也可以投入材料作为投资。材料和已按照合同或者协议约定的价格作为入账价格和在注册资本中应享有的份额，该价格应当公允。

【例 11.4】MC 公司向昊阳便利店投入了一批进口零食作为投资，进口零食的合同价格为 100 000 元，进项税额为 16 000 元。经评估，该价格比较公允，可以作为入账价值。昊阳便利店的账务处理如下：

借：库存商品——进口零食　100 000

　　应交税费——应交增值税（进项税额）　16 000

　　贷：实收资本——MC 公司　116 000

本例中投资者投入的存货的进项税额用于抵扣，所以单独反映。两者之和为投资者投入存货的价值。

● 投入无形资产

投资者还可以用专利技术或是土地使用权等无形资产投资。与固定资产一样，无形资产需要经过评估之后才能入账。

【例 11.5】得利尔公司向昊阳便利店投资了一项专利技术，经过评估公司评估，该技术价值为 30 000 元；另有一项土地使用权也同时投资给昊阳便利店，该土地使用权经评估价值 150 万元，昊阳便利店账务处理如下：

借：无形资产——专利技术　30 000

　　　　　　——土地使用权　1 500 000

　　贷：实收资本——得利尔　1 530 000

实收资本的增减变动

企业的实收资本是其发展的根基，一般实收资本大多数时候是固定的，但是有时实收资本会也会随着企业经营情况的增加而发生变动。

《中华人民共和国企业法人登记管理条例》中规定，除了国家另有规定外，企业的注册资金应当与实收资本相一致，当实收资本比原注册资金增加或者减少的幅度超过了 20%，就应当持资金使用证明或者验资证明，向原登记主管机关申请变更登记。如果擅自改变注册资本或者抽逃注册资金，要受到工商行政管理部门的处罚。

1. 实收资本或股本的增加

【例 11.6】假设昊阳便利店为两人出资成立，成立时投资人张晓明出资 300 000 元，张桂英出资 200 000 元。为了扩大生产经营规模，公司决定增资 100 000 元，按照原有出资规模张晓明出资 60 000 元，张桂英出资 40 000 元。昊阳便利店收到投资后应作如下会计处理：

借：银行存款　100 000

　　贷：实收资本——张晓明　60 000

——张桂英　　40 000

【例 11.7】接上例，昊阳便利店管理层经过研究，将资本公积 100 000 元用于转增资本。则昊阳便利店应作如下会计处理：

借：资本公积　　100 000

　　贷：实收资本——张晓明　　60 000

　　　　　　　　——张桂英　　40 000

【例 11.8】接上例，昊阳便利店管理层经过研究，将盈余公积 100 000 元用于转增资本。则昊阳便利店应作如下会计处理：

借：盈余公积　　100 000

　　贷：实收资本——张晓明　　60 000

　　　　　　　　——张桂英　　40 000

从以上案例中我们得知：第一步要计算原有投资的比例：张晓明的投资比例=30÷(30+20)=60%。张桂英的投资比例=20÷(30+20)=40%；第二步计算新的投资里每个投资人按照原有比例应该投入多少：张晓明需要投入=10×60%=60 000 元，张桂英需要投入=10×40%=40 000 元。

总结：要增加企业的资本，往往有三种途径：接受投资者追加投资、资本公积转增资本和盈余公积转增资本。

对于资本公积和盈余公积转增资本来说，他们都属于所有者权益的范畴，也就是说是所有者权益内部的增减变动，对于独资企业直接结转即可，但是对于股份制企业或者是有限责任公司，则需要按照原来投资人的出资比例相应增加出资额。

2. 实收资本或股本的减少

由于经营不善或者其他原因，企业可以减少其实收资本。在减少的时候要按照法定程序报经批准，股份有限公司采用收购本公司股票方式减资的，需要按股票面值和注销股数计算的股票面值总额冲减股本，还要按逐项库存股的账面余额与所冲减股本的差额冲减股本溢价，股本溢价不足以冲减的，应当依次重建“盈余公积”和“利润分配——未分配利润”等科目。如果购回股票支付的价款低于面值总额的，所注销库存股的账面余额与所冲减股本的差额作为增加资本或股本溢价处理。

【例 11.9】假设一家上市公司在 2018 年 12 月的股本为 1000 万股，面值为 1 元，资本公积为 40 万元，盈余公积为 20 万元。经过股东大会批注，该公司用银行存款收回本公司股票 45 万股，每股回收价格为 1.5 元，不考虑其他因素该公司账务处理如下：

（1）回购本公司股份的时候：

借：库存股　　（1.5×450 000）675 000

贷：银行存款　　675 000

（2）注销本公司股份的时候：

借：股本　　450 000

资本公积　　225 000

贷：库存股　　675 000

【例 11.10】接上例，假定该公司用 2 元每股的价格回收股票，其他条件不变的情况下，该公司的账务处理如下：

（1）回购本公司股份的时候：

借：库存股　　（2 × 450 000）900 000

贷：银行存款　　900 000

（2）注销本公司股份的时候：

借：股本　　450 000

资本公积　　400 000

盈余公积　　50 000

贷：库存股　　900 000

【例 11.11】接上例，假定该公司用 0.8 元每股的价格回收股票，在其他条件不变的情况下，该公司的账务处理如下：

（1）回购本公司股份的时候：

借：库存股　　（0.8 × 450 000）360 000

贷：银行存款　　360 000

（2）注销本公司股份的时候：

借：股本　　450 000

贷：库存股　　360 000

资本公积——股本溢价　　90 000

本例中由于是折价回购，所以股本与库存股的差额形成了资本公积。增加的资本公积=450 000 × 1−450 000 × 0.8=90 000 元。

11.2　便利店的资本增值

本节主要讲解资本公积。

资本公积的来源以及它和其他所有者权益科目的区别如下：

● 资本公积的来源

资本公积有两种形成方式：一种是企业受到投资者出资超出其在注册资本或股本中所占份额的部分，另一种是直接计入所有者权益的损失和利得。前者也叫资本溢价或者股本溢价。

那么形成第一种情况的原因是什么呢？可以是溢价发行股票也可以是投资者超额缴入资本等。第二种情况的形成原因相对比较复杂，是指实质不应计入当期损益，并且会导致所有者权益发生增减变动的、与所有者投入资本，或者向所有者分配利润无关的利得或者损失。举个前文提到过的案例！比如权益法核算的长期股权投资中，因被投资单位除净损益以外所有者权益的其他变动，再比如投资企业应按照应享有份额而增加或减少的资本公积。

此外，企业根据国家有关规定实行股权激励的，如果在等待期内取消了授予的权益工具，企业应当在进行权益工具加速行权处理时，将剩余等待期内应确认的金额立即计入当期损益，并同时确认资本公积。

知道了资本公积是怎么来的，咱们再来看看资本公积和其他所有者权益科目的区别：

● 资本公积与留存收益和实收资本的区别

（1）资本公积与留存收益的区别

资本公积主要来源于资本溢价，而留存收益则是从历年实现的利润中形成的内部积累。

（2）资本公积与实收资本或股本的区别

实收资本或股本体现了企业所有者对企业的基本产权关系，其比例也是进行经营决策和利润分配的关键。但是资本公积则不直接反映所有者对企业的基本产权关系，也不体现各所有者占有的经营决策和利润分配的比例。

用老板的投资增值

前面讲了资本公积的两种形成方式，咱们先来看看第一种方式下的核算实例。

1. 资本溢价

由于非股份制企业不存在溢价发行股票，所以一般不会产生资本溢价。但是在企业重组或有新的投资者加入时，由于资本结构的变动可能会发生资本溢价。这主要是由于前期投资者投入的资本经过一段时间的经营已经产生了资本增值，所以新加入投资者投资时，必然要付出大于原投资者的出资额才能分享企业的经营积累和享受高于初创阶段的资本利润率。多出来的这部分出资额形成了非股份有限公司的资本溢价。

【例 11.12】昊阳便利店最初有两位投资人，当时共同出资 500 000 元人民币，张晓明出资 300 000 元，张桂英出资 200 000 元。五年以后，由于公司发展的非常好，兰妮公司打算作为新的投资人加入昊阳便利店。新增投资后，昊阳便利店注册资本增至 900 000 元，兰妮公司投入了 500 000 元，享有三分之一的股权。昊阳便利店的账务处理如下：

借：银行存款　　500 000
　　贷：实收资本　　（900 000 ÷ 3）300 000
　　　　资本公积——资本溢价　　200 000

本例中兰妮公司出资的 500 000 元中，只有 300 000 元可以计入实收资本科目，其余部分则是兰妮公司为了享受收益而产生的资本溢价。

2. 股本溢价

股份有限公司发行股票筹资的时候，可以按照面值发行，也可以溢价发行。当溢价发行的时候就会产生股本溢价。股本溢价的金额等于股份有限公司发行股票时实际收到的款项超过股票面值总额的部分。发行费用、交易费用和佣金等应当从股本溢价中冲减。

股票面值部分应当全额计入股本。发行费用交易费用和佣金等应当从盈余公积和未分配利润中冲减。

【例 11.13】一家上市公司用 5 元的价格发行了面值 2 元的普通股 10 000 股，同时发生手续费等费用 2 000 元，该费用直接从发行价款中扣除，该上市公司的账务处理如下：

借：银行存款　　（5 × 10 000−2 000）48 000
　　贷：股本　　（2 × 10 000）20 000
　　　　资本公积——股本溢价　　（48 000−20 000）28 000

其他增加资本公积的方法

上节讲了资本公积的第一种形成方式的实例之后，本节来看看第二种形成方式。第二种方式可以细化为以下两种形式：

1. 其他资本公积

除资本溢价和股本溢价以外，还有一些直接计入所有者权益的利得和损失。比如因被投资单位所有者权益的其他变动产生的利得和损失，在采用权益法核算长期股权投资的情况下，如果持股比例不变，若为利得，应当增加所有者权益，反之，则减少所有者权益。在处置该投资的时候要一并转销与该投资相关的其他资本公积。

【例 11.14】昊阳便利店向柯尔士公司投资 300 000 元拥有该公司 20%的股份，并对该公司有重大影响。故昊阳便利店采用权益法核算该投资。2018 年 12 月 31 日，柯尔士公司净损益之外的所有者权益增加了 475 000 元，假定除此以外柯尔士公司的所有者权益没有其他变动，并且资产的账面价值与公允价值一致，昊阳便利店持股比例也没有发生变化，那么昊阳便利店的账务处理如下：

借：长期股权投资——柯尔士公司　（475 000 × 20%）95 000

　　贷：资本公积——其他资本公积　　95 000

2. 资本公积转增资本

经过股东大会或者类似权力机构的决策，公司可以用资本公积来增资，冲减资本公积的同时按照转增前的实收资本或股本结构比例，将资本公积转入实收资本或是股本的相应二级科目中。

【例 11.15】昊阳便利店为两人出资成立，成立时投资人张晓明出资 300 000 元，张桂英出资 200 000 元。为了扩大生产经营规模，昊阳便利店管理层经过研究，将资本公积 200 000 元用于转增资本，则昊阳便利店应作如下会计处理：

借：资本公积　　200 000

　　贷：实收资本——张晓明[200 000 × 300 000 ÷（300 000+200 000）]120 000

　　　　　　　——张桂英[200 000 × 200 000 ÷（300 000+200 000）]80 000

本例中的计算思路为：第一步，首先按照原出资额计算两位投资者的出资比例，张晓明的投资比例=300 000 ÷（300 000+200 000）=60%。张桂英的投资比例=200 000 ÷（300 000+200 000）=40%；第二步计算新的投资中每个投资人按照原有比例应该投入多少：张晓明需要投入=200 000 × 60%=120 000 元，张桂英需要投入=200 000 × 40%=80 000 元。

11.3　便利店经营多年的内部积累

留存收益是企业从历年实现的利润中提取形成的留存于企业的内部积累，包括盈余公积和未分配利润两部分。

盈余公积和未分配利润都是利润分配的内容。那么什么是利润分配呢？顾名思义，利润分配是企业按照国家有关规定和企业章程、投资协议等对企业当年可供分配利润进行的分配。

那当年可供分配利润是怎么得到的呢？

可供分配利润=当年实现的净利润或是净亏损+年初未分配利润或者减去年初未弥补亏损+其他转入

当企业形成利润以后，分配是有一定顺序的，首先要提取法定盈余公积，其次提取任意盈余公积，最后才可以向投资者分配利润。

用净利润进行内部积累

在正式讲解之前，我们先来看看什么是盈余公积。

盈余公积是指企业按照有关规定从净利润中提取的积累资金。盈余公积可以分为法定盈余公积和任意盈余公积两种。法定盈余公积是按照规定的比例提取的，任意盈余公积则是按照股东大会等权力机构决议提取的盈余公积。

盈余公积可以用于弥补亏损，也可以用于扩大生产经营或者转增资本派送新股等。

按照我国《公司法》的规定，公司制企业应该按照净利润的 10%提取法定盈余公积，当法定盈余公积已经达到注册资本的 50%的时候可以不再提取。需要注意的是，计算法定盈余公积的时候，计算基数不应当包括年初的未分配利润。

法定盈余公积和任意盈余公积的区别在于其各自计提的依据不同，任意盈余公积以企业的权力机构的决议为准，法定盈余公积则是依据公司发的规定提取。

【例 11.16】假设昊阳便利店年初未分配利润为 0，本年实现净利润 300 000 元，那么提取法定盈余公积的账务处理如下：

借：利润分配——提取法定盈余公积　　30 000

　　贷：盈余公积——法定盈余公积　　30 000

【例 11.17】假定经过股东大会批准，昊阳便利店用以前年度的盈余公积弥补当年亏损 20 000 元，那么会计处理如下所示：

借：盈余公积　　20 000

　　贷：利润分配——盈余公积弥补亏损　　20 000

【例 11.18】应扩大生产经营的需要，昊阳便利店决定用盈余公积 300 000 元转增资本，则会计处理如下：

借：盈余公积　　300 000

　　贷：实收资本　　300 000

【例 11.19】一家股份有限公司用以前年度的盈余公积发放现金股利，当年共有普通股 400 000 股，每股面值 1 元，可供分配利润为 250 000 元，盈余公积为 300 000 元，每股分配 0.3 元股利，其中动用可供分配利润 60 000 元，盈余公积 60 000 元。

（1）发放现金股利

借：利润分配——应付现金股利　　60 000

　　盈余公积　　60 000

　　　　贷：应付股利　　120 000

（2）支付股利

借：应付股利　　　　　　　　　　　　　　120 000

　　贷：银行存款　　　　　　　　　　　　　　120 000

神奇的未分配利润

未分配利润是企业实现的净利润经过一系列的分配（弥补亏损、提取法定盈余公积、提取任意盈余公积、向投资者分配利润）之后剩余的利润。这部分所有者权益是企业具有较大使用自主权的。

从前面的几个例题中我们可以看出，"利润分配"科目反映了企业的利润分配过程，不论是弥补亏损还是提取法定盈余公积、提取任意盈余公积、支付现金股利、甚至是盈余公积补亏等都是通过这个科目核算，在经历上述分配以后留存的，就是企业的未分配利润。

需要注意的是，核算中我们是先将"本年利润"科目的余额结转至"利润分配——未分配利润"，然后通过"利润分配"科目进行各种分配，慢慢抵减未分配利润的数额。最后如果未分配利润为借方余额表示亏损，反之，则表示盈利。

【例 11.20】昊阳便利店年初未分配利润为 0，本年实现净利 300 000 元，应当提前法定盈余公积 300 000 元，宣告发放投资者利润 700 000 元，会计处理如下：

（1）结转实现的净利润

借：本年利润　　　　　　　　　　　　　　300 000

　　贷：利润分配——未分配利润　　　　　　　　300 000

如果企业当年亏损，则应当做上述分录的相反分录。

（2）提取法定盈余公积和发放应付利润

借：利润分配——提取法定盈余公积　　　　　300 000

　　　　　　——支付应付利润　　　　　　　700 000

　　贷：盈余公积　　　　　　　　　　　　　　300 000

　　　　应付利润　　　　　　　　　　　　　　700 000

与此同时：

借：利润分配——未分配利润　　　　　　　1 000 000

　　贷：利润分配——提取法定盈余公积　　　　　300 000

　　　　　　　　——支付应付利润　　　　　　　700 000

第 12 章

便利店的财务状况的体现——资产负债表的编制

张燕把资产负债表的三个会计要素一一讲解清楚之后，现在要开始讲由这三个要素组成的财务报表——资产负债表了！

资产负债表左边是所有资产类科目的余额，右面是所有负债类科目加上所有者权益类科目的余额，所以资产负债表的会计恒等式就是资产=负债+所有者权益。

所以，资产负债表是由资产、负债和所有者权益三个会计要素构成的一张时点报表。

12.1 资产负债表的基础知识

资产负债表的编制原理是“资产=负债+所有者权益”这个会计恒等式。它既是一张平衡报表，反映资产总计（左方）与负债及所有者权益总计（右方）相等；又是一张静态报表，反映企业在某一时点的财务状况，只反映企业在特定日期的财务状况，如月末或年末。通过在资产负债表上设立“年初数”和“期末数”栏，也能反映出企业财务状况的变动情况。

资产负债表的时点性在其取数方面也有所体现，表格上的数值往往是科目在特定时点的余额。所以阅读报表的时候一定要注意其报告时间。

按照大类来说，资产负债表的资产包括流动资产和非流动资产两部分，负债相应的也分为流动负债和非流动负债，所有者权益则按照实收资本、资本公积、盈余公积和未分配利润分项列示。其中每个大类又包含若干项目。每个项目根据其特点填列方法又会有所不同。

时点报表的定义

要说资产负债表和利润表最大的不同，就是资产负债表是一张时点报表，而损益表是时期报表。

- 资产负债表要具体到某一天，比如 2018 年 12 月 31 日，是反映某一天所有资产负债和所有者权益类科目余额的报表。
- 利润表则是反映某一时期，比如 2018 年 12 月份，反映这段时期内所有收入费用利润类科目发生额的报表。

资产负债表的结构

我们使用的资产负债表采用了账户式结构，资产类的科目余额在借方，所以填列在表格左边；负债和所有者权益则刚好相反。其中的会计科目按照流动性分类和排列，并且报表左右双方平衡。资产负债表格式见表 12.1 所示。

表 12.1　资产负债表示例

资　产　负　债　表

2018年12月31日

编制单位：昊阳便利店　　　　单位：元

资产	行次	年初数	期末数	负债及所有者权益	行次	年初数	期末数
流动资产：				流动负债：			
货币资金	1	132 400.00	165 872.00	短期借款	30	30 000.00	18 000.00
短期投资	2			应付票据	31		
应收票据	3			应付账款	32	10 920.00	13 265.05
应收账款	4	32 150.50	13 251.65	预收账款	33	8 526.70	11 265.80
减：坏账准备	5			其他应付款	34	9 246.70	
应收账款净额	6			应付工资	35	15 850.80	17 248.60
预付账款	7	1 350.00	4 602.50	应付福利费	36	4 625.60	
应收补贴款	8			未交税金	37	31 762.02	25 112.40
其他应收款	9			未付利润	38		
存货	10	284 354.00	253 429.11	其他未交款	39		
待摊费用	11			预提费用	40		
待处理流动资产净损失	12			一年内到期的长期负债	41		
一年内到期的长期债券投资	13			其他流动负债	42		
其他流动资产	14						
				流动负债合计	43	110 931.82	84 891.85

续上表

资产	行次	年初数	期末数	负债及所有者权益	行次	年初数	期末数
流动资产合计	15	450 254.50	437 155.26	长期负债：			
长期投资：				长期借款	44	50 000.00	
长期投资	16	26 000.00	26 000.00	应付债券	45		
固定资产：				长期应付款	46		
固定资产原价	17	45 321.60	53 217.90	其他长期负债	47		
减：累计折旧	18	13 425.32	24 159.66	其中：住房周转金	48		
固定资产净值	19	31 896.28	29 058.24				
固定资产清理	20			长期负债合计	49	50 000.00	
在建工程	21			递延税项：			
待处理固定资产净损失	22			递延税款贷项	50		
固定资产合计	23	31 896.28	29 058.24				
无形资产及递延资产：				负债合计	51	160 931.82	84 891.85
无形资产	24			所有者权益：			
递延资产	25			实收资本	52	100 000.00	100 000.00
				资本公积	53		
无形资产及递延资产合计	26			盈余公积	54		
其他长期资产：				其中：公益金	55		
其他长期资产	27			未分配利润	56	221 218.96	281 321.65
递延税项：				所有者权益合计	57	321 218.96	381 321.65

资产负债表的编制

1. 资产负债表的编制原则

资产负债表各项目数据的来源，主要通过以下几种方式取得：

- 根据总账科目余额直接填列。如“应收票据”项目，根据“应收票据”总账科目的期末余额直接填列；“短期借款”项目，根据“短期借款”总账科目的期末余额直接填列。

【例 12.1】昊阳便利店 2018 年 9 月 30 日应收票据下共有 5 个二级科目，如表 12.2 所示：

表 12.2　应收票据二级明细一览

	应收票据二级科目	金额（元）
	四海五金	13 500.00
	安阳土产	2 310.00
	六合私厨	35 120.00
	华洋商贸	17 210.00
	佳首厨具	12 000.00
	合计	80 140.00

本例中每个二级科目的余额经过汇总，得到的合计数 80 140 就是应收票据这个一级科目的余额！所以资产负债表中应收票据科目的期末余额应该填 80 140 元。

- 根据总账科目余额计算填列。如“货币资金”项目，根据“现金”“银行存款”“其他货币资金”科目的期末余额合计数计算填列。

【例 12.2】昊阳便利店 2018 年 5 月 1 日货币资金类账户科目余额如表 12.3 所示：

表 12.3　货币资金类科目明细一览

	货币资金类科目一览	金额（元）
1	现金	13 526.45
2	银行存款——账户1	216 435.68
3	银行存款——账户2	171 364.87
4	其他货币资金—银承保证金	100 000.00
5	其他货币资金—信用证保证金	180 000.00
	合计	681 327.00

本例中的现金科目没有二级科目，只有一级科目的余额。银行存款和其他货币资金各有两个二级科目，分别汇总后得到 2018 年 5 月 1 日资产负债表中货币资金一项期初余额为 681 327.00 元。

- 根据明细科目余额计算填列。如“应付账款”项目，根据“应付账款”、“预付账款”科目所属相关明细科目的期末贷方余额计算填列。

【例 12.3】昊阳便利店 2018 年 3 月 31 日往来科目的余额如表 12.4 所示：

表 12.4　往来科目余额一览表

	往来科目余额一览	方向	金额（元）
1	应付账款—五河物流	贷	13 216.00
2	应付账款—国伟商贸	借	3 241.00
3	预付账款—宝宇贸易	借	18 275.00
4	预付账款—淑敏家纺	贷	6 254.00
	借方余额合计	借	21 516.00
	贷方余额合计	贷	19 470.00

本例中的四个二级科目归属于两个性质相反的一级科目，应付账款是负债类科目，余额在贷方。而预付账款是资产类科目，余额应该在借方。所以四个二级科目应该按照余额方向填在资产负债表的相应科目下，最终应付账款期末数应该填列 19 470.00 元，预付账款期末数应该填列 21 516.00 元。

- 根据总账科目和明细科目余额分析计算填列。如“长期借款”项目，根据“长期借款”总账科目期末余额，扣除“长期借款”科目所属明细科目中反应的，将于一年内到期的长期借款部分，分析计算填列。

【例 12.4】昊阳便利店 2017 年 4 月 1 日长期借款科目总账余额为 200 000 元，但是其中有 50 000 元将于 6 月 30 日到期。

本例中 2018 年 4 月资产负债表长期借款期初余额为 150 000 元。应该扣除将在一年内到期的 50 000 元。

● 根据科目余额减去其备抵项目后的净额填列。如“短期投资”项目，根据“短期投资”科目的期末余额减去“短期投资跌价准备”备抵科目余额后的净额填列；又如，“无形资产”项目，根据“无形资产”科目的期末余额减去“无形资产减值准备”备抵科目余额后的净额填列。

【例 12.5】昊阳便利店 2018 年 1 月 1 日无形资产科目余额为 35 200 元，无形资产减值准备科目余额为 8 900 元。固定资产科目余额为 240 000 元，累计折旧科目余额为 53 216.45 元。

本例中 2018 年 1 月 1 日无形资产项目的期初余额应该填 26 300 元，也就是 35 200 元减去 8 900 元后的余额。同理，固定资产项目的期初余额应该填 186 783.55 元，是用 240 000 元减去 53 216.45 元后的余额。

2. 资产负债表的结构

所有的资产负债表项目都列有“年初数”和“期末数”两栏，相当于两期的比较资产负债表。该表“年初数”栏内各项数字，应根据上年末资产负债表“期末数”栏内所列数字填列。如果本年度资产负债表规定的各个项目的名称和内容与上年不相一致，应对上年年末资产负债表各项目的名称和数字按照本年度的规定进行调整，填入本表“年初数”栏内。表中的“期末数”，指月末、季末或年末数字，它们是根据各项目有关总账科目或明细科目的期末余额直接填列或计算分析填列。

当然，根据不同的管理需要，资产负债表上可能也有期初数或者期末数的说法，期初数到底是不是指年初数这个问题，要看报表的所属期来确定。

【例 12.6】假如昊阳便利店的报表所属期为 2018 年三季度，那么期初数就是 7 月 1 日的余额。但如果报表所属期是 2018 年全年，那么期初数就是 2018 年 1 月 1 日。

3. 资产负债表各项目的内容和详细填列方法：

● 资产项目的内容和填列方法

① “货币资金”项目，反映企业库存现金、银行存款、外埠存款、银行汇票存款、银行本票存款、信用卡存款、信用证保证金存款等的合计数。本项目应根据“现金”、“银行存款”、“其他货币资金”科目的期末余额合计填列。

② “短期投资”项目，反映企业购入的各种能随时变现，并准备随时变现的，持有时间不超过一年（含一年）的股票、债券和基金，以及不超过一年（含

一年）的其他投资的可收回金额。本项目应根据“短期投资”科目的期末余额减去“短期投资跌价准备”科目的期末余额后的金额填列。

企业一年内到期的委托贷款，其本金和利息减去已计提的减值准备后的净额，也在本项目反映。

③“应收票据”项目，反映企业收到的尚未到期收款也未向银行贴现的应收票据，包括商业承兑汇票和银行承兑汇票。本项目应根据“应收票据”科目的期末余额填列。已向银行贴现和已背书转让的应收票据不包括在本项目内，其中已贴现的商业承兑汇票应在会计报表附注中单独披露。

④“应收股利”项目，反映企业因股权投资而应收取的现金股利，企业应收其他单位的利润，也包括在本项目内。本项目应根据“应收股利”科目的期末余额填列。

⑤“应收利息”项目，反映企业因债权投资而应收取的利息。企业购入到期还本付息债券应收的利息，不包括在本项目内。本项目应根据“应收利息”科目的期末余额填列。

⑥“应收账款”项目，反映企业因销售商品、产品和提供劳务等应向购买单位收取的各种款项，减去已计提的坏账准备后的净额。本项目应根据“应收账款”科目所属各明细科目的期末借方余额合计，减去“坏账准备”科目中有关应收账款计提的坏账准备期末余额后的金额填列。如果“应收账款”科目所属明细科目期末有贷方余额，应在本表“预收账款”项目内填列。

⑦“其他应收款”项目，反映企业对其他单位和个人的应收和暂付的款项，减去已计提的坏账准备后的净额。本项目应根据“其他应收款”科目的期末余额，减去“坏账准备”科目中有关其他应收款计提的坏账准备期末余额后的金额填列。

⑧“预付账款”项目，反映企业预付给供应单位的款项。本项目应根据“预付账款”科目所属各明细科目的期末借方余额合计填列。如果“预付账款”科目所属有关明细科目期末有贷方余额，应在本表“应付账款”项目内填列。如果“应付账款”科目所属明细科目有借方金额，也应包括在本项目内。

⑨“应收补贴款”项目，反映企业按规定应收的各种补贴款。本项目应根据“应收补贴款”科目的期末余额填列。

⑩“存货”项目，反映企业期末在库、在途和在加工中的各项存货的可变现净值，包括各种材料、商品、在产品、半成品、包装物、低值易耗品、分期收款发出商品、委托代销商品、受托代销商品等。本项目应根据“物资采购”“原材料”“低值易耗品”“自制半成品”“库存商品”“包装物”“分期收款发出商品”“委托加工物资”“委托代销商品”“受托代销商品”“生产成本”等科目的期末余额合计，减去“代销商品款”“存货跌价准备”科目期末余额后的金额

填列。材料采用计划成本核算，以及库存商品采用计划成本或销价核算的企业，还应按加或减材料成本差异、商品进销差价后的金额填列。

⑪ “待摊费用”项目，反映企业已经支出但应由以后各期分期摊销的费用。企业租入固定资产改良支出、大修理支出以及摊销期限在一年以上（不含一年）的其他待摊费用，应在本表“长期待摊费用”项目反映，不包括在本项目内。本项目应根据“待摊费用”科目的期末余额填列。“预提费用”科目期末如有借方余额，以及“长期待摊费用”科目中将于一年内到期的部分也在本项目内反映。

⑫ “其他流动资产”项目，反映企业除以上流动资产项目外的其他流动资产，本项目应根据有关科目的期末余额填列。如其他流动资产价值较大的，应在会计报表附注中披露其内容和金额。

⑬ “长期股权投资”项目，反映企业不准备在一年内（含一年）变现的各种股权性质的投资的可收回金额。本项目应根据“长期股权投资”科目的期末余额，减去“长期投资减值准备”科目中有关股权投资减值准备期末余额后的金额填列。

⑭ “长期债权投资”项目，反映企业不准备在一年内（含一年）变现的各种债权性质的投资的可收回金额。长期债权投资中，将于一年内到期的长期债权投资，应在流动资产类下“一年内到期的长期债权投资”项目单独反映。本项目应根据“长期债权投资”科目的期末余额减去“长期投资减值准备”科目中有关债权投资减值准备期末余额和一年内到期的长期债权投资后的金额填列。

企业超过一年到期的委托贷款，其本金和利息减去已计提的减值准备后的净额，也在本项目反映。

⑮ “固定资产原价”和“累计折旧”项目，反映企业的各种固定资产原价及累计折旧。融资租入的固定资产，其原价及已提折旧也包括在内。融资租入固定资产原价应在会计报表附注中另行反映。这两个项目应根据“固定资产”科目和“累计折旧”科目的期末余额填列。

⑯ “固定资产减值准备”项目，反映企业计提的固定资产减值准备。本项目应根据“固定资产减值准备”科目的期末余额填列。

⑰ “工程物资”项目，反映企业各项工程尚未使用的工程物资的实际成本。本项目应根据“工程物资科目的期末余额填列。

⑱ “在建工程”项目，反映企业期末各项未完工程的实际支出，包括交付安装的设备价值、未完建筑安装工程已经耗用的材料、工资和费用支出、预付出包工程的价款、已经建筑安装完毕但尚交付使用的工程等的可收回金额。本项目应根据“在建工程”科目的期末余额，减去“在建工程减值准备”科目期

末余额后的金额填列。

⑲“固定资产清理”项目，反映企业因出售、毁损、报废等原因转入清理但尚未清理完毕的固定资产的账面价值，以及固定资产清理过程中所发生的清理费用和变价收入等各项金额的差额。本项目应根据“固定资产清理”科目的期末借方余额填列。如“固定资产清理”科目期末为贷方余额，以“-”号填列。

⑳“无形资产”项目，反映企业各项无形资产的期末可收回金额。本项目应根据“无形资产”科目的期末余额减去“无形资产减值准备”科目期末余额后的金额填列。

㉑“长期待摊费用”项目，反映企业尚未摊销的摊销期限在一年以上（不含一年）的各种费用，如租入固定资产改良支出、大修理支出以及摊销期限在一年以上（不含一年）的其他待摊费用。长期待摊费用中在一年内（含一年）摊销的部分，应在本表“待摊费用”项目填列。本项目应根据“长期待摊费用”科目的期末余额减去一年内（含一年）摊销的数额后的金额填列。

㉒“其他长期资产”项目，反映企业除以上资产以外的其他长期资产。本项目应根据有关科目的期末余额填列。如其他长期资产价值较大的，应在会计报表附注中披露其内容和金额。

㉓“递延税款借项”项目，反映企业期末尚未转销的递延税款的借方余额。本项目应根据“递延税款”科目的期末借方余额填列。

● 负债项目的内容和填列方法

①“短期借款”项目，反映企业借入尚未归还的一年期以下（含一年）的借款。本项目应根据“短期借款”科目的期末余额填列。

②“应付票据”项目，反映企业为了抵付货款等而开出并承兑的尚未到期付款的应付票据，包括银行承兑汇票和商业承兑汇票。本项目应根据“应付票据”科目的期末余额填列。

③“应付账款”项目，反映企业购买原材料、商品和接受劳务供应等而应付给供应单位的款项。本项目应根据“应付账款”科目所属各有关明细科目的期末贷方余额合计填列；如“应付账款”科目所属各明细科目期末有借方余额，应在本表“预付账款”项目内填列。

④“预收账款”项目，反映企业预收购买单位的账款。本项目应根据“预收账款”科目所属各有关明细科目的期末贷方余额合计填列。如“预收账款”科目所属有关明细科目有借方余额的，应在本表“应收账款”项目内填列；如“应收账款”科目所属明细科目有贷方余额的，也应包括在本项目内。

⑤“应付工资”项目，反映企业应付未付的职工工资。本项目应根据“应付工资”科目期末贷方余额填列。如“应付工资”科目期末为借方余额，以“-”号填列。

⑥“应付福利费”项目，反映企业提取福利费的期末余额以及外商投资企业按净利润提取的职工奖励及福利基金的期末余额。本项目应根据“应付福利费”科目的期末余额填列。

⑦“应付股利”项目，反映企业尚未支付的现金股利。本项目应根据“应付股利”科目的期末余额填列。

⑧“应交税金”项目，反映企业期末未交、多交或未抵扣的各种税金。本项目应根据“应交税金”科目的期末贷方余额填列。如“应交税金”科目期末为借方余额，以“-”号填列。

⑨“其他应交款”项目，反映企业应交未交的除税金、应付股利等以外的各种款项。本项目应根据“其他应交款”科目的期末贷方余额填列。如“其他应交款”科目期末为借方余额，以“－”号填列。

⑩“其他应付款”项目，反映企业所有应付和暂收其他单位和个人的款项。本项目应根据“其他应付款”科目的期末余额填列。

⑪“预提费用”项目，反映企业所有已经预提计入成本费用而尚未支付的各项费用。本项目应根据“预提费用”科目的期末贷方余额填列。如“预提费用”科目期末为借方余额，应合并在“待摊费用”项目内反映，不包括在本项目内。

⑫“预计负债”项目，反映企业预计负债的期末余额。本项目应根据“预计负债”科目的期末余额填列。

⑬“其他流动负债”项目，反映企业除以上流动负债以外的其他流动负债。本项目应根据有关科目的期末余额填列，如“待转资产价值”科目的期末余额可在本项目内反映。如其他流动负债价值较大的，应在会计报表附注中披露其内容及金额。

⑭“长期借款”项目，反映企业借入尚未归还的一年期以上（不含一年）的借款本息。本项目应根据“长期借款”科目的期末余额填列。

⑮“应付债券”项目，反映企业发行的尚未偿还的各种长期债券的本息。本项目应根据“应付债券”科目的期末余额填列。

⑯“长期应付款”项目，反映企业除长期借款和应付债券以外的其他各种长期应付款。本项目应根据“长期应付款”科目的期末余额减去“未确认融资费用”科目期末余额后的金额填列。

⑰“专项应付款”项目，反映企业各种专项应付款的期末余额。本项目应根据“专项应付款”科目的期末余额填列。

⑱“其他长期负债”项目，反映企业除以上长期负债项目以外的其他长期负债。本项目应根据有关科目的期末余额填列。如其他长期负债价值较大的，应在会计报表附注中披露其内容和金额。

⑲ 上述长期负债各项目中将于一年内(含一年)到期的长期负债，应在“一年内到期的长期负债”项目内单独反映。上述长期负债各项目均应根据有关科目期末余额减去将于一年内含（含一年）到期的长期负债后的金额填列。

⑳ “递延税款贷项”项目，反映企业期末尚未转销的递延税款的贷方余额。本项目应根据“递延税款”科目的期末贷方余额填列。

● 所有者权益项目的内容和填列方法。

① “实收资本(或股本)”项目，反映企业各投资者实际投入的资本(或股本)总额。本项目应根据“实收资本（或股本)”科目的期末余额填列。

② “已归还投资”项目，反映中外合作经营企业按合同规定在合作期间归还投资者的投资。本项目应根据“已归还投资”科目的期末借方余额填列。

③ “资本公积”项目，反映企业资本公积的期末余额。本项目应根据“资本公积”科目的期末余额填列。

④ “盈余公积”项目，反映企业盈余公积的期末余额。本项目应根据“盈余公积”科目的期末余额填列。其中，法定公益金期末余额，应根据“盈余公积”科目所属的“法定公益金”明细科目的期末余额填列。

⑤ “未分配利润”项目，反映企业尚未分配的利润。本项目应根据“本年利润”科目和“利润分配”科目的余额计算填列。未弥补的亏损在本项目内以“-”号填列。

12.2 资产负债表与其他财务报表

财务报表不是指单独的一张报表，而是反映了企业财务状况的一套报表，其中至少应当包括资产负债表、利润表、现金流量表、所有者权益（或者是股东权益）变动表以及报表附注。

资产负债表、利润表和现金流量表从不同的角度反映了企业的财务状况、经营成果和现金流量。三者互相勾稽，内容严密。

所有者权益变动表则反映了资金来源的变动情况，也反映了净利润的分配走向。

报表附注是对以上各种报表的补充说明，常常带有很多重要信息，而且报表附注是文字型资料，其他报表都是数字信息。

以上内容共同构成了完整的财务报表体系。

每张财务报表都不是单独存在的，需要和其他财务报表放在一起才能更好的反映企业的财务账款经营成果等信息。我们已经讲解了利润表和资产负债表，现在看下这两个报表之前的关系。

资产负债表和利润表之间的关系

资产负债表和损益表就像镜子里的一对倒影，有很多对应的特征，为了方便理解，我们用表格的形式对比总结一下，见表 12.5 所示：

表 12.5　资产负债表与利润表的对比

序号	内容描述	资产负债表	利润表
1	报表属期	时点报表，具体到某一天	时期报表，一般为某一时段
2	取值特点	时点余额	时期发生
3	反映内容	财务状况	经营成果
4	报表格式	平衡报表，左右相等	多步式，分步计算利润
5	平衡公式	资产=负债+所有者权益	收入-成本=利润

从上表可见，资产负债表和利润表反映了同一事件的不同方面，需要结合起来看才能了解企业经营的全貌。

将资产负债表和利润表结合起来

这里有一个非常关键的公式：

资产负债表的年末未分配利润-资产负债表年初未分配利润=利润表本年利润累计数

掌握了这个公式，满足了公式中的平衡关系，资产负债表与利润表就满足了表间钩稽关系。资产负债表本身是平衡的，如果资产负债表和利润表之间的钩稽关系是正确的，那么利润表本身编制无误。

【例 12.7】昊阳便利店 2018 年 12 月 31 日资产负债表的未分配利润为 87 321 元，12 月份利润表的本年利润累计数为 24 152 元，假设资产负债表和利润表满足表间钩稽关系，则 1 月 1 日的未分配利润是多少？

本例中已知年末未分配利润和本年利润累计数，所以需要对刚才的公式进行小小的变形：

年初未分配利润=年末未分配利润-本年利润累计数

=87 321-24 152

=63 169

第13章

了解资产负债表反映的信息——资产负债表分析指标

经过前面的讲解，张老板向张燕学习了与资产负债表有关的三类会计要素的核算，也学习了怎么编制资产负债表。那么现在就到了讲解如何对资产负债表进行分析的关键时刻啦！

张燕推了推眼镜，开始了今天的讲解：

财务报表中汇集了大量的财务数据，但是这些数据说明的问题并不能直接从报表中体现出来，这时候就需要通过财务报表分析将财务报表的经济含义“翻译”出来。由于会计系统只是有选择地反映经济活动，而且它对一项经济活动的确认会有一段时间的滞后，再加上会计准则自身的不完善性，以及管理者有选择会计方法的自由，使得财务报告不可避免地会有许多不恰当的地方。虽然审计可以在一定程度上改善这一状况，但审计师并不能绝对保证财务报表的真实性和恰当性，他们的工作只是为报表的使用者作出正确的决策提供一个合理的基础，所以即使是经过审计，并获得无保留意见审计报告的财务报表，也不能完全避免这种不恰当性。这使得财务分析变得尤为重要。

资 产 负 债 表

2018年12月31日

编制单位：昊阳便利店　　　　单位：元

资产	行次	年初数	期末数	负债及所有者权益	行次	年初数	期末数
流动资产：				流动负债：			
货币资金	1	132 400.00	165 872.00	短期借款	30	30 000.00	18 000.00
短期投资	2			应付票据	31		
应收票据	3			应付账款	32	10 920.00	13 265.05
应收账款	4	32 150.50	13 251.65	预收账款	33	8 526.70	11 265.80
减：坏账账备	5			其他应付款	34	9 246.70	
应收账款净额	6			应付工资	35	15 850.80	17 248.60
预付账款	7	1 350.00	4 602.50	应付福利费	36	4 625.60	
应收补贴款	8			未交税金	37	31 762.02	25 112.40
其他应收款	9			未付利润	38		
存货	10	284 354.00	253 429.11	其他未交款	39		
待摊费用	11			预提费用	40		
待处理流动资产净损失	12			一年内到期的长期负债	41		
一年内到期的长期债券投资	13			其他流动负债	42		
其他流动资产	14						
				流动负债合计	43	110 931.82	84 891.85
流动资产合计	15	450 254.50	437 155.26	长期负债：			
长期投资：				长期借款	44	50 000.00	
长期投资	16	26 000.00	26 000.00	应付债券	45		
固定资产：				长期应付款	46		
固定资产原价	17	45 321.60	53 217.90	其他长期负债	47		
减：累计折旧	18	13 425.32	24 159.66	其中：住房周转金	48		
固定资产净值	19	31 896.28	29 058.24				
固定资产清理	20			长期负债合计	49	50 000.00	
在建工程	21			递延税项：			
待处理固定资产净损失	22			递延税款贷项	50		
固定资产合计	23	31 896.28	29 058.24				
无形资产及递延资产：				负债合计	51	160 931.82	84 891.85
无形资产	24			所有者权益：			
递延资产	25			实收资本	52	100 000.00	100 000.00
				资本公积	53		
无形资产及递延资产合计	26			盈余公积	54		
其他长期资产：				其中：公益金	55		
其他长期资产	27			未分配利润	56	221 218.96	281 321.65

13.1 经营发生困难时的风险指标——偿债能力分析

在开始讲解分析指标之前，咱们先总结一下财务分析的方法！一般来说，财务分析的方法主要有以下四种：

1. 比较分析：是为了说明财务信息之间的数量关系与数量差异，为进一步分析指明方向。这种比较可以是将实际与计划相比，可以是本期与上期相比，也可以是与同行业的其他企业相比。

2. 趋势分析：为了揭示财务状况和经营成果的变化及其原因、性质，帮助预测未来。用于进行趋势分析的数据既可以是绝对值，也可以是比率或百分比数据。

3. 因素分析：是为了分析几个相关因素对某一财务指标的影响程度，一般要借助于差异分析的方法。

4. 比率分析：是通过对财务比率的分析，了解企业的财务状况和经营成果，往往要借助于比较分析和趋势分析方法。

上述各方法有一定程度的重合。在实际工作当中，比率分析方法应用最广。本章我们主要介绍资产负债表里各种比率分析的指标是如何计算和分析的。

负债可以分为短期负债和长期负债。相应的，偿债能力分析也分为短期偿债能力分析和长期偿债能力分析。

一年以内的抗风险能力评估——短期偿债能力分析

短期偿债能力是指企业偿还短期债务的能力。短期偿债能力不足，不仅会影响企业的资质，增加今后筹集资金的成本与难度，还可能使企业陷入财务危机，甚至破产。一般来说，企业应该以流动资产偿还流动负债，而不应靠变卖长期资产，所以用流动资产与流动负债的数量关系来衡量短期偿债能力。

企业短期偿债能力的衡量指标主要有两项，流动比率和速动比率。

1. 流动比率

流动比率是流动资产与流动负债之间的比例，表明每一元流动负债能有多少流动资产作为偿还的保障。也就是说，流动比率反映了企业用流动资产偿还流动负债的能力。

流动比率 = 流动资产 ÷ 流动负债

【例 13.1】昊阳便利店 2018 年 12 月 31 日的资产负债表显示，该时点下便利店的流动资产总额为 437 155.26 元，流动负债为 84 891.85 元，计算当日的流动比率。

当日流动比率

=437 155.26 ÷ 84 891.85

=5.15

这个指标说明流动资产是流动负债的 5.15 倍，说明流动资产足够偿还流动负债且还有大量剩余。由此可见该指标越高代表用流动资产偿还流动负债的能力越强。

流动资产既可以用于偿还流动负债，还可以用于支付日常经营所需要的资金。所以，流动比率高一般表明企业短期偿债能力较强，但如果过高，则会影响企业资金的使用效率和获利能力。不同行业的企业具有不同的经营特点，其流动性也各不相同；另外，流动资产中现金、应收账款和存货等项目各自所占的比例有关，因为它们的变现能力不同。一般认为流动比率为 2，速动比率为 1 比较安全，过高有效率低之嫌，过低则有管理不善的可能。但是由于企业所处行业和经营特点的不同，应结合实际情况具体分析。

2. 速动比率

速动比率是企业的速动资产与流动负债之间的比率，速动资产是指能够立即变现的资产，也就是流动资产减去变现时间较长的存货、预付账款、一年内到期的非流动资产和其他流动资产之后的余额。因为速动资产的变现能力比流动资产要强很多，所以速动比率比流动比率可以更准确可靠的反应企业流动负债的偿还能力。

速动比率

= 速动资产 ÷ 流动负债

=（货币资金+交易性金融资产+应收账款+应收票据）÷ 流动负债

=（流动资产 – 存货 – 预付账款 – 一年内到期的非流动资产 – 其他流动资产）÷ 流动负债

如果企业有应收利息、应收股利和其他应收款项目，在收回可能性确定、并且在近期就能收到的情况下，应当酌情加入速动资产项目中。

【例 13.2】昊阳便利店 2017 年 12 月 31 日的资产负债表显示，该时点下便利店的流动资产总额为 437 155.26 元，（其中，货币资金为 165 872 元，应收账款为 13 251.65 元，存货为 253 429.11 元，预付账款为 4 602.50 元。）流动负债为 84 891.85 元，计算当日的速动比率。

本例中的速动比率

=（货币资金+交易性金融资产+应收账款+应收票据）÷ 流动负债

=（165 872+13 251.65）÷ 84 891.85

=2.11

本例中的速动比率亦可以通过另一个公式计算

=（流动资产-存货-预付账款-一年内到期的非流动资产-其他流动资产）÷流动负债

=（437 155.26-253 429.11-4 602.50）÷84 891.85

=2.11

以上两种计算方法得到的结果是一样的，说明速动资产是流动负债的两倍，速动资产足以偿还流动负债，昊阳便利店的这项指标也可以说非常完美。

速动比率越高，企业的偿债能力也就越好。但是相对的，也能说明企业拥有越多不能形成盈利的货币类资本，这样企业的机会成本会大大增长。一般认为速动比率为 100%较为合适，小于 100%偿债风险较大，高于 100%则会增加机会成本。

3. 现金比率

还有一个速动比率的"升级"指标：现金比率。

现金比率就是每一元的现金资产可以偿还多少流动负债，这个指标剔除了速动比率中不能及时变现的金融资产，更进一步的说明了企业立即偿付债务的能力。

现金比率 ＝（现金＋有价证券）÷流动负债

【例 13.3】2018 年 12 月 31 日的资产负债表显示，该时点下便利店的现金为 21 425.63 元，有价证券为 55 000 元，流动负债为 84 891.85 元，计算当日的现金比率。

本例中的现金比率

=（21 425.63+55 000）÷84 891.85

=0.90

这个指标说明用现金基本可以清偿大部分的流动负债，指标数值基本上非常健康。

综上所述，企业可以用速动比率（剔除了存货和待摊费用）和现金比率（剔除了存货、应收款、预付账款和待摊费用）辅助进行分析。

超过一年的抗风险能力评估——长期偿债能力分析

长期偿债能力是指企业偿还长期利息与本金的能力。一般来说，企业借长期负债主要是用于长期投资，因而最好是用投资产生的收益偿还利息与本金。通常以资产负债比率和产权比率两项指标衡量企业的长期偿债能力。

1. 资产负债比率

资产负债比率又称负债比率，是企业负债总额对资产总额的比率。这个指标的含义是债权人的资金占企业资产的比重，也表明了企业的资产对债权人的保障程度。

负债比率 = 负债总额 ÷ 资产总额

【例 13.4】昊阳便利店 2018 年 12 月 31 日的资产负债表显示，该时点下便利店的资产总额为 466 213.50 元，负债总额为 84 891.85 元，则该时点的负债比率是多少？

本例中的负债比率

=84 891.85 ÷ 466 213.50

=0.18

负债比率又称财务杠杆，由于所有者权益不需偿还，所以财务杠杆越高，债权人所受的保障就越低。但这并不是说财务杠杆越低越好，因为一定的负债表明企业的管理者能够有效地运用股东的资金，帮助股东用较少的资金进行较大规模的经营，所以财务杠杆过低说明企业没有很好地利用其资金。但是该指标过高则表明企业的债务负担中，资金实力不强，不仅对债权人不利，而且企业有濒临倒闭的危险。国际上通常认为资产负债率等于 60%比较适当，也有保守的观点认为资产负债率不应高于 50%。

从例题中我们看到，便利店的财务杠杆比较低，说明资金实力较强。

2. 产权比率

产权比率是企业负债总额与所有者权益的比率，它是反映企业财务结构稳健与否的重要标志，也称资本负债率。这个指标反映了企业所有权权益对债权人权益的保障程度。

产权比率=负债总额 ÷ 所有者权益总额

【例 13.5】昊阳便利店 2018 年 12 月 31 日的资产负债表显示，该时点下便利店的负债总额为 84 891.85 元，所有者权益总额为 381 321.65 元，则改试点的产权比率是多少？

本例中的产权比率

=84 891.85 ÷ 381 321.65

=0.22

该指标越低说明企业的长期偿债能力越强，债权人的保障程度也越高，承担的风险相对也越小，但是企业不能充分发挥负债的财务杠杆效应。

也就是说便利店的产权比率较低，债权人的权益可以充分得到保障，但是便利店并没有很好的发挥财务杠杆效应。

13.2 从偿债能力看企业抵御风险的能力

如何从短期偿债和长期偿债能力中分析出抵御风险的能力？

正确的分析方法要对比不同时期统一企业的同一指标，通过指标的发展趋势来观察企业整体的发展轨迹，这才是明智的办法。

【例 13.6】昊阳便利店 2014 年至 2018 年 5 年间各项偿债能力指标的数值如表 13.1 所示：

表 13.1 昊阳便利店 2013-2017 年各项偿债能力指标一览表

单位：%

	2014	2015	2016	2017	2018
1.流动比率	1.32	2.54	3.11	4.26	5.15
2.速动比率	0.89	1.27	1.54	1.89	2.11
3.现金比率	0.50	0.43	0.62	0.76	0.90
4.资产负债率	0.48	0.37	0.26	0.20	0.18
5.产权比率	0.17	0.19	0.24	0.31	0.22

通过对比近五年的各项偿债能力指标，观察这些指标的发展趋势，我们看到便利店的流动比率和速动比率越来越高，现金比率也维持在正常范围之内。这说明其短期偿债能力一直以来都非常良好。

但是反观资产负债率则越来越低，产权比率则基本保持在同一水平，这说明便利店的经营策略变得越来越保守，最主要的资金来源是所有者的投入而不是依靠财务杠杆的力量。

从上面的分析中我们可以明显感受到，便利店的经营策略越来越保守，抵御风险的能力越来越强，而且流动资产充裕，足以应对经营风险，是风险非常低的一家企业。

同时我们也应该注意到，上述分析结果不是单纯通过某个时期的某项指标得出的结论。要通过一段时间内多项指标的对比分析，观察被分析企业的发展轨迹方能得出正确的结论。

回到正题，关于偿债能力与抵御风险的关系上。偿债能力强大的企业，无疑具有更强的抵御风险的能力。但是，由于这种企业的大部分资产，都是能及时变现的流动资产或者速动资产，加之负债占总体资产和总体负债的比例较低，必然造成盈利能力不强，且没有更好的运用财务杠杆，更多的依赖投资者的资金进行经营结果。当然这是一种非常稳健的经营策略。

所以，对于不同行业不同发展阶段的企业来说，指标结果并不能一概而论。而应当结合企业的实际情况，以及运用财务报表分析的经验进行准确的分析。

13.3 资产的流动性分析——营运能力分析

除了要关注企业的抗风险能力之外，财务报表分析中，还有一项特别重要的指标，需要大家注意的是营运能力的分析。

营运能力是以企业各项资产的周转速度来衡量企业资产利用的效率。周转速度越快，表明企业的各项资产进入生产、销售等经营环节的速度越快，那么其形成收入和利润的周期就越短，经营效率自然就越高。

营运能力往往通过周转率和周转期的形式来表示企业资源运动的速度。

周转率（周转次数）=周转额÷资产平均余额

周转期（周转天数）=计算器天数÷周转次数=资产平均余额×计算期天数÷周转额

多长时间进货一次才划算——流动资产周转情况分析

不同种类的资产有不同的周转情况指标。因为企业的资产分为流动资产和固定资产两种，所以反映营运能力的指标也相应的分为流动资产、固定资产和总资产这几个类型。其中表示流动资产周转情况的指标主要有应收账款的周转和存货的周转以及流动资产的周转情况。

1. 应收账款的周转

该指标反映了一定时期内营业收入与平均应收账款余额的比率。

应收账款周转率 = 营业收入÷应收账款平均余额

应收账款周转期 = 平均应收账款余额×360÷营业收入

【例 13.7】昊阳便利店 2018 年 1 月 1 日的应收账款余额为 32 150.50 元，12 月 31 日的应收账款余额为 13 251.65 元，2017 年 1～12 月全年累计营业收入为 75 386 070 元，请计算应收账款周转率和应收账款周转期。

本例中应收账款平均余额

=（32 150.50+13 251.65）÷2

=22 701.08

应收账款周转率

=753 860.70÷22 701.08

=33.21（次）

应收账款周转期

=22 701.08×360÷753 860.70

=10.84（天）

上述指标表明每年应收账款可以周转 33.21 次，每次周转需要 10.84 天。

应收账款周转率越高表明应收账款收回迅速账龄较短，也说明资产流动性强、短期偿债能力较强，同时也说明企业可以减少收账费用和坏账损失的风险。

但是计算这个指标的时候要注意分子分母的数据的实效对应性，对于波动较大的企业还应进一步分析造成这种情况的原因等。

2. 存货的周转

存货周转率是企业一定时期营业成本与平均存货的比率，通过这个比率衡量了企业生产经营个环节中存货运营效率，也是反映企业流动资产流动性的重要指标。

存货周转率 = 销售成本 ÷ 存货平均余额

其中，平均存货余额=（存货年初余额+存货年末数）÷ 2

存货周转天数=平均存货余额 × 360 ÷ 营业成本

【例 13.8】昊阳便利店 2017 年 1 月 1 日的存货余额为 284 354.00 元，12 月 31 日的存货余额为 253 429.11 元，2017 年全年累计营业成本为 597 056.39 元，计算存货周转率和存货周转天数。

本例中平均存货余额

=（284 354.00+253 429.11）÷ 2

=268 891.56 元

存货周转率

=597 056.39 ÷ 268 891.56

=2.22 次

存货周转天数

=268 891.56 × 360 ÷ 597 056.39

=162.13 天

上述指标表明，每年便利店的存货可以周转 2.22 次，每次周转需要 162.13 天。

存货周转速度的快慢反映了企业供销采购等链条运转情况的好坏，也直接影响了企业的偿债能力和获利能力。一般来说，存货周转率越高越好，表明其变现的速度越快，资金占用的水平也越低。因此，通过这个指标有利于找出存货管理的问题，减少资金的占用。

存货如果存储过少将不能抵御运输和市场的风险，但是如果存储过多又会造成资金的大量占压，所以企业一定要保持良好地库存管理习惯，提高存货的变现能力和获利能力。

另外就是计算这个指标的时候要考虑到存货的计价法对存货周转率的影响，要保持成本和存货平均余额在时间上的一致性。

3. 流动资产的周转

流动资产的周转率是企业一定时期营业收入与平均流动资产总额的比率，反映了企业流动资产周转速度。

流动资产周转率 = 销售收入净额 ÷ 流动资产平均余额

其中，平均流动资产总额=（流动资产总额年初数+流动资产总额年末数）÷ 2

流动资产周转天数=平均流动资产总额 × 360 ÷ 营业收入

【例 13.9】昊阳便利店 2018 年 1 月 1 日流动资产总额为 450 254.50 元，12 月 31 日的流动资产总额为 437 155.26 元，2017 年 1～12 月全年累计营业收入为 753 860.70 元，请计算流动资产周转率和流动资产周转期。

本例中的平均流动资产总额

=（450 254.50+437 155.26）÷ 2

= 443 704.88 元

流动资产周转率

=753 860.70 ÷ 443 704.88

=1.70 次

流动资产周转天数

= 443 704.88 × 360 ÷ 753 860.70

= 211.89 天

上述指标说明，每年便利店的流动资产可以周转 1.7 次，每次周转需要 211.89 天。

在一定的时期内，流动资产周转次数越多，表明以相同的流动资产完成的周转额越多，流动资产的利用效果越好。从周转天数上看，周转一次所需要的天数越少，表明流动资产在经历生产和销售各阶段时所用的时间越短。生产经营任何一个环节上的工作改善都会反映到周转天数的缩短上来。

长期资产是否运转合理——固定资产周转情况分析

固定资产周转率是反应固定资产转情况的主要指标，是企业一定时期营业收入与平均固定资产净值的比值，也是衡量固定资产利用效率的一项指标。

固定资产周转率 = 营业收入净额 ÷ 固定资产平均净值

其中，固定资产平均净值=（固定资产净值年初数+固定资产净值年末数）÷ 2

固定资产周转天数=固定资产平均净值 × 360 ÷ 营业收入

【例 13.10】昊阳便利店 2017 年 1 月 1 日的固定资产净值为 31 896.28 元，12 月 31 日的固定资产净值为 29 058.24 元，2017 年全年的营业收入为 753 860.70 元。请计算固定资产周转率和固定资产周转天数。

本例中固定资产平均净值

=（31 896.28+29 058.24）÷2

=30 477.26 元

固定资产周转率

=753 860.70÷30 477.26

=24.74 次

固定资产周转天数

=30 477.26×360÷753,860.70

=14.55 天

上述指标表明，每年便利店的固定资产可以周转 24.74 次，每次周转需要 14.55 天。

经过前面章节的学习我们知道，与固定资产有关的概念有固定资产原价、累计折旧和固定资产净值等。其中原价反映的是固定资产的历史成本，固定资产净值是原价减去累计折旧的月。还有一个概念是固定资产净额，它是固定资产原价扣除累计折旧和减值准备后的余额，也是固定资产周转指标中固定资产净值的原型。

固定资产周转率越高，表明企业固定资产利用得越充分，效率发挥得越好；反之，则说明固定资产提供的生产成果不多，使用效率较低，营运能力不佳。

需要注意的是固定资产的众多影响因素对周转情况的分析，比如折旧方法的不同、固定资产的更新和充值对净值的影响等。

所有资产是否物尽其用——总资产周转情况分析

总资产周转率是企业一定时期营业收入与平均资产总额的比值，可以用来反映企业全部资产的利用效率。

总资产周转率 ＝ 营业收入÷总资产平均

其中，平均资产总额=（资产总额年初数+资产总额年末数）÷2

总资产周转天数=平均资产总额×360÷营业收入

【例 13.11】昊阳便利店 2017 年 1 月 1 日的资产总额为 482 150.78 元，12 月 31 日的资产总额为 466 213.50 元，2017 年全年的营业收入为 753 860.70 元，请计算总资产周转率和总资产周转天数。

本例中平均资产总额

=（482 150.78+466 213.50）÷2

=474 182.14 元

总资产周转率

= 753 860.70 ÷ 474 182.14

= 1.59 次

总资产周转天数

= 474 182.14 × 360 ÷ 753 860.70

=226.44 天

上述指标表明，每年便利店的总资产可以周转 1.59 次，每次周转需要 226.44 天。

总资产周转率越高，表明企业全部资产的使用效率越高；反之，则说明总资产并没有充分利用，最终会影响企业的获利能力。企业应当采取各项措施来提高企业的资产利用程度，比如提高销售收入或者处理多余的资产。

为什么上述指标中要计算各种平均值呢？这是因为上述的这些周转率指标的分子、分母分别来自资产负债表和损益表，而资产负债表数据是某一时点的静态数据，损益表数据则是整个报告期的动态数据，所以为了使分子、分母在时间上具有一致性，就必须将取自资产负债表上的数据折算成整个报告期的平均额。通常来讲，上述指标越高，说明企业的经营效率越高。但数量只是一个方面的问题，在进行分析时，还应注意各资产项目的组成结构，如各种类型存货的相互搭配、存货的质量、适用性等。

13.4 从营运能力看企业经营策略

流动资产、固定资产和总资产的流动性关系到企业的经营政策，所以从营运能力可以看出企业的经营策略。

当然，从偿债能力分析中也能看出经营策略的一些端倪，不过营运能力看得更为直接。

对于一些靠资产流动带来收益的企业，比如超市或者便利店这种主要经营快速消费品的企业，资产流动性越强，周转速度越快，带来的收益也就越多。

但是对于一些成熟业态，或者生产周期较长的行业，比如轮船制造、飞机制造或者房地产开发企业，其资产的流动性必然不会很强，周转一次需要较长时间。

这就是不同行业的企业有不同的经营策略，对应了不同的资产流动性。

13.5 关于面子工程的那些事儿

经过前面的讲解，咱们知道了从偿债能力和营运能力两个方面来分析资产负债表。其实资产负债表本身的一些项目也有很多值得分析的地方。下面来进行详细讲解。

便利店是自有资金经营还是举债经验——从资产负债表看风险偏好

企业的资金来源有两种：通过举债形成负债、通过所有者投入形成所有者权益。结合前面讲解的财务分析指标，长期偿债能力中的资产负债率和产权比率恰恰是反映这三者之间比例关系的比率。所以其实这个命题主要是结合长期偿债能力指标来分析企业经营中的风险偏好。

那什么叫做风险偏好呢？

我们知道用别人的钱来赚钱是一个不错的生财之道，但是举债经营必然会带来偿债风险，要面临必须及时还本付息的压力。不过如果全部用所有者权益这种自有资本来经营的话，风险固然很低，但是却会带来没有充分利用财务杠杆的问题。

那么什么才是比较合适的策略呢？

这就要结合财务杠杆系数，找到既适合企业发展，又不会带来过大的举债风险的经营策略就显得尤为重要。同时还需要企业管理者和决策者有准确的眼光以及过硬的财务管理、财务报表分析等知识。

是不是手头的钱越多越好——关于资金流动性的论述

根据流动比率、速动比率和现金比率的分析获知，手中持有的可快速变现的资产越多，短期偿债能力越强，偿债风险越小。那是不是手头上的钱越多就越好呢？

现金和现金等价物，是企业正常运转经营的命脉，也就是平常大家说的资金链。资金链的重要性，此处不再赘述，但是手里流动资金过多会带来另一个问题。资金要流动起来才能产生收益，这也是财务管理理论中资金时间价值的基础。大量闲置资金虽然可以降低偿债风险，但是却会带来盈利能力较差的问题。这是需要企业主特别关注的，因为任何企业设立之初都是以盈利最大化作为经营目标的，所以过于稳健的经营策略不一定能带来更好的盈利能力。

同样的道理也可以放在其他资产上：

- 进货周期越短，存货流转越快，资金回笼就快，从而带来更多的利润。
- 应收账款回收速度越快，资金占压时间越短，用于生产经营的资金就越充裕，也可以带来更多的利润。

所以，调动所有资产的流动性，其实才是企业经营中提高获利能力的不二法门。

有可能收不回来的欠款算不算资产——应收账款账龄分析

本节这个命题和财务报表的分析关系不大，但却是企业经营中不得不面对的问题。应收未收的欠款到底算不算企业的资产呢？

这里涉及一个应收账款账龄分析的问题，其实说来也很简单，就是税法支持对长期收不回来的应收账款计提坏账准备。当然，如果要在所得税前抵扣计提的坏账准备需要到税务局进行相关的备案，这个需要具体操作的时候咨询主管税务局。

关于税法允许在税前抵扣坏账准备的比例，可以参阅每年所得税汇算清缴的文件，稳妥又省事的做法是按照税法规定的比例进行提取，这样可以免去汇算清缴中需要把会计利润调整为税法利润的麻烦。

小超市货架的价值是不是一成不变的——累计折旧的论述

关于折旧的问题，在第 9.1.3 节介绍固定资产的折旧是如何计算出来的已经讲了不少。这里再次回顾一下：

- 累计折旧是固定资产的备抵项目，所以虽然其性质是资产类科目，但却是贷方表示增加的。
- 折旧的计算方法除了常用的直线法之外，还有工作量法、双倍余额递减法和年数总和法。后两种属于加速折旧方法，如果需要采用这两种方法计提折旧的话，在所得税汇算清缴之前，需要在主管税务机关进行备案。
- 关于固定资产的周转速度，固定资产周转率越高，表明企业固定资产利用得越充分，效率发挥得越好；反之，则说明固定资产提供的生产成果不多，使用效率较低，营运能力不佳。

与固定资产折旧类似，无形资产有个摊销的问题，性质与累计折旧差不多，此处不再赘述。

负债是不是都是要不得的——举债经营是一种经营策略

举债经营到底是不是明智的呢？这个问题要回到关于财务杠杆系数的分析上，也就是资产负债率的分析。

资产负债比率又称财务杠杆，由于所有者权益不需偿还，所以财务杠杆越高，债权人所受的保障就越低。但这并不是说财务杠杆越低越好，因为一定的负债表明企业的管理者能够有效地运用股东的资金，帮助股东用较少的资金进行较大规模的经营，所以财务杠杆过低说明企业没有很好地利用其资金。但是该指标过高则表明企业的债务负担重，资金实力不强，不仅对债权人不利，而且企业有濒临倒闭的危险。国际上通常认为资产负债率为60%比较合适，也有保守的观点认为资产负债率不应高于50%。

假设银行借款年利率为15%，但是举债经营产生的利润率是30%，这就说明通过举债赚取的利润远远高于借款需要支付的利息，在这种情况下，这笔买卖就划得来。但是如果情况正相反，借款利率为30%高于经营毛利15%，就相当于经营利润尚不足以支付借款利息，那这种买卖就等于给银行打工了，干嘛还要傻傻的选择这种经营策略呢？

财务报表综合能力分析

介绍了这么多财务分析指标之后，大家对财务报表的分析是不是已经有一定的了解了？

综合指标分析，是将运营能力、偿债能力、获利能力和发展能力指标等诸方面纳入一个有机的整体之中，全面地对企业经营状况、财务状况进行解剖与分析。

综合指标分析方法主要有杜邦财务分析体系和沃尔比重评分法。

1. 杜邦财务分析体系

杜邦财务分析体系（简称杜邦体系），是利用各财务指标间的内在关系，对企业综合经营理财及经济效益进行系统分析评价的方法。该体系以净资产收益率为核心，将其分解为若干财务指标，通过分析各分解指标的变动对净资产收益率的影响来揭示企业获利能力及其变动原因。杜邦体系各主要指标之间的关系如下：

净资产收益率=总资产净利率×权益乘数

=营业净利率×总资产周转率×权益乘数

其中：

营业净利率=净利润÷营业收入

总资产周转率=营业收入÷平均资产总额

权益乘数=资产总额/所有者权益总额=1÷（1-资产负债率）

在具体运用杜邦体系进行分析时，可以采用因素分析法，首先确定营业净利率、总资产周转率和权益乘数的基准值，然后顺次代入这三个指标的实际值，分别计算分析这三个指标的变动对净资产收益率的影响方向和程度；还可以使用因素分析法进一步分解各个指标并分析其变动的深层次原因，找出解决的方法。

2. 沃尔比重评分法

沃尔比重评分法是指将选定的财务比率用线性关系结合起来，并分别给定各自的分数比重，然后通过与标准比率进行比较，确定各项指标的得分及总体指标的累计分数，从而对企业的信用水平作出评价的方法。

沃尔比重评分法的基本步骤包括：

（1）选择评价指标并分配指标权重。

（2）确定各项评价指标的标准值与标准系数。

（3）对各项评价指标计分并计算综合分数。

（4）形成评价结果。

第三部分

资金流才是维系便利店持续经营的关键
——关于现金流量表知识体系

张老板经过了前面两大部分的系统学习，了解了关于资产负债表和利润表的知识。但是财务报表是一套精密的系统体系，所以现在张燕要给张老板介绍这一体系中的另外一个重要组成部分——现金流量表啦！

现金流量表是资产负债表和利润表的一种补充，它有力地把另外两种报表提供的信息综合起来，从各个角度反映企业的现金和现金等价物的增减变动情况，也有利于报表使用者了解企业获取现金和现金等价物的能力，并且由此预测企业未来现金流量。

第 14 章

便利店的三种资金流向

本章内容分成了两节：

第一节里讲的是现金流量表的编制，讲解了大现金的概念，分析了现金流量表的结构，讲解了编制现金流量表需要用到的各种公式等。

第二节内容介绍了怎样运用现金流量表提供的信息，对企业的经营做出指导以及各种资金流向对企业经营带来的影响。

怎么样，大家对这章的内容是不是还挺期待的呀？让我们跟着张老板来一起长长见识吧！

14.1 关于资金流的现金流量表的基础知识

现金流量表是一份显示于指定时期的现金流入和流出的财务报告。本章首先介绍一下大现金的概念，然后介绍现金流量表的结构和编制报表相关的公式。

现金只是收银台里的钱吗——大现金的概念

这里的现金是一个“大现金”或者叫做“现金和现金等价物”的概念。

- 现金是指库存现金、银行存款和其他货币资金。他们的共同特点是可以随时用于支付。
- 现金等价物则是指持有期限短、流动性强、易于转换为已知金额现金并且价值变动风险很小的投资。一般是三个月以内到期的债券投资。

对于现金和现金等价物之间的变换，比如从银行取现金，不会造成现金的实际增加，只是现金内部的变动，不属于企业的现金流量。

看资金流的规矩要讲在前面——现金流量表结构

我们现在使用的现金流量表由两部分构成：主表和补充资料两个部分，如表 14.1 和表 14.2 所示。

表 14.1　现金流量表主表

项　　目	行次	金额
一、经营活动产生的现金流量：		
销售商品、提供劳务收到的现金	1	
收到的税费返还	3	
收到的其他与经营活动有关的现金	8	
现金流入小计	9	
购买商品、接受劳务支付的现金	10	
支付给职工以及为职工支付的现金	12	
支付的各项税费	13	
支付的其他与经营活动有关的现金	18	
现金流出小计	20	
经营活动产生的现金流量净额	21	
二、投资活动产生的现金流量：		
收回投资所收到的现金	22	
取得投资收益所收到的现金	23	
处置固定资产、无形资产和其他长期资产所收回的现金净额	25	
收到的其他与投资活动有关的现金	28	
现金流入小计	29	
购建固定资产、无形资产和其他长期资产所支付的现金	30	
投资所支付的现金	31	
支付的其他与投资活动有关的现金	35	
现金流出小计	36	
投资活动产生的现金流量净额	37	
三、筹资活动产生的现金流量：		
吸收投资所收到的现金	38	
借款所收到的现金	40	
收到的其他与筹资活动有关的现金	43	
现金流入小计	44	
偿还债务所支付的现金	45	
分配股利、利润或偿付利息所支付的现金	46	
支付的其他与筹资活动有关的现金	52	
现金流出小计	53	
筹资活动产生的现金流量净额	54	
四、汇率变动对现金的影响	55	
五、现金及现金等价物净增加额	56	

现金流量表的主表是从利润表的角度来分析企业的现金流量的。其中所有项目都要依靠利润表的信息和单位的明细账簿进行分析填列。

表 14.2 现金流量表补充资料

补　充　资　料	行次	金额
1．将净利润调节为经营活动现金流量：		
净利润	57	
加：计提的资产减值准备	58	
固定资产折旧	59	
无形资产摊销	60	
长期待摊费用摊销	61	
待摊费用减少（减：增加）	64	
预提费用增加（减：减少）	65	
处置固定资产、无形资产和其他长期资产的损失（减：收益）	66	
固定资产报废损失	67	
财务费用	68	
投资损失（减：收益）	69	
递延税款贷项（减：借项）	70	
存货的减少（减：增加）	71	
经营性应收项目的减少（减：增加）	72	
经营性应付项目的增加（减：减少）	73	
其他	74	
经营活动产生的现金流量净额	75	
2．不涉及现金收支的投资和筹资活动：		
债务转为资本	76	
一年内到期的可转换公司债券	77	
融资租入固定资产	78	
3．现金及现金等价物净增加情况：		
现金的期末余额	79	
减：现金的期初余额	80	
加：现金等价物的期末余额	81	
减：现金等价物的期初余额	82	
现金及现金等价物净增加额	83	

补充资料是与利润表有关的信息，是由资产负债表提供的，填列的时候需要分析资产负债表和相关的明细账资料。

怎么把脸蛋和家底结合起来捏——现金流量表的编制

本节主要介绍现金流量表是怎么编制出来的。现金流量表的编制方法分为主表和补充资料两部分来进行讲解：

● 现金流量表主表的编制方法：

1. 填列补充资料中“现金及现金等价物净增加情况”各项目，并确定“现金及现金等价物的净增加额”。

2. 填列主表中“筹资活动产生的现金流量”各项目，并确定“筹资活动产生的现金流量净额”。

3. 填列主表中“投资活动产生的现金流量”各项目，并确定“投资活动产生的现金流量净额”。

4. 计算确定经营活动产生的现金流量净额，计算公式为：

经营活动产生的现金流量净额 = 现金及现金等价物的净增加额 - 筹资活动产生的现金流量净额 - 投资活动产生的现金流量净额。

编制现金流量表的难点在于确定经营活动产生的现金流量净额，由于筹资活动和投资活动在企业业务中相对较少，财务数据容易获取，因此这两项活动的现金流量项目容易填列，并容易确保这两项活动的现金流量净额结果正确，从而根据该公式计算得出的经营活动产生的现金流量净额也容易确保正确。这一步计算的结果，可以验证主表和补充资料中“经营活动产生的现金流量净额”各项目是否填列正确。

5. 填列补充资料中“将净利润调节为经营活动现金流量”各项目，并将计算结果与第四步公式得出的结果是否一致，如不相符，再进行检查，以求最终一致。

6. 填列主表中“经营活动产生的现金流量”各项目，并将计算结果与第四步公式计算的结果进行验证，如不相符，再进行检查，以求最终一致。由于本项中“收到的其他与经营活动有关的现金”项目是倒挤产生，因此主表和附加资料中“经营活动产生的现金流量净额”是相等的，从而快速完成现金流量表的编制。

● 附表项目可以直接取相应会计账户的发生额或余额，分述如下：

1. 净利润，取利润分配表“净利润”项目。

2. 计提的资产减值准备，取“管理费用”账户所属“计提的坏账准备”及“计提的存货跌价准备”“营业外支出”账户所属“计提的固定资产减值准备”“计提的在建工程减值准备”“计提的无形资产减值准备”“投资收益”账户所属“计提的短期投资跌价准备”“计提的长期投资减值准备”等明细账户的借方发生额。

3. 固定资产折旧，取“制造费用”“管理费用”“营业费用”“其他业务支出”等账户所属的“折旧费”明细账户借方发生额。

4. 无形资产摊销，取“管理费用”等账户所属“无形资产摊销”明细账户借方发生额。

5. 长期待摊费用摊销，取“制造费用”“营业费用”“管理费用”等账户所属“长期待摊费用摊销”明细账户借方发生额。

6. 待摊费用减少，取“待摊费用”账户的期初、期末余额的差额。

7. 预提费用增加，取“预提费用”账户的期末、期初余额的差额。

8. 处置固定资产、无形资产和其他长期资产的损失，取“营业外收入”“营业外支出”“其他业务收入”“其他业务支出”等账户所属“处置固定资产净收益”“处置固定资产净损失”“出售无形资产收益”“出售无形资产损失”等明细账户的借方发生额与贷方发生额的差额。

9. 固定资产报废损失，取“营业外支出”账户所属“固定资产盘亏”明细账户借方发生额与“营业外收入”账户所属“固定资产盘盈”贷方发生额的差额。

10. 财务费用，取“财务费用”账户所属“利息支出”明细账户借方发生额，不包括“利息收入”等其他明细账户发生额。

11. 投资损失，取“投资收益”账户借方发生额，但不包括“计提的短期投资跌价准备”“计提的长期投资减值准备”明细账户发生额。

12. 递延税款贷项，取“递延税款”账户期末、期初余额的差额。

13. 存货的减少，取与经营活动有关的“原材料”“库存商品”“生产成本”等所有存货账户的期初、期末余额的差额。

14. 经营性应收项目的减少，取与经营活动有关的“应收账款”“其他应收款”“预付账款”等账户的期初、期末余额的差额。

15. 经营性应付项目的增加，取与经营活动有关的“应付账款”“预收账款”“应付工资”“应付福利费”“应交税金”“其他应交款”“其他应付款”等账户的期末、期初余额的差额。

编制现金流量表需要的公式

很多刚刚学习编制现金流量表的同学常常会感到迷茫，一般会在网上搜索各种编制现金流量表的公式或是带有公式的现金流量表模板。其实大可不必这样。现金流量表和其他两张财务报表不太一样，除了主要数据要求满足勾稽关系之外，其他数据可以根据已知资料匡算。

下面列出的常用公式请大家根据企业情况酌情采用，不过大体的计算步骤和下列公式相同。

1. 确定补充资料的“现金及现金等价物的净增加额”

现金的期末余额＝资产负债表“货币资金”期末余额；

现金的期初余额＝资产负债表“货币资金”期初余额；

现金及现金等价物的净增加额＝现金的期末余额－现金的期初余额。

一般企业很少有现金等价物，故该公式未考虑此因素，如有则应相应填列。

2. 确定主表的“筹资活动产生的现金流量净额”

（1）吸收投资所收到的现金

=（实收资本或股本期末数－实收资本或股本期初数）+（应付债券期末数－应付债券期初数）

（2）借款收到的现金

=（短期借款期末数－短期借款期初数）+（长期借款期末数－长期借款期初数）

（3）收到的其他与筹资活动有关的现金。

（4）如投资人未按期缴纳股权的罚款现金收入等。

（5）偿还债务所支付的现金

=（短期借款期初数－短期借款期末数）+（长期借款期初数－长期借款期末数）（剔除利息）+（应付债券期初数－应付债券期末数）（剔除利息）

（6）分配股利、利润或偿付利息所支付的现金

=应付股利借方发生额+利息支出+长期借款利息+在建工程利息+应付债券利息－预提费用中“计提利息”贷方余额－票据贴现利息支出

（7）支付的其他与筹资活动有关的现金

如发生筹资费用所支付的现金、融资租赁所支付的现金、减少注册资本所支付的现金（收购本公司股票，退还联营单位的联营投资等）、企业以分期付款方式购建固定资产，除首期付款支付的现金以外的其他各期所支付的现金等。

3. 确定主表的“投资活动产生的现金流量净额”

（1）收回投资所收到的现金

=（短期投资期初数－短期投资期末数）+（长期股权投资期初数－长期股权投资期末数）+（长期债权投资期初数－长期债权投资期末数）

该公式中，如期初数小于期末数，则在投资所支付的现金项目中核算。

（2）取得投资收益所收到的现金

=利润表投资收益－（应收利息期末数－应收利息期初数）－（应收股利期末数－应收股利期初数）

（3）处置固定资产、无形资产和其他长期资产所收回的现金净额

=“固定资产清理”的贷方余额+（无形资产期末数－无形资产期初数）+（其他长期资产期末数－其他长期资产期初数）

（4）收到的其他与投资活动有关的现金

如收回融资租赁设备本金等。

（5）购建固定资产、无形资产和其他长期资产所支付的现金

=（在建工程期末数－在建工程期初数）（剔除利息）+（固定资产期末数－固定资产期初数）+（无形资产期末数－无形资产期初数）+（其他长期资产期

末数－其他长期资产期初数）

上述公式中，如期末数小于期初数，则在处置固定资产、无形资产和其他长期资产所收回的现金净额项目中核算。

（6）投资所支付的现金

＝（短期投资期末数－短期投资期初数）＋（长期股权投资期末数－长期股权投资期初数）（剔除投资收益或损失）＋（长期债权投资期末数－长期债权投资期初数）（剔除投资收益或损失）

该公式中，如期末数小于期初数，则在收回投资所收到的现金项目中核算。

（7）支付的其他与投资活动有关的现金

如投资未按期到位罚款。

4. 确定补充资料中的“经营活动产生的现金流量净额”

（1）净利润

该项目根据利润表净利润数填列。

（2）计提的资产减值准备

计提的资产减值准备＝本期计提的各项资产减值准备发生额累计数

注：直接核销的坏账损失，不计入。

（3）固定资产折旧

固定资产折旧＝制造费用中折旧＋管理费用中折旧

或：＝累计折旧期末数－累计折旧期初数

注：未考虑因固定资产对外投资而减少的折旧。

（4）无形资产摊销

＝无形资产（期初数－期末数）

或＝无形资产贷方发生额累计数

注：未考虑因无形资产对外投资减少。

（5）长期待摊费用摊销

＝长期待摊费用（期初数－期末数）

或＝长期待摊费用贷方发生额累计数

（6）待摊费用的减少（减：增加）

＝待摊费用期初数－待摊费用期末数

（7）预提费用增加（减：减少）

＝预提费用期末数－预提费用期初数

（8）处置固定资产、无形资产和其他长期资产的损失（减：收益）

根据固定资产清理及营业外支出（或收入）明细账分析填列。

（9）固定资产报废损失

根据固定资产清理及营业外支出明细账分析填列。

（10）财务费用

=利息支出−应收票据的贴现利息

（11）投资损失（减：收益）

=投资收益（借方余额正号填列，贷方余额负号填列）

（12）递延税款贷项（减：借项）

=递延税款（期末数−期初数）

（13）存货的减少（减：增加）

=存货（期初数−期末数）

注：未考虑存货对外投资的减少。

（14）经营性应收项目的减少（减：增加）

=应收账款（期初数−期末数）+应收票据（期初数−期末数）+预付账款（期初数−期末数）+其他应收款（期初数−期末数）+待摊费用（期初数−期末数）−坏账准备期末余额

（15）经营性应付项目的增加（减：减少）

=应付账款（期末数−期初数）+预收账款（期末数−期初数）+应付票据（期末数−期初数）+应付工资（期末数−期初数）+应付福利费（期末数−期初数）+应交税金（期末数−期初数）+其他应交款（期末数−期初数）

（16）其他（一般无数据。）

5. 确定主表的“经营活动产生的现金流量净额”

（1）销售商品、提供劳务收到的现金

=利润表中主营业务收入×（1+16%）+利润表中其他业务收入+（应收票据期初余额−应收票据期末余额）+（应收账款期初余额−应收账款期末余额）+（预收账款期末余额−预收账款期初余额）−计提的应收账款坏账准备期末余额

此处一定要注意税金的问题!!! 销售商品注意销项税。

（2）收到的税费返还

=（应收补贴款期初余额−应收补贴款期末余额）+补贴收入+所得税本期贷方发生额累计数

（3）收到的其他与经营活动有关的现金

=营业外收入相关明细本期贷方发生额+其他业务收入相关明细本期贷方发生额+其他应收款相关明细本期贷方发生额+其他应付款相关明细本期贷方发生额+银行存款利息收入

在具体操作中，由于是根据两大主表和部分明细账簿编制现金流量表，数据很难精确，该项目留到最后倒挤填列，计算公式是：

收到的其他与经营活动有关的现金

=补充资料中“经营活动产生的现金流量净额”－{（1+2）−(4+5+6+7)}

（4）购买商品、接受劳务支付的现金

=〔利润表中主营业务成本+（存货期末余额－存货期初余额）〕×（1+17%）+其他业务支出（剔除税金）+（应付票据期初余额－应付票据期末余额）+（应付账款期初余额－应付账款期末余额）+（预付账款期末余额－预付账款期初余额）

此处一定要注意税金的问题!!! 购买商品注意进项税。

（5）支付给职工以及为职工支付的现金

=“应付工资”科目本期借方发生额累计数+“应付福利费”科目本期借方发生额累计数+管理费用中“养老保险金”“待业保险金”“住房公积金”“医疗保险金”+成本及制造费用明细表中的“劳动保护费”

（6）支付的各项税费

=“应交税金”各明细账户本期借方发生额累计数+“其他应交款”各明细账户借方数+“管理费用”中“税金”本期借方发生额累计数+“其他业务支出”中有关税金项目

即：实际缴纳的各种税金和附加税，不包括进项税。

（7）支付的其他与经营活动有关的现金

=营业外支出（剔除固定资产处置损失）+管理费用（剔除工资、福利费、劳动保险金、待业保险金、住房公积金、养老保险、医疗保险、折旧、坏账准备或坏账损失、列入的各项税金等）+营业费用、成本及制造费用（剔除工资、福利费、劳动保险金、待业保险金、住房公积金、养老保险、医疗保险等）+其他应收款本期借方发生额+其他应付款本期借方发生额+银行手续费

14.2 现金流量表与经营

本节主要讲解现金流量表对企业经营的指导意义。

先分清筹资和投资，最后都是经营

企业的现金流量分为三种：

● 筹资活动产生的现金流量

这种现金流量会导致企业的资本结构和债务构成发生变化，企业的筹资活动包括：吸收投资、发行股票、发行债券、分配股利和利息、偿还债务等。但

是偿付应付账款或应付票据之类的商业票据属于经营活动的现金流量，不在筹资活动产生的现金流量考虑的范畴。

● 投资活动产生的现金流量

这种现金流量会增加企业的固定资产或是其他长期资产。比如：构建固定资产、处置分公司等。

● 经营活动产生的现金流量

不属于以上两种现金流量的都是经营活动产生的现金流量。比如：购买商品、销售商品、支付工资、支付各种税金等。

经营产生的现金流才是企业安身立命的根本

经营活动是企业日常经济业务中最重要的资金来源，除了筹资活动和投资活动之外的所有经济业务都是经营产生的现金流。

常见的经营活动产生的现金流入包括且不限于：

● 销售商品提供劳务收到的价款。

● 销售商品提供劳务收到的进项税。

● 收到的税费返还。

● 收到的员工或者供应商的各种代扣款项。

● 收到的和经营有关的其他款项流入。

常见的经营活动产生的现金流出包括且不限于：

● 支付给员工的各项工资。

● 为职工支付的各项保险和公积金等。

● 支付的各种税费。

● 支付的各种行政性收费。

● 支付的职工或者供应商的各种代缴款项。

● 支付的各种日常开销（水电物业费、房屋租金、办公费、车辆使用过程的燃油费、过路过桥费等）

● 支付的其他和经营有关的款项支出。

从上面各项现金流的描述中不难看出，经营活动的现金流涵盖了企业绝大部分的现金流向。所以这也是为什么前面咱们再三强调要先区分筹资活动和投资活动，最后再来分析经营活动的关键。

看企业的现金流量表，仔细观察每项资金流入和流出，分析其合理性和必要性，然后对经营决策做出相应调整，这就是现金流量表分析的意义和目的。

现金净流量是流入还是流出，可以分析出经营活动带来的现金最终是流入了企业还是流出了企业。

如果是流出企业的话则需要继续分析是费用控制不合理了？还是税费支付

的超过预算了？

如果是流入企业的话则要分析具体是因为销售商品得到的流入，还是代扣款项得到的流入。如果是代扣的款项，最终还是会流出企业，所以不应该过于欣慰。

以上这些都是通过观察现金流量表可以分析出的结果。我们要仔细用心体会，分析每一项目背后的含义。利用现金流量表提供的信息，对企业的经营方针政策做出正确的指导。

投资产生的现金流是否属于投机行为

先来看看投资产生的现金流入有哪些：

- 收回投资所收到的现金。
- 取得投资收益所收到的现金。
- 处置固定资产、无形资产和其他长期资产所收回的现金净额。
- 收到的其他与投资活动有关的现金。

投资活动产生的现金流出有以下项目：

- 购建固定资产、无形资产和其他长期资产所支付的现金。
- 投资所支付的现金。
- 支付的其他与投资活动有关的现金。

知道了投资活动的资金流向项目，下面来分析一下投资和投机的区别：

投资活动，更多是偏重于向外输送资金，当然如果是构建长期股票投资之类的也会带来收益，但是收益一般不会超过本金。而且投资一般都需要较长周期，前期需要一定的筹备时间，不会突然决定，也不是偶然发生的。

而投机活动则不同，有可能会带来大量收益，但也有面临巨额亏损的可能性。而且投机具有偶然性，不会经常发生。

综上所述，投资和投机都有风险，但投机的风险远高于投资。对于构建固定资产或无形资产这种有利于企业长期发展的投资，经营者必须支持。但是对于有风险的长期投资则需要区别对待。

区分企业的现金流是用于投资还是投机，有利于降低经营风险。不能因为高额回报的诱惑就把企业置于危险的境地，也不能因为害怕风险而放弃好的投资机会。

筹资产生的现金流类似于输血续命

输血续命？！听起来是不是还挺惊悚的？其实在你了解了这种资金流向之后就明白为什么会用这么惊悚的字眼来描述这种行为了。

筹资活动是指为企业吸引资金的活动。包括借款和吸收投资两方面。

筹资活动带来的现金流入包括：

- 吸收投资所收到的现金。
- 借款所收到的现金。
- 收到的其他与筹资活动有关的现金。

筹资活动带来的现金流出包括：

- 偿还债务所支付的现金。
- 分配股利、利润或偿付利息所支付的现金。
- 支付的其他与筹资活动有关的现金。

为什么要筹资呢？当然是因为企业本来的自有资金不足以满足企业生产经营或者发展的需要了。筹资不一定是坏事，如果将筹到的资金用于生产经营带来的利润足以弥补筹资成本的话，那绝对是明智的经营策略。

但是如果筹资经营的利润不足以弥补筹资成本，那么就尴尬了！

经营本来就是一件收益与风险相伴的行为，任何一个决策都有可能带来两种后果，收益或者损失，但是通过观察财务报表，我们可以努力把风险降到最低，这就是财务报表分析最大的意义了！

第四部分

财务报表对企业经营的指导

经过前三部分的学习，张老板跟着张燕学习了利润表、资产负债表和现金流量表的有关知识。从会计要素的核算，到报表的编制和分析。那么是不是可以说现在张老板就能说是全部掌握了会计报表的所有知识呢？

其实说起来，张老板现在大概学了有八成了吧。剩下来这部分内容里，咱们会介绍一下前面三张报表内部和他们之间的钩稽关系。然后还会带来一个接近真实经营中的实战演练，从会计分录的编制讲到报表的编制，然后再对三张报表进行分析。

除此之外，还会讲解一下除了这三张主要的财务报表之外，报表体系中的其他内容。最后一章内容里咱们会谈谈财务报表分析对企业经营的指导作用。

好了，话不多说，咱们赶紧跟着张老板和张燕好好学习吧！

第15章

三大报表之间的关系

在前面的章节里，咱们跟随张燕老师已经学习了有关利润表、资产负债表和现金流量表的有关知识，这一章咱们先总结一下每张报表内部的钩稽关系，再来看看三张报表之间的钩稽关系。最后给大家带来一套综合例题，从会计分录的编制讲到报表的编制，然后再对三张报表进行分析。希望大家通过例题，能更好地理解和掌握财务报表分析这门实用科学，在经营管理中的应用。

15.1 三大报表与会计恒等式——表内钩稽关系

本节主要讲解的是每张报表内部的表内钩稽关系。

表内钩稽关系也可以理解为一种报表内部的平衡关系，也就是说，每张报表都要符合其内部特定的钩稽关系。

1. 资产负债表内部的钩稽关系

在讲解资产负债表的时候，我们说过这是一张账户式结构的报表，也是一张平衡报表。

平衡报表是什么意思呢？这种报表左右两边永远是平衡的。也就是说这张报表满足：

资产总计=负债总计+所有者权益总计

这个公式就是资产负债表内部的钩稽关系。

2. 利润表内部的钩稽关系

利润表不是一张平衡报表，但是它是通过多个步骤计算出净利润的报表。那么这个净利润和账簿上的数值是什么关系呢？

本月的净利润在账簿当中就是“本年利润”当月的发生额的借贷方的差额，亏损的时候是借方差额，反之则是贷方差额。

本年累计的净利润呢？它是账簿当中“本年利润”截止报表报告月份的当月余额。

上述两个数值与账簿相核对便能看出报表是否满足其内部的钩稽关系。

3. 现金流量表内部的钩稽关系

现金流量表由主表和补充资料两部分组成，这两部分之间相互钩稽。其钩稽关系如下：

主表中“经营活动产生的现金流量净额”=补充资料第一部分“将净利润调节为经营活动现金流量”的结果“经营活动产生的现金流量净额”。

另外就是主表中的“现金及现金等价物净增加额”=补充资料中的“现金及现金等价物净增加额”。

掌握了每张报表的表内钩稽关系，在编制完报表之后，就可以自行检查报表的编制是否正确，如果报表不平衡或者不能满足表内钩稽关系，则需要返回去查看是哪个环节出了问题。正确的财务报表不但要满足表内钩稽关系，还要满足表间钩稽关系。

15.2 三大报表之间千丝万缕的联系——表间钩稽关系

如果每张财务都能满足上述钩稽关系，那么是不是就说明财务报表是完全正确的呢？答案是否定的，因为报表之间还有钩稽关系需要满足。

报表之间的钩稽关系又有哪些呢？

1. 资产负债表中的年初未分配利润+利润表中的本年累计净利润=年末未分配利润。

2. 现金流量表中主表和补充资料中的现金及现金等价物净增加额=资产负债表货币资金的期末数-期初数。

3. 现金流量表的主表是通过资产负债表计算来的，而补充资料则是通过利润表计算来的，所以其结果相同本身也是一种对另外两张报表的稽核。

经过上述检查之后，既满足表内钩稽关系也满足表间钩稽关系的财务报表才是正确的财务报表。

由此我们也不难看出，财务工作就是一个反复核对、复合的工作，账证需要相符（账本和原始凭证）、账实也要相符（账本数据和实物资产）、账账要相符（总账和明细账）再加上刚刚讲过的账表相符（账簿和报表），这样就构成了一套完整的财务流程。

在出具财务报表以后，财务人员需要根据当月经营情况和财务报表进行报税，另外管理人员也会对财务报表进行分析，进一步发现报表所揭示的问题根本。

15.3 昊阳便利店的财务报表实战演练

张燕对张老板的培训基本上已经结束了，对于张老板掌握知识的程度她想有一个全面的了解，所以给张老板出了一套接近一家企业日常业务的习题，希望考察一下张老板的学习成果。

出题的范围涵盖了商贸企业日常的经济业务，对于整个财务流程来说，要求张老板从编制会计凭证、记账、出具财务报表等各个方面全面作答。

1. *期初余额资料*

一个会计期间初始，要了解资产负债和所有者权益类的科目的上期余额，也就是本期的期初余额。本月之后的经济业务都要在这个基础上继续记录。所以对于每个期初，尤其是跨年的元月一定要检查上期的期末余额是否试算平衡准确无误，只有在试算平衡无误的基础上才能继续登记本月发生的经济业务。期初余额的有关资料如表 15.1 所示。

表 15.1 期初余额资料

2018年12月1日　　　　单位：元

科目名称	期初余额	科目名称	期初余额
现金	25 000.00	短期借款	981 109.00
银行存款	1 048 000.00	应交税费—未交增值税	64 000.00
应收账款—华芳商贸	260 000.00	应交税费—城建税	4 480.00
应收账款—莱亚贸易	340 000.00	应交税费—印花税	7 200.00
应收票据	160 000.00	应交税费—教育费	1 920.00
其他应收款—纳迪亚	14 000.00	应交税费—防洪费	640.00
库存商品—热带水果	326 000.00	应付账款—赛佳商贸	334 500.00
库存商品—进口零食	154 000.00	应付账款—浙江金龙	478 420.00
固定资产—办公电脑	26 500.00	其他应付款—股东	500 000.00
固定资产—货运汽车	72 000.00	应付职工薪酬—工资	38 000.00
固定资产—仓库房屋	1 176 000.00	应付职工薪酬—社险	4 685.00
累计折旧—办公电脑	−4 195.83	应付职工薪酬—公积金	3 200.00
累计折旧—货运汽车	−6 840.00	实收资本	1 000 000.00
累计折旧—仓库房屋	−93 100.00	未分配利润	79 210.17
合计	3 497 364.17	合计	3 497 364.17

从表 15.1 中我们看出，该资料中期初余额试算平衡无误，并且了解到该企业的主要资金来源是短期借款，主要的资产是银行存款和仓库房屋，并且之前的经营略有盈利。

2. 本期发生的经济业务

本月发生了如下经济业务：

（1）5 日，用银行存款缴纳了上月应交未交税金，包括增值税 64 000 元，城建税 4 480 元，教育 1 920 元，防洪费 640 元，印花税 7 200 元。

（2）5 日，采用银行存款发放上月工人工资 38 000 元，同时支付社会保险 4 685 元，公积金 3 200。

（3）6 日，向华芳商贸销售热带水果 35 吨，每吨不含税单价 2 990 元，增值税销项税额 16 744 元，货款及增值税款项尚未收取。此项销售对应成本为 10 万元。

（4）7 日，向赛佳商贸购入进口零食 700 箱，每套不含税单价为 2 870 元，增值税进项税额为 321 440 元，货款及增值税尚未支付。

（5）8 日，行政部门报销邮递费 300 元，采用现金支付。

（6）8 日，业务部门报销差旅费 4 000 元，采用银行转账方式支付。

（7）9 日，收取华芳贸易前欠货款 260 000 元，莱亚贸易前欠货款 340 000 元。款项通过银行转账方式收取。

（8）9 日，从浙江金龙购入热带水果 50 吨，每吨不含税单价为 2 900 元，增值税进项税额为 23 200 元，货款及增值税尚未支付。

（9）10 日，向赛佳商贸支付前欠货款 334 500 元，向浙江金龙支付前欠货款 478 420 元，款项通过银行转账方式支付。

（10）12 日，向莱亚贸易销售进口零食 735 箱，不含税价格 2 200 000 元，增值税销项税额 352 000 元。销售货款已经收取。该项销售对应成本为 2 163 000 元。

（11）13 日，购入办公用电脑十台，发票上载明价款为 36 000 元，增值税为 5 760 元，货款由支票结算。

（12）14 日，向赛佳商贸购入厨房电器 350 套，每套不含税单价 2 800 元，增值税进项税额为 156 800 元，款项以银行存款支付。

（13）15 日，从银行提现 5 万元。

（14）16 日，用现金支付办公房租及物业费 47 000 元。

（15）17 日，将货运汽车出售，账上显示当初的购买原价为 72 000 元，已经计提折旧 6 840 元。发生清理费用 5 000 元现金支付，出售价款 58 000 元已经存入银行。

（16）18 日，向华芳商贸销售热带水果 100 吨，每吨不含税单价 3 750 元。款项尚未收取，对应成本为 371 000 元。

（17）19 日，行政部门报销办公用品费用 2 000 元，名片印刷费用 500 元，款项现金支付。

（18）20 日，计提本月固定资产折旧，管理部门使用的办公家具应提折旧 4 195.83 元，货运汽车本月出售不再计提折旧，销售部门适用的仓库房屋应提折旧 24 000 元，本月购买的办公电脑增加当月不提折旧。

（19）22 日，计提当月应付工资，其中销售部门人员工资 34 000 元，管理部门工资 28 000 元,本月社险和公积金中单位应当承担的部分为 3 700 元和 1 600 元。

（20）23 日，银行给出本季度结息数额 4 200 元，另发生账户管理费 300 元，款项均由银行存款结算。

（21）25 日，向莱亚贸易销售进口零食 350 箱，每箱不含税单价 3 200 元，价款和增值税尚未支付，本次销售对应的成本为 980 000 元。

（22）31 日，计算当月应计提的增值税并计算附税，税务系统计算出当月应缴印花税为 9 600 元。

（23）结转本月损益类科目，计算是否需要缴纳所得税。

（24）年度终了，结转本年利润。

3. 张老板编制的会计凭证

根据上述经济业务，张老板编制会计凭证如下：

（1）借：应交税费—未交增值税　64 000
　　　　　　　—城建税　4 480
　　　　　　　—教育费　1 920
　　　　　　　—防洪费　640
　　　　　　　—印花税　7 200
　　贷：银行存款　78 240

（2）借：应付职工薪酬—工资　38 000
　　　　　　　　—社险　4 685
　　　　　　　　—公积金　3 200
　　贷：银行存款　45 885

（3）借：应收账款——华芳贸易　121 394
　　贷：主营业务收入—热带水果　104 650
　　　　应缴税费——应交增值税（销项税额）　16 744
　　借：主营业务成本—热带水果　100 000
　　贷：库存商品—热带水果　100 000

（4）借：库存商品—进口零食　2 009 000
　　　　应缴税费—应交增值税（进项税额）　321 440
　　贷：应付账款—赛佳商贸　2 330 440

（5）借：管理费用—快递费　　300
　　贷：现金　　　　300
（6）借：营业费用—差旅费　　4 000
　　贷：银行存款　　　　4 000
（7）借：银行存款　　600 000
　　贷：应收账款—华芳贸易　　　　260 000
　　　　　　　　—莱亚贸易　　　　340 000
（8）借：库存商品—热带水果　　145 000
　　应缴税费—应交增值税（进项税额）　　23 200
　　贷：应付账款—浙江金龙　　　　168 200
（9）借：应付账款—赛佳商贸　　334 500
　　　　　　　　—浙江金龙　　478 420
　　贷：银行存款　　　　812 920
（10）借：银行存款　　2 552 000
　　贷：主营业务收入—进口零食　　　　2 200 000
　　　　应交税费—应交增值税（销项税额）　　　　352 000
　借：主营业务成本—进口零食　　2 163 000
　　贷：库存商品—进口零食　　　　2 163 000
（11）借：固定资产—办公电脑　　36 000
　　应交税费—应交增值税（进项税额）　　5 760
　　贷：银行存款　　　　41 760
（12）借：库存商品—厨房电器　　980 000
　　应交税费—应交增值税（进项税额）　　156 800
　　贷：银行存款　　　　1 136 800
（13）借：现金　　50 000
　　贷：银行存款　　　　50 000
（14）借：管理费用——办公费　　47 000
　　贷：现金　　　　47 000
（15）借：固定资产清理　　65 160
　　累计折旧—货运汽车　　6 840
　　贷：固定资产—货运汽车　　　　72 000
　借：固定资产清理　　5 000
　　贷：现金　　　　5 000
　借：银行存款　　58 000
　　贷：固定资产清理　　　　58 000

借：营业外支出—处理固定资产损失 12 160
　　贷：固定资产清理 （65 160+5 000−58 000）12 160
（16）借：应收账款——华芳贸易 435 000
　　贷：应缴税费—应交增值税（销项税额） 60 000
　　　　主营业务收入—热带水果 375 000
借：主营业务成本—热带水果 371 000
　　贷：库存商品—热带水果 371 000
（17）借：管理费用—办公费 2 500
　　贷：现金 2 500
（18）借：管理费用—折旧 4 195.83
　　营业费用—折旧 24 000
　　贷：累计折旧—办公家具 4 195.83
　　　　—仓库房屋 24 000
（19）借：管理费用—工资 28 000
　　营业费用—工资 34 000
　　贷：应付职工薪酬—工资 62 000
借：管理费用—社险 3 700
　　—公积金 1 600
　　贷：应付职工薪酬—社险 3 700
　　　　—公积金 1 600
（20）借：财务费用—利息 4 200
　　—手续费 300
　　贷：银行存款 3 900
（21）借：应收账款—莱亚贸易 1 299 200
　　贷：主营业务收入—进口零食 1 120 000
　　　　应交税费—应交增值税（销项税额） 179 200
借：主营业务成本—进口零食 980 000
　　贷：库存商品—进口零食 980 000
（22）借：应交税费—应交增值税（销项税额） 607 944
　　贷：应交税费—应交增值税（进项税额） 507 200
　　　　—转出未交增值税 100 744
借：应交税费—转出未交增值税 100 744
　　贷：应交税费—未交增值税 100 744
借：税金及附加 13 096.72
　　贷：应交税费—地方教育费 2% 2 014.88

—城建税 7 052.08

—教育费附加 3 022.32

—防洪费 1 007.44

借：税金及附加 9 600

贷：应交税费—印花税 9 600

（23）借：主营业务收入—热带水果 479 650

—进口零食 3 320 000

贷：税金及附加 22 696.72

主营业务成本—热带水果 471 000

—进口零食 3 143 000

营业外支出—处理固定资产损失 12 160

营业费用 58 000

管理费用 91 295.83

财务费用 3 900

本年利润 5 397.45

借：所得税 1 349.36

贷：应交税费—所得税 1 349.36

借：本年利润 1 349.36

贷：所得税 1 349.36

（24）结转本年利润

借：本年利润 4 048.09

贷：利润分配—未分配利润 4 048.09

4. 试算平衡和科目汇总以及余额表

正常的会计核算流程中，应该根据上述会计分录登记明细账和总账了，篇幅所限，咱们略过登记账簿的过程，直接编制试算平衡表如表 15.2 所示。

表 15.2 试算平衡表

单位：元

序号	科目名称	期初余额		本期发生额		期末余额	
		借方	贷方	借方	贷方	借方	贷方
1	现金	25 000.00		50 000.00	54 800.00	20 200.00	
2	银行存款	1 048 000.00		3 210 000	2 165 705	2 092 295	
3	应收账款	600 000.00		1 855 594	600 000	1 855 594	
4	应收票据	160 000.00				160 000.00	
5	其他应收款	14 000.00				14 000.00	

续上表

序号	科目名称	期初余额		本期发生额		期末余额	
		借方	贷方	借方	贷方	借方	贷方
6	库存商品	480 000.00		3 134 000.00	3 614 000.00	0.00	
7	固定资产	1 274 500.00		36 000.00	72 000.00	1 238 500.00	
8	累计折旧		104 135.83	6 840.00	28 195.83		125 491.66
9	固定资产清理			70 160.00	70 160.00		
10	短期借款		981 109.00				981 109.00
11	应交税费		78 240.00	1 294 128	1 340 678.08		124 790.08
12	应付账款		812 920.00	812 920.00	2 498 640		2 498 640
13	其他应付款		500 000.00				500 000.00
14	应付职工薪酬		45 885.00	45 885.00	67 300.00		67 300.00
15	实收资本		1 000 000.00				1 000 000.00
16	本年利润			5 397.45	5 397.45		
17	未分配利润		79 210.17		4 048.09		83 258.26
18	主营业务收入			3 799 650.00	3 799 650.00		
19	主营业务成本			3 614 000.00	3 614 000.00		
20	税金及附加			22 696.72	22 696.72		
21	营业外支出			12 160.00	12 160.00		
22	营业费用			58 000	58 000		
23	管理费用			91 295.83	91 295.83		
24	财务费用			−3 900.00	−3 900.00		
25	所得税			1 349.36	1 349.36		
合计		3 601 500.00	3 601 500.00	18 116 176.36	18 116 176.36	5 380 589	5 380 589

5. 张老板编制的财务报表

根据上述试算平衡表，张老板编制的资产负债表如表 15.3 所示，利润表如表 15.4 所示，现金流量表如表 15.5 所示。

表 15.3　资产负债表

资 产 负 债 表

编制单位：昊阳便利店　　2018年12月31日　　单位：元

资　　产	行次	期初数	期末数	负债及所有者权益	行次	期初数	期末数
流动资产：				流动负债：			
货币资金	1	1 073 000.00	2 112 495	短期借款	68	981 109.00	981 109.00
短期投资	2			应付票据	69		
应收票据	3	160 000.00	160 000.00	应付账款	70	812 920.00	2 498 640
应收股利	4			预收账款	71		
应收利息	5			应付工资	72	45 885.00	67 300.00
应收账款	6	600 000.00	1 855 594	应付福利费	73		
其他应收款	7	14 000.00	14 000 00	应付股利	74		
预付账款	8			应交税金	75	78 240 00	124 790.08
应收补贴款	9			其他应交款	80		
存货	10	480 000.00		其他应付款	81	500 000.00	500 000.0
待摊费用	11			预提费用	82		
一年内到期的长期债券投资	21			预计负债	83		
其他流动资产	24			一年内到期的长期负债	86		
				其他流动负债	90		
流动资产合计	31	2 327 000.00	4 142 089	流动负债合计	100	2 418 154.00	4 171 839.08
长期投资：				长期负债：			
长期股权投资	32			长期借款	101		
长期债权投资	34			应付债款	102		
长期投资合计	38	-	-	长期应付款	103		

续上表

资　　产	行次	期初数	期末数	负债及所有者权益	行次	期初数	期末数
固定资产：				专项应付款	106		
固定资产原价	39	1 274 500.00	1 238 500.00	其他长期负债	108		
减：累计折旧	40	104 135.83	125 491.66	长期负债合计	110		
固定资产净值	41	1 170 364.17	1 113 008.34	**递延税项：**			
减：固定资产减值准备	42			递延税项贷项	111		
固定资产净额	43	1 170 364.17	1 113 008.34	负债总计	114	2 418 154.00	4 171 839.08
工程物资	44			少数股东权益			
在建工程	45						
固定资产清理	46			**所有者权益（或股东权益）：**			
固定资产合计	50	1 170 364.17	1 113 008.34	实收资本（或股本）	115	1 000 000.00	1 000 000.00
无形资产及其他资产：				减：已归还投资	116		
无形资产	51			实收资本（或股本）净额	117	1 000 000.00	1 000 000.00
长期待摊费用	52			资本公积	118		
其他长期资产	53			盈余公积	119		
无形资产及其他资产合计	60	-	-	其中：法定公益金	120		
递延税项：				未分配利润	121	79 210.17	83 258.26
递延税款借项	61			所有者权益（或股东权益）合计	122	1 079 210.17	1 083 258.26
资产总计	67	3 497 364.17	5 255 097.34	负债和所有者权益（或股东权益）总计	135	3 497 364.17	5 255 097.34

我们看到资产负债表左右平衡，满足表内钩稽关系，证明资产负债编制无误。

表 15.4　利润表

利润及利润分配表

编制单位：昊阳便利店　　2018年12月　　单位：元

项　　目	行次	本年累计数
一、营业收入	1	3 799 650.00
减：营业成本	2	3 614 000.00
税金及附加	3	22 696.72
减：营业费用	6	58 000
管理费用	7	91 295.83
财务费用	8	-3 900.00
加：投资收益（损失以“－”号填列）	10	
补贴收入	11	
二、营业利润（亏损以“－”号填列）	9	17 557.45
加：营业外收入	12	
减：营业外支出	13	12 160.00
三、利润总额（亏损以“－”号填列）	14	5 397.45
减：所得税	15	1 349.36
少数股东权益	16	
四、净利润（亏损以“－”号填列）	17	4 048.09
加：年初未分配利润	18	
其他转入	19	
五、可供分配的利润	20	4 048.09
减：提取法定盈余公积	21	
提取法定公益金	22	
提取职工奖励及福利基金	23	
提取储备基金	24	
提取企业发展基金	25	
利润归还投资	26	
六、可供投资者分配的利润	27	4 048.09
减：应付优先股股利	28	
提取任意盈余公积	29	
应付普通股股利	30	
转作资本（或股本）的普通股股利	31	
七、以前年度损益调整		
八、未分配利润	32	4 048.09

我们看到，利润表未分配利润与资产负债表的未分配利润期末数减期初数之差相等，满足表间钩稽关系，利润表编制无误。

表 15-5　现金流量表

现金流量表

编制单位：昊阳便利店　　　　2018年12月　　　　单位：元

项　　目	行次	金　　额	补　充　资　料	行次	金额
一、经营活动产生的现金流量：			1．将净利润调节为经营活动现金流量：		
销售商品、提供劳务收到的现金	1	3 189 996.50	净利润	57	4 048.09
收到的税费返还	3	-	加：计提的资产减值准备	58	-
收到的其他与经营活动有关的现金	8	53 953.64	固定资产折旧	59	21 355.83
现金流入小计	9	3 243 950.14	无形资产摊销	60	-
购买商品、接受劳务支付的现金	10	1 981 060.00	长期待摊费用摊销	61	-
支付给职工以及为职工支付的现金	12	45 885.00	待摊费用减少（减：增加）	64	-
支付的各项税费	13	124 790.08	预提费用增加（减：减少）	65	-
支付的其他与经营活动有关的现金	18	88 720.06	处置固定资产、无形资产和其他长期资产的损失（减：收益）	66	12 160.00
现金流出小计	20	2 240 455.14	固定资产报废损失	67	12 160.00
经营活动产生的现金流量净额	21	1 003 495.00	财务费用	68	-
二、投资活动产生的现金流量：			投资损失（减：收益）	69	-
收回投资所收到的现金	22		递延税款贷项（减：借项）	70	-
取得投资收益所收到的现金	23	-	存货的减少（减：增加）	71	480 000.00
处置固定资产、无形资产和其他长期资产所收回的现金净额	25	-	经营性应收项目的减少（减：增加）	72	−1 255 594.00
收到的其他与投资活动有关的现金	28	-	经营性应付项目的增加（减：减少）	73	1 753 685.08
现金流入小计	29	-	其他	74	−24 320.00

续上表

项　目	行次	金　额	补　充　资　料	行次	金额
购建固定资产、无形资产和其他长期资产所支付的现金	30	-36 000.00	**经营活动产生的现金流量净额**	75	1 003 495.00
投资所支付的现金	31	-			
支付的其他与投资活动有关的现金	35	-			
现金流出小计	36	-36 000.00			
投资活动产生的现金流量净额	37	36 000.00	**2．不涉及现金收支的投资和筹资活动：**		
三、筹资活动产生的现金流量：			债务转为资本	76	
吸收投资所收到的现金	38	-	一年内到期的可转换公司债券	77	
借款所收到的现金	40	-	融资租入固定资产	78	
收到的其他与筹资活动有关的现金	43				
现金流入小计	44	-			
偿还债务所支付的现金	45				
分配股利、利润或偿付利息所支付的现金	46	-	**3．现金及现金等价物净增加情况：**		
支付的其他与筹资活动有关的现金	52		现金的期末余额	79	2 112 495.00
现金流出小计	53	-	减：现金的期初余额	80	1 073 000.00
筹资活动产生的现金流量净额	54	-	加：现金等价物的期末余额	81	
四、汇率变动对现金的影响	55		减：现金等价物的期初余额	82	
五、现金及现金等价物净增加额	56	1 039 495.00	**现金及现金等价物净增加额**	83	1 039 495.00

我们看到，现金流量表左右现金及现金等价物净增加额相等，主表和补充资料的经营活动产生的现金流量净额相等，且现金及现金等价物净增加额与资产负债表货币资金期末数减期初数之差相等，满足表内和表间钩稽关系。

6. 根据上述报表进行财务报表分析

● 偿债能力分析

（1）短期偿债能力

流动比率

= 流动资产 ÷ 流动负债

=4 142 089.00 ÷ 4 171 839.08

=99.29%

速动比率

= 速动资产 ÷ 流动负债

=（货币资金+交易性金融资产+应收账款+应收票据）÷ 流动负债

=（流动资产-存货-预付账款-一年内到期的非流动资产-其他流动资产）÷ 流动负债

=（2 112 495+1 855 594+160 000）÷ 4 171 839.08

=（4 142 089-14 000）÷ 4 171 839.08

=98.95%

比率数值分析：

经过测算，便利店的短期偿债能力非常好。短期之内没有偿债风险，但是要考虑因为大部分都是流动资产和速动资产，资产盈利能力稍差。

（2）长期偿债能力

负债比率

= 负债总额 ÷ 资产总额

= 4 171 839.08 ÷ 5 255 097.34

=79.39%

产权比率

=负债总额 ÷ 所有者权益总额

=4 171 839.08 ÷ 1 083 258.26

=385.12%

比率数值分析：

经过测算，便利店的负债比率略高，自有资金占比较低。但是结合了短期偿债能力分析的结果，偿债风险并不大，所以举债经营对便利店来说比较合适。

● 营运能力分析

应收账款平均余额

=（应收账款年初余额+应收账款年末数）÷2

=（600 000+1 855 594.00）÷2

=1 227 797.00 元

应收账款周转率

= 营业收入÷应收账款平均余额

=3 799 650÷1 227 797

=3.09 次

应收账款周转期

=平均应收账款余额×360÷营业收入

=1 227 797×360÷3 799 650

=116.33 天

比率数值分析：

经过测算，便利店的应收账款周转次数为每年 3.09 次，每次 116.33 天也就是说大概四个月周转一次，速度尚可，有待提高。

平均存货余额

=（存货年初余额+存货年末数）÷2

=（480 000+0）÷2

=240 000 元

存货周转率

= 销售成本÷存货平均余额

=3 614 000÷240 000

=15.06 次

存货周转天数

=平均存货余额×360÷营业成本

=240 000×360÷3 614 000

=23.91 天

比率数值分析：

经过测算，便利店的存货周转次数为每年 15.06 次，每次 23.91 天，也就相当于不到一个月周转一次，速度比较快，符合便利店快速消费品贸易的行业特点，应当继续保持。

平均流动资产总额

=（流动资产总额年初数+流动资产总额年末数）÷2

=（2 327 000+4 142 089）÷2

=3 234 544.50 元

流动资产周转率

= 销售收入净额 ÷ 流动资产平均余额

=3 799 650 ÷ 3 234 544.50

=1.17 次

流动资产周转天数

=平均流动资产总额 × 360 ÷ 营业收入

=3 234 544.50 × 360 ÷ 3 799 650

=306.46 次

比率数值分析:

经过测算，便利店的流动资产周转率为每年 1.17 次，每次的周转天数为306.46 次。流动资产周转速度缓慢，也就是说便利店的盈利能努力有待提高。

固定资产平均净值

=（固定资产净值年初数+固定资产净值年末数）÷ 2

=（1 170 364.17+1 113 008.34）÷ 2

=1 141 686.26 元

固定资产周转率

= 营业收入净额 ÷ 固定资产平均净值

=3 799 650/1 141 686.26

=3.33 次

固定资产周转天数

=固定资产平均净值 × 360 ÷ 营业收入

=1 141 686.26 × 360 ÷ 3 799 650

=108.17 天

比率数值分析:

经过测算，便利店的固定资产周转率为每年 3.33 次，每次的周转天数为108.17 天。固定资产周转速度尚可，需要继续保持。

平均资产总额

=（资产总额年初数+资产总额年末数）÷ 2

=（3 497 364.17+5 255 097.34）÷ 2

=4 376 230.76

总资产周转率

= 营业收入 ÷ 总资产平均

=3 799 650 ÷ 4 376 230.76

=0.87 次

总资产周转天数

=平均资产总额×360÷营业收入

=4 376 230.76×360÷3 799 650

=414.63 天

比率数值分析:

经过测算，便利店的总资产周转率为每年 0.87 次，每次周转天数为 414.63 天，总资产周转速度较慢，有待提高。

● 盈利能力分析

营业利润率

=营业利润÷全部业务收入×100%

=17 557.45÷3 799 650

=0.5%

净利润率

=净利润÷全部业务收入×100%

=4 048.09÷3 799 650

=0.11%

毛利率

=（营业收入−营业成本）÷主营业务收入×100%

=（3 799 650−3 614 000）÷3 799 650

=4.89%

成本费用总额

=营业成本+税金及附加+销售费用+管理费用+财务费用

=3 614 000+22 696.72+58 000+91 295.83−3 900

=3 782 092.55

成本费用利润率

=利润总额÷成本费用总额×100%

=5 397.45÷3 782 092.55

=0.14%

总资产平均值

=（总资产年初数+总资产年末数）÷2

=（3 497 364.17+5 255 097.34）÷2

=4 376 230.76

平均净资产

=（所有者权益年初数+所有者权益年末数）÷2

=（1 079 210.17+1 083 258.26）÷2

=1 081 234.22

净资产收益率

=净利润/平均净资产 × 100%

=4 048.09 ÷ 1 081 234.22

=0.37%

比率数值分析:

经过测算，便利店的各项盈利能力指标均比较低，属于薄利多销的经营类型，符合便利店的行业特点。

第16章

其他财务报表

张老板跟着张燕从利润表学到了资产负债表，后来又学了现金流量表，也掌握了三张主要的财务报表之间的关系。那么除了这三张报表之外，财务报表体系中还有什么内容呢？

在这章内容里，张燕会给张老板讲解一下财务报表体系中的其他报表，包括所有者权益变动表、财务报表附注和合并会计报表。

除了资产负债表、利润表和现金流量表，完整的财务体系中还包括所有者权益变动表和财务报表附注，对于规模较大的集团公司来说，每到特定的会计期间，还要编制子母公司的合并会计报表。现在我们就来看看这几种报表的知识。

16.1　所有者权益变动表

所有者权益变动表是反映企业所有者权益变动信息的报表，通过分析该报表，可以让使用者了解所有者权益总量和内部结构的变化。

所有者权益变动表披露的是什么信息

所有者权益变动表披露的主要是所有者权益类会计要素的变动。主要涉及实收资本、资本公积、盈余公积和留存收益等科目。

1. 所有者权益变动表的样式

在所有者权益变动表中，企业至少应当单独列示反映下列信息的项目：

（1）净利润；（2）直接计入所有者权益的利得和损失项目及其总额；（3）会计政策变更和差错更正的累积影响金额；（4）所有者投入资本和向所有者分配利润等；（5）提取的盈余公积；（6）实收资本或股本、资本公积、盈余公积、未分配利润的期初和期末余额及其调节情况。

所有者权益变动表的格式，如表16.1所示。

2. 一般企业所有者权益变动表的列报方法

● 所有者权益变动表各项目的列报说明

（1）“上年年末余额”项目，反映企业上年资产负债表中实收资本（或股本）、资本公积、盈余公积、未分配利润的年末余额。

（2）“会计政策变更”和“前期差错更正”项目，分别反映企业采用追溯调整法处理的会计政策变更的累积影响金额和采用追溯重述法处理的会计差错更正的累积影响金额。

为了体现会计政策变更和前期差错更正的影响，企业应当在上期期末所有者权益余额的基础上进行调整，得出本期期初所有者权益，根据“盈余公积”“利润分配”“以前年度损益调整”等科目的发生额分析填列。

（3）“本年增减变动额”项目分别反映如下内容：

① “净利润”项目，反映企业当年实现的净利润（或净亏损）金额，并对应列在“未分配利润”栏。

② “其他综合收益”项目，反映企业当年根据企业会计准则规定未在损益中确认的各项利得和损失扣除所得税影响后的净额，并对应列在“资本公积”栏。

③ “净利润”和“其他综合收益”小计项目，反映企业当年实现的净利润（或净亏损）金额和当年计入其他综合收益金额的合计额。

④ “所有者投入和减少资本”项目，反映企业当年所有者投入的资本和减少的资本。其中：“所有者投入资本”项目，反映企业接受投资者投入形成的实收资本（或股本）和资本溢价或股本溢价，并对应列在“实收资本”和“资本公积”栏。“股份支付计入所有者权益的金额”项目，反映企业处于等待期中的权益结算的股份支付当年计入资本公积的金额，并对应列在“资本公积”栏。

⑤ “利润分配”下各项目，反映当年对所有者（或股东）分配的利润（或股利）金额和按照规定提取的盈余公积金额，并对应列在“未分配利润”和“盈余公积”栏。其中：

“提取盈余公积”项目，反映企业按照规定提取的盈余公积。

“对所有者（或股东）的分配”项目，反映对所有者（或股东）分配的利润（或股利）金额。

表 16.1　所有者权益权变动表

会企04表

编制单位：　　　　　　　　　　　　年度　　　　　　　　　　　单位：　元

项　目	本年金额						上年金额					
	实收资本（或股本）	资本公积	减：库存股	盈余公积	未分配利润	所有者权益合计	实收资本（或股本）	资本公积	减：库存股	盈余公积	未分配利润	所有者权益合计
一、上年年末余额												
加：会计政策变更												
前期差错更正												
二、本年年初余额												
三、本年增减变动金额（减少以"—"号填列）												
（一）净利润												
（二）直接计入所有者权益的利得和损失												
1.可供出售金融资产公允价值变动净额												
2.权益法下被投资单位其他所者权益变动的影响												
3.与计入所有者权益项目相关的所得税影响												
4.其他												
上述（一）和（二）小计												
（三）所有者投入和减少资本												
1.所有者投入资本												
2.股份支付计入所有者权益的金额												
3.其他												

续上表

项　目	本年金额						上年金额					
	实收资本（或股本）	资本公积	减：库存股	盈余公积	未分配利润	所有者权益合计	实收资本（或股本）	资本公积	减：库存股	盈余公积	未分配利润	所有者权益合计
（四）利润分配												
1.提取盈余公积												
2.对所有者（或股东）的分配												
3.其他												
（五）所有者权益内部结转												
1.资本公积转增资本（或股本）												
2.盈余公积转增资本（或股本）												
3.盈余公积弥补亏损												
4.其他												
四、本年年末余额												

⑥ “所有者权益内部结转”下各项目，反映不影响当年所有者权益总额的所有者权益各组成部分之间当年的增减变动,包括资本公积转增资本(或股本)、盈余公积转增资本(或股本)、盈余公积弥补亏损等项金额。为了全面反映所有者权益各组成部分的增减变动情况，所有者权益内部结转也是所有者权益变动表的重要组成部分，主要指不影响所有者权益总额、所有者权益的各组成部分当期的增减变动。其中：

“资本公积转增资本(或股本)”项目，反映企业以资本公积转增资本或股本的金额。

“盈余公积转增资本(或股本)”项目，反映企业以盈余公积转增资本或股本的金额。

“盈余公积弥补亏损”项目，反映企业以盈余公积弥补亏损的金额。

● 上年金额栏的列报方法

所有者权益变动表“上年金额”栏内各项数字，应根据上年度所有者权益变动表“本年金额”栏内所列数字填列。如果上年度所有者权益变动表规定的各个项目的名称和内容同本年度不相一致，应对上年度所有者权益变动表各项目的名称和数字按本年度的规定进行调整，填入所有者权益变动表“上年金额”栏内。

● 本年金额栏的列报方法

所有者权益变动表“本年金额”栏内各项数字一般应根据“实收资本(或股本)”“资本公积”“盈余公积”“利润分配”“库存股”“以前年度损益调整”等科日的发生额分析填列。

企业的净利润及其分配情况作为所有者权益变动的组成部分，不需要单独设置利润分配表列示。

关于资本公积的那些事儿

前面讲了很多关于实收资本的话题，现在咱们来谈谈剩下的三个科目。先来说说关于资本公积那些事儿!

1. 资本公积是什么

资本公积是指企业在经营过程中由于接受捐赠、股本溢价以及法定财产重估增值等原因所形成的公积金。资本公积是与企业收益无关而与资本相关的贷项。资本公积是指投资者或者他人投入到企业、所有权归属于投资者、并且投入金额上超过法定资本部分的资本。

资本公积从本质上讲属于投入资本的范畴，由于我国采用注册资本制度等原因导致了资本公积的产生。《公司法》等法律规定，资本公积的用途主要是转增资本，即增加实收资本(或股本)。

虽然资本公积转增资本并不能导致所有者权益总额的增加，但资本公积转增资本，一方面可以改变企业投入资本结构，体现企业稳健、持续发展的潜力；另一方面，对股份有限公司而言，它会增加投资者持有的股份，从而增加公司股票的流通量，进而激活股价，提高股票的交易量和资本的流动性。此外，对于债权人来说，实收资本是所有者权益最本质的体现，是其考虑投资风险的重要影响因素。所以，将资本公积转增资本不仅可以更好地反映投资者的权益，也会影响到债权人的信贷决策。

2. 资本公积的形成原因

资本公积形成的来源按其用途主要包括以下两类:

一类是可以直接用于转增资本的资本公积，它包括资本（或股本）溢价、接受现金捐赠、拨款转入、外币资本折算差额和其他资本公积等。其中，资本（或股本）溢价，是指企业投资者投入的资金超过其在注册资本中所占份额的部分，在股份有限公司称之为股本溢价；接受现金捐赠，是指企业因接受现金捐赠而增加的资本公积；拨款转入，按规定转入资本公积的部分，企业应按转入金额入账；外币资本资本公积折算差额，是指企业因接受外币投资所采用的汇率不同而产生的资本折算差额；其他资本公积，包括债权人豁免的债务。

另一类是不可以直接用于转增资本的资本公积，它包括接受捐赠非现金资产准备和股权投资准备等。其中，接受捐赠非现金资产准备，是指企业因接受非现金资产捐赠而增加的资本公积；股权投资准备，是指企业对被投资单位的长期股权投资采用权益法核算时,因被投资单位接受捐赠等原因增加资本公积，从而导致投资企业按持股比例或投资比例计算而增加的资本公积。

3. 关于资本公积的会计核算

前面介绍了关于资本公积的基础知识，下面来看看关于资本公积的一些会计核算实例。

【例 16.1】某股份有限公司发行股票 1 000 万股，票面金额每股 10 元，注册资本为 1 亿元，溢价 5 元出售，出资总额 1.5 亿元。会计分录如下:

借：银行存款	150 000 000	
贷：实收资本		100 000 000
资本公积—资本溢价		50 000 000

投资者缴付的出资额大于注册资本的数额时，企业应按实际收到的出资额借记“银行存款”账户，按注册资本的金额贷记“实收资本”账户，其差额贷记“资本公积—资本溢价”账户。

【例 16.2】某商业企业将部分固定资产转出作为对另一企业的投资，转出时对该项固定资产进行重新评估，当时固定资产的原账面金额为 1 500 万元，累计折旧 800 万元，重新评估后确认为 1 000 万元，转出时的会计分录如下：

借：固定资产　　[10 000 000−(15 000 000−8 000 000)]3 000 000

　　贷：资本公积—法定财产重估增值　　3 000 000

同时：

借：长期投资　　10 000 000

　　累计折旧　　8 000 000

　　贷：固定资产　　18 000 000

企业因对外投资而转出各种资产或企业内部由于合并、改组需要对财产进行重估时，资产评估确认价值或者双方约定价值与原账面净值的差额应作为“资本公积”入账，借记有关资产账户，贷记“资本公积—法定财产重估增值”账户。

此外，需要注意的是，长期股权投资中成本法和权益法中关于资本公积的核算。

新准则中规定，企业形成的资本公积在“资本公积”账户核算。该账户按“资本溢价”和“其他资本公积”两个明细科目进行会计核算。其贷方登记企业资本公积的增加数。借方登记资本公积的减少数，期末余额在贷方，反映企业资本公积实有数。

（一）资本溢价

【例 16.3】昊阳便利店有两个分店经营不善，为了节约经营成本，决定将城东分店和城北分店合并到城东分店旗下。城东分店向城北分店支付了其发行的股票 1 000 股，价值 300 000 元，取得对方全部所有者权益的账面价值，共计 320 000 元，天津公司的会计分录如下：

借：长期股权投资——城北分店　　320 000

　　贷：股本　　300 000

　　　　资本公积——资本溢价　　20 000

● 一般企业资本溢价

企业创立时，要经过筹建、试生产经营、开辟市场等过程，这种投资具有风险性。当企业进入正常生产经营。资本利润率一般要高于创立阶段。

新加入的投资者要付出大于原投资者的出资额，才能取得与原有投资者相同的投资比例。投资者投入的资本中按其投资比例计算的出资额部分，应计入“实收资本”账户。超出部分计入“资本公积—资本溢价”账户。

● 股份有限公司股本溢价

在股票溢价发行时，公司发行股票的收入，相当于股票面值部分计入“股本”账户。超过股票面值的溢价收入（含股票发行冻结期间的利息收入）计入

“资本公积”账户。与发行权益性证券直接相关的手续费、佣金等交易费用，借记“资本公积—股本溢价”等账户，贷记“银行存款”等账户。

股份有限公司采用收购本公司股票方式减资的，按股票面值和注销股数计算的股票面值总额，借记“股本”科目，按所注销的库存股的账面余额。贷记“库存股”科目，按其差额，借记“资本公积—股本溢价”账户，股本溢价不足冲减的，应借记“盈余公积”、“利润分配—未分配利润”科目；购回股票支付的价款低于面值总额的，应按股票面值余额，贷记“库存股”科目，按其差额，贷记“资本公积—股本溢价”科目。股本溢价不足冲减的。应借记“盈余公积”、“利润分配—未分配利润”科目。

同一控制下企业合并涉及的资本公积。同一控制下企业合并形成的长期股权投资，应在合并日按取得被合并方所有者权益账面价值的份额，借记“长期股权投资”科目，按享有被投资单位已宣告但尚未发放的现金股利或利润，借记“应收股利”科目，按支付的合并对价的账面价值。贷记有关资产科目或借记有关负债科目，按其差额，贷记或借记“资本公积—资本溢价（股本溢价）”科目；资本公积不足冲减的。应借记“盈余公积”、“利润分配—未分配利润”科目。

拨款转入形成的资本公积。新准则规定，企业收到国家拨入的专门用于技术改造、技术研究等的拨款项目完成后，形成各项资产的部分，应按实际成本借记“固定资产”等科目，贷记有关科目，同时借记“专项应付款”科目，贷记“资本公积—股本溢价”科目。

（二）其他资本公积

【例 16.4】昊阳便利店 2018 年 2 月 14 日 300 万元取得宏发实业 40%的股份，宏发实业的关键技术都是由昊阳便利店提供的，所以昊阳便利店对其有重大影响，采用权益法核算。宏发实业可供出售金融资产的公允价值增加了 200 万元，昊阳便利店按比例确认相应的资本公积 800 000 元。

借：长期股权投资——宏发实业——其他权益变动　　800 000

　　贷：资本公积——其他资本公积　　　　　　　　800 000

股权投资价值变动，股权投资价值变动是投资单位对被投资单位的长期股权投资采用权益法核算时，投资单位按其持股比例计算应享有的份额。

企业采用权益法核算长期股权投资时。长期投资的账面价值将随着被投资单位所有者权益的增减而增加或减少。以使长期股权投资的账面价值与应享有被投资单位所有者权益的份额基本保持一致。被投资单位净资产的变动除了实际的净损益会影响净资产外，还有其他原因增加的资本公积。企业应按其持股比例计算应享有的份额，借记“长期股权投资—所有者权益其他变动”账户，贷记“资本公积—其他资本公积”账户。

除了长期股权投资之外，各种金融资产的核算中也涉及了资本公积的会计处理。

【例 16.5】由于昊阳便利店资金配置发生变化，原来划分为持有至到期投资的某项债券价，只能将其出售。但是只有 60%的债券出售成功，收取价款 300 000 元（此价格为当时的公允价值），此时该债券的账面成本为 550 000 元。便利店的账务处理如下：

出售时：

借：银行存款 300 000

投资收益 30 000

贷：持有至到期投资——成本 （550 000 × 60%）330 000

重分类：

借：可供出售金融资产 （300 000 ÷ 60% × 40%）200 000

资本公积——其他资本公积 20 000

贷：持有至到期投资——成本 （550 000 × 40%）220 000

【例 16.6】接前例，两个月后，昊阳便利店将该债券全部出售，收取价款 170 000 元，便利店的账务处理如下：

借：银行存款 170 000

投资收益 30 000

贷：可供出售金融资产 （300 000 ÷ 60% × 40%）200 000

借：投资收益 20 000

贷：资本公积——其他资本公积 20 000

将持有至到期投资重分类为可供出售金融资产。根据金融工具确认和计量准则将持有至到期投资重分类为可供出售金融资产。应在重分类日按该项持有至到期投资的公允价值、借记“可供出售金融资产”账户；已计提减值准备的。借记“持有至到期投资减值准备”账户；按其账面余额，贷记“持有至到期投资—成本、利息调整、应计利息”账户；按其差额，贷记或借记“资本公积—其他资本公积”账户。

将可供出售金融资产重分类为采用成本或摊余成本计量的金融资产。企业根据金融工具确认和计量准则将可供出售金融资产重分类为采用成本或摊余成本计量的金融资产，应在重分类日按可供出售金融资产的公允价值。借记“持有至到期投资”等账户；贷记“可供出售金融资产”账户。

【例 16.7】昊阳便利店以每股 3.5 元的价格购买了一家科技公司发行的股票 3 000 股，其中含有已宣告尚未支付的股利 700 元，支付了手续费 500 元；5 月 30 日收到已宣告的股利，并且该股票的市场价格上升为每股 5 元；6 月 30 日以每股 4.5 元的价格出售。

（1）购买时的分录：

借：可供出售金融资产——成本（3.5 × 3 000+500−700）10 300

应收股利 700

贷：银行存款 11 000

（2）5 月 30 日资产负债表日：

借：银行存款 700

贷：应收股利 700

借：可供出售金融资产——公允价值变动 4 700

贷：资本公积——其他资本公积 4 700

（3）6 月 30 日资产负债表日：

借：银行存款（4.5 × 300）13 500

资本公积——其他资本公积 4 700

贷：可供出售金融资产——成本 10 300

可供出售金融资产——公允价值变动 4 700

投资收益（13 500−10 300）3 200

对于有固定到期日的。与其相关的原记入“资本公积—其他资本公积”账户的余额，应在该项金融资产的剩余期限内。在资产负债表日，按采用实际利率法计算确定的摊销额。借记或贷记“资本公积—其他资本公积”账户，贷记或借记“投资收益”账户。对于没有固定到期目的。与其相关的原记入“资本公积—其他资本公积”账户的金额，应在处置该项金融资产时，一并转入。

【例 16.8】昊阳便利店以每股 1.2 元的价格（含有已宣告尚未领取的股利 0.2 元）购买了安妮公司发行的股票 20 000 股，占安妮公司有表决权股份的 0.5%，无重大影响，划分为可供出售金融资产。

5 月 31 日 收到股利 4 000 元。

8 月 31 日，该股票的市场价格下降为每股 0.9 元，且该下降时暂时的。

10 月 31 日，安妮公司海外市场出现严重亏损，该股票价格下降为每股 0.5 元。

12 月 31 日，政府出台利好措施，扶持安妮公司的市场，该股票价格回升为每股 0.8 元。

假定不考虑其他因素，昊阳便利店的账务处理如下：

（1）购买时：

借：可供出售金融资产——成本 20 000

应收股利 4 000

贷：银行存款 24 000

(2) 5月31日：

借：银行存款　　4 000

　　贷：应收股利　　4 000

(3) 8月31日：

借：资本公积——其他资本公积[(1.2-0.2-0.9)×20 000]2 000

　　贷：可供出售金融资产——公允价值变动　　2 000

(4) 10月31日：

借：资产减值损失　　10 000

　　贷：资本公积——其他资本公积　　2 000

　　　　可供出售金融资产——公允价值变动　　8 000

(5) 12月31日：

借：可供出售金融资产——公允价值变动　　6 000

　　贷：资本公积——其他资本公积　　6 000

可供出售金融资产的公允价值变动及减值损失。资产负债表日，可供出售金融资产的公允价值高于其账面余额的差额。借记“可供出售金融资产”账户，贷记“资本公积—其他资本公积”账户；公允价值低于其账面余额的差额，作相反的会计分录。

确定可供出售金融资产发生减值的。按应减记的金额，借记“资产减值损失”账户，按应从所有者权益中转出原计入资本公积的累计损失金额。贷记“资本公积—其他资本公积”账户。按其差额，贷记“可供出售金融资产—公允价值变动”。

对于已确认减值损失的的可供出售金融资产，在随后的会计期间公允价值上升的。应在原已计提的减值准备金额内，按恢复增加的金额，借记“可供出售金融资产”账户，贷记“资本公积—其他资本公积”账户。

4. 资本公积与实收资本的区别

(1) 从来源和性质看。实收资本(或股本)是指投资者按照企业章程或合同、协议的约定，实际投入企业并依法进行注册的资本，它体现了企业所有者对企业的基本产权关系。

资本公积是投资者的出资中超出其在注册资本中所占份额的部分，以及直接计入所有者权益的利得和损失，它不直接表明所有者对企业的基本产权关系。

(2) 从用途看。实收资本（或股本）的构成比例是确定所有者参与企业财务经营决策的基础，也是企业进行利润分配或股利分配的依据，同时还是企业清算时确定所有者对净资产的要求权的依据。

资本公积的用途主要是用来转增资本（或股本）。资本公积不体现各所有者的占有比例，也不能作为所有者参与企业财务经营决策或进行利润分配（或股利分配）的依据。

关于盈余公积的那些事儿

谈了资本公积，我们再看看盈余公积这个科目！

1. 盈余公积是什么

盈余公积是指企业从税后利润中提取形成的、存留于企业内部、具有特定用途的收益积累。

盈余公积是根据其用途不同分为法定盈余公积和任意盈余公积两类。

法定盈余公积累计额已达到注册资本的50%时可以不再提取。在计算法定盈余公积的基数时，不应包括企业年初未分配利润。

企业提取的盈余公积可用于弥补亏损、扩大生产经营、转增资本（或股本）或派送新股等。

2. 关于盈余公积的会计核算实例

【例 16.9】某股份公司经股东大会决议，决定将法定盈余公积 500 000 元转增资本，按规定增资程序获得批准后，该公司应作如下会计分录：

借：盈余公积——法定盈余公积	500 000	
贷：股本		500 000

用盈余公积弥补亏损时借记“盈余公积—法定（或任意）盈余公积”科目，贷记“利润分配—盈余公积补亏”科目。

【例 16.10】某股份有限公司发生经营亏损 200 000 元，经股东大会决议，用法定盈余公积弥补，会计核算上应作如下会计分录：

借：盈余公积——法定盈余公积	200 000	
贷：利润分配——盈余公积补亏		200 000

【例 16.11】天方食品股份公司 2012 年成立当年就实现税后利润 96 000 000 元，按 10%的比例提取法定盈余公积金，股东大会决议按 20%提取任意盈余公积金。其会计分录如下：

借：利润分配——提取法定盈余公积	9 600 000	
——提取任意盈余公积	19 200 000	
贷：盈余公积——法定盈余公积		9 600 000
——任意盈余公积		19 200 000

3. 盈余公积的用途

● 弥补亏损

企业发生亏损时，应由企业自行弥补。弥补亏损的渠道主要有三条：

一是用以后年度税前利润弥补。按照现行制度规定，企业发生亏损时，可以用以后五年内实现的税前利润弥补，即税前利润弥补亏损的期间为五年。

二是用以后年度税后利润弥补。企业发生的亏损经过五年期间未弥补足额的，尚未弥补的亏损应用所得税后的利润弥补。

三是以盈余公积弥补亏损。企业以提取的盈余公积弥补亏损时，应当由公司董事会提议，并经股东大会批准。

● 转增资本

企业将盈余公积转增资本时，必须经股东大会决议批准。在实际将盈余公积转增资本时，要按股东原有持股比例结转。盈余公积转增资本时，转增后留存的盈余公积的数额不得少于注册资本的25%。

● 分配股利

分配股利，原则上企业当年没有利润，不得分配股利，如为了维护企业信誉，用盈余公积分配股利，必须符合下列条件:

（1）用盈余公积弥补亏损后，该项公积金仍有结余。

（2）用盈余公积分配股利时，股利率不能太高，不得超过股票面值的6%。

（3）分配股利后，法定盈余公积金不得低于注册资本的25%。

盈余公积的提取实际上是企业当期实现的净利润向投资者分配利润的一种限制。提取盈余公积本身就属于利润分配的一部分，提取盈余公积相对应的资金，一经提取形成盈余公积后，在一般情况下不得用于向投资者分配利润或股利。

盈余公积的用途，并不是指其实际占用形态，提取盈余公积也并不是单独将这部分资金从企业资金周转过程中抽出。

企业提取的盈余公积，无论是用于弥补亏损，还是用于转增资本，只不过是在企业所有者权益内部结构的转换，如企业以盈余公积弥补亏损时，实际是减少盈余公积留存的数额，以此抵补未弥补亏损的数额，并不引起企业所有者权益总额的变动；企业以盈余公积转增资本时，也只是减少盈余公积结存的数额，但同时增加企业实收资本或股本的数额，并不引起所有者权益总额的变动。

至于企业盈余公积的结存数，实际只表现企业所有者权益的组成部分，表明企业生产经营资金的一个来源而已，其形成的资金可能表现为一定的货币资金，也可能表现为一定的实物资产，如存货和固定资产等，随同企业的其他来源所形成的资金进行循环周转。

4. 资本公积与盈余公积的区别

资本公积是指归所有者所共有的、非收益转化而形成的资本。资本公积具体包括资本溢价(或股本溢价)、接受捐赠实物资产、资产评估增值、外币资本折算差额等。

（1）资本溢价是指投资者缴付企业的出资额大于该所有者在企业注册资本中所拥有份额的数额。

（2）接受捐赠实物资产是指外部单位或个人赠与企业的实物财产。

（3）资产评估增值是指企业因对外投资或根据国家有关规定需要对资产进行评估时，评估确认的价值高于该资产原账面价值的部分。

（4）外币资本折算差额是指企业接受外币资本投资时，在收到外币资本日的市场汇率与投资合同或协议约定的外币折算汇率不一致的情况下，按收到外币资本日的市场汇率折算为资产入账的价值与按照约定汇率折算为实收资本入账的价值的差额。

“盈余公积”是具有特定用途的留存利润，也就是用于生产经营和职工集体福利的留利。盈余公积包括三个内容:

（1）法定公积金

法定公积金是根据《公司法》或财务制度的规定提取的一部分利润，提取的比例是10%，用途是弥补亏损、转增资本和在亏损年度发放红利。企业在亏损年度用盈余公积发放红利要在弥补亏损之后并经董事会批准。

（2）任意公积金

任意公积金是根据董事会决议提取的一部分利润，提取的比例可以根据企业未来发展的需要来确定。

（3）向投资者分配利润或股利

资本公积和盈余公积最主要的区别是来源不同，前者与企业盈利无关，后者直接来源于企业的利润。要想读懂财务报表，记住这个区别很重要!

关于未分配利润的那些事儿

1. 利润分配的先后顺序

企业当年实现的利润总额在交完所得税后，其净利润可按以下顺序进行分配:

（1）弥补以前年度亏损;（用利润弥补亏损无须专门作会计分录）

（2）提取法定盈余公积公益金;（盈余公积用于弥补亏损或转增资本；公益金只能用于职工集体福利）

（3）提取任意盈余公积;

（4）分配优先股股利;

（5）分配普通股股利。

最后剩下的就是年终未分配利润。

2. 什么是未分配利润

未分配利润是企业未作分配的利润。它在以后年度可继续进行分配，在未进行分配之前，属于所有者权益的组成部分。从数量上来看，未分配利润是期初未分配利润加上本期实现的净利润，减去提取的各种盈余公积和分出的利润后的余额。

未分配利润是指企业实现的净利润经过弥补亏损、提取盈余公积和向投资者分配利润后留存在企业的、历年结存的利润。

未分配利润有两层含义：一是留待以后年度处理的利润；二是未指明特定用途的利润。相对于所有者权益的其他部分来说，企业对于未分配利润的使用有较大的自主权。

3. 关于未分配利润的核算注意事项

本科目只有两个用途：一是每年年末将“本年利润”科目余额结转到“未分配利润”。二是在资产负债表日后，进行一些以前年度损益调整。

【例 16.12】昊阳便利店 2018 年全年的本年利润余额为贷方 1 364 726.91 元。年末请对本年利润进行结转。

借：本年利润　　1 364 726.91

　　贷：利润分配——未分配利润　　1 364 726.91

注意

本年利润只有在每年年末才进行结转，这样做是为了保证下一年的损益可以直接通过本年利润科目进行观察。平时不需要每个月都结转一次!!!

【例 16.13】2019 年 3 月 16 日昊阳便利店在进行所得税汇算清缴中发现 2018 年 10 月 27 日发生一笔错账，快递费 30 元两次计入办公费用。现在请在 2019 年 3 月进行账务调整。

借：以前年度损益调整　　−30

　　贷：现金　　−30

借：利润分配——未分配利润　　−30

　　贷：以前年度损益调整　　−30

本例中，由于是资产负债表日后事项，2018 年的损益科目已经全部结平，所以不能在调整 2018 年的办公费用科目，需要通过“以前年度损益调整”代替原办公费用科目进行账务调整。而以前年度损益调整科目最终需要结平，发生额需要结转到“利润分配——未分配利润”科目。

进行未分配利润核算时，应注意以下几个问题：

（1）未分配利润核算是通过“利润分配——未分配利润”账户进行的。

（2）未分配利润核算一般是在年度终了时进行的，年终时，将本年实现的净利润结转到“利润分配——未分配利润”账户的贷方。同时将本年利润分配的数额结转到“利润分配——未分配利润”账户的借方。

（3）年末结转后的“利润分配——未分配利润”账户的贷方期末余额反映累计的未分配利润，借方期末余额反映累计的未弥补亏损。

16.2 财务报表附注

财务报表还有一个组成部分就是报表附注。

附注，就是对报表的补充说明。它是对报表体系的重要组成部分，对于报表本身无法表示的文字性资料还有通过数字难以充分表达清楚的信息都要通过报表附注来详细解释。

换个形象点儿的说法，财务报表如果是一种产品的话，报表附注就是产品说明书。想要知道产品的用法性能就要好好阅读产品说明书！

财务报表附注的特点

知道了还有报表附注这种东西，咱们还要知道报表附注都有哪些内容。

1. 报表附注的内容

会计报表附注至少应当包括如下内容：

（1）不符合基本会计假设的说明。

（2）重要会计政策和会计估计的说明，以及重大会计差错更正的说明。

会计报表附注应披露的重要会计政策主要包括：

（1）编制会计合并报表所采纳的原则。

（2）外币折算时所采用的方法。

（3）收入的确认原则。

（4）所得税的会计处理方法。

（5）短期投资的期末计价方法。

（6）存货的计价方法。

（7）长期股权投资的核算方法。

（8）长期债权投资的溢折价的摊销方法。

（9）坏账损失的的具体会计处理方法。

（10）借款费用的处理方法。

（11）无形资产的计价及摊销方法。

（12）应付债券的溢折价的摊销方法。

3. 或有事项的说明

4. 资产负债表日后事项的说明

5. 关联方关系及其交易的说明

6. 会计报表中重要项目的说明

会计报表中重大项目主要有:

（1）应收款项（不包括应收票据）及计提坏帐准备的方法。

（2）存货、投资核算的方法。

（3）固定资产计价和折旧方法。

（4）无形资产计价和摊销的方法。

（5）长期待摊费用的摊销方法。

（6）收入的分类及金额。

（7）所得税的会计处理方法。

7. 其他重大会计事项的说明

（1）企业合并、分立。

（2）重要资产的转让或出售情况。

（3）重大投资、融资活动。

（4）合并会计报表的说明。

（5）其他有助于理解和分析会计报表的事项。

还有一些企业的基本情况、报表编制的基础、遵循会计准则的声明、重要的会计政策和会计估计等也是需要写在附注里面的。

上面提到的统统都是有关财务报表这个产品的各种性能和具体参数的介绍，内容都是围绕着企业的生产经营这个主题展开的。

2. 会计报表附注的特点

了解了财务报表的各项参数内容，首先了解一下这本书明书的特点。帮助大家更好的理解附注的含义。

● 附属性

财务报表与附注之间存在一个主次关系：财务报表是根。附注处于从属地位。没有财务报表的存在，附注就失去了依靠，其功能也就无处发挥；而没有附注恰当的延伸、说明。财务报表的功能就难以有效地实现。两者相辅相成，形成一个完善的有机整体。

● 解释性

财务报表项目是被高度浓缩的会计信息，且由于经济业务的复杂性和企业在编制财务报表时可能选择了不同的会计政策，企业需要通过财务报表附注对财务报表的编制基础、编制依据、编制原则和方法及主要事项等进行解释，以此增进会计信息的可理解性，同时使不同企业的会计信息的差异更具可比性。

便于进行对比分析。

● 补充性

财务报表附注拓展了企业会计信息的内容。打破了三张主要报表内容必须符合会计要素的定义，又必须同时满足相关性和可比性的限制，突破了揭示项目必须用货币加以计量的局限性。通过报表附注的文字说明，辅以某些统计资料或定性信息，可弥补财务信息的不足，从而能全面反映企业面临的机会与风险，将企业价值充分体现出来，保证了信息的完整性。从而有助于信息使用者作出最佳的决策。

● 建设性

财务报表附注除了解释和补充说明财务报表内容外，还要对其加以分析、评价，并有针对性地提出一些改进工作的建议、措施。如通过市场占有率、投入产出等信息，管理当局可以了解本企业在同行中的地位。发现自己的优势与不足，从而采取措施改进企业经营管理，提高生产效率和产品质量，扩大产品的市场占有率。此外，在附注中通过自愿披露企业在安排就业、员工培训、社区服务、环境治理等方面信息，有助于树立企业良好形象，促进企业健康发展。

● 重要性

财务报表附注重要性主要体现在以下几个方面:

1. 提高会计信息的相关性和可靠性。会计信息既要相关又要可靠，相关性和可靠性是会计信息的两个基本质量特征。由于财务会计本身的局限，相关性和可靠性的选择犹如鱼与熊掌的选择，很多时候都是不可兼得的。但是，财务报表附注披露可以在不降低会计信息可靠性的前提下提高信息的相关性，如或有事项的处理。或有事项由于发生的不确定性而不能直接在主表中进行确认，但等到完全可靠或基本能够预期的时候，又可能因为及时性的丧失而损伤了信息的相关性。为此，可以通过在财务报表附注中进行披露，揭示或有事项的类型和影响，以此来提高信息的相关性。

2. 增强不同行业和行业内部不同企业之间信息的可比性。会计信息是由多种因素综合促成的，经济环境的不确定性，不同行业的不同特点和各个企业前后各期情况的变化，都会降低不同企业之间会计信息的可比性，以及企业前后各期会计信息的一贯性。财务报表附注可以通过披露企业的会计政策和会计估计的变更等情况，向投资者传递相关信息，使投资者能够“看透”会计方法的实质，而不被会计方法所误导。

3. 与财务报表主表的不可分割性。财务报表主表与财务报表附注的关系可概括为：主表是根，附注是补充。没有主表的存在，附注就失去了依靠;而没有附注恰当的补充，财务报表主表的功能就难以有效地实现。

● 必要性

1. 使用者更全面了解企业状况的要求

会计信息应全面充分地反映企业的财务状况、经营成果及现金流量，不得有意忽略或隐瞒重要的财务数据，以免使用者发生误解，这就是所谓的充分披露原则。作为会计信息的使用者，由于外部与企业的信息不对称，想要对企业有所了解，就必须依赖于其所提供的各项资料。因此就对披露的充分性提出了较高的要求：从横向来看，只要是反映企业生产经营全貌的信息，不论有利或不利的都应该予以披露；从纵向来看，不应只停留在披露对象的表面，而要进行深层次的揭示。由于成本等多种因素的限制，这些要求财务报表可能无法实现，而对于附注信息的披露就显得尤为重要。

2. 基于缓解财务报表信息披露压力的考虑

信息需求方总是希望企业提供尽可能多的信息，以便他们据以作出各项正确决策，这无形当中增加了财务报表披露信息的压力。但信息的披露应当是有一定限度的，过多的披露可能会适得其反。这主要基于两点考虑：第一，成本效益原则的考虑。只有披露的效益大于成本，企业才有披露信息的动力，过多的披露信息一方面势必增加企业的披露成本，另一方面会有损企业的商业秘密，在竞争中处于劣势，不利于企业的经营运作；第二，重要性原则的考虑。重要性是指当一项会计信息不加以说明，即可能使财务报表使用者发生误解，从而足以影响或改变其决策。因此从披露目的出发，只有重要性的信息对于需求者来说才是有用的。信息需求者依赖重要性的信息了解企业的财务状况、经营成果等情况，从而为其所用作出合理判断。而过多地披露信息不仅不会起到决策有用的目的，反而会影响使用者的理解、判断和掌握，使其无所适从，甚至产生误导作用，造成使用者的利益受损。报表附注将那些不符合成本效益原则和重要性原则的信息收纳其中，缓解了财务报表信息披露的压力，解决了企业和使用者对于信息提供和需求之间的矛盾和冲突。

3. 增强财务报告体系的灵活性

财务报表由于其固有的格式、项目和填列方法，使得表内信息并不能完整地反映一个企业的综合素质。而报表附注相对来说比较灵活，可以弥补表内信息的局限性，使表内信息更容易理解，更加相关。具体说来， 由于财务会计在确认计量上有严格的标准，使得一些与决策相关的信息不能进入财务报表，忽视它们的存在，势必影响到使用者作出正确的决策。而对报表附注尚无统一的规范，其可以借助于多种计量手段、计量属性及不同的格式，将那些无法进入表内的信息加以适当地披露，这有利于完整反映企业生产经营的全貌，提高了财务报告体系的总体水平和层次。

4. 保持原有报告模式的需要

经济环境的日新月异，使得会计标准的制定往往落后于会计实务的发展，原有的财务报表模式也不免过时。为满足人们对决策有用信息的需求，就需要不断对财务报表的内容和体系进行相应的变革。这可以依靠新会计制度和会计准则的出台予以重新规范和指导，但这一过程往往费时费力，而且不利于保证财务信息的一贯性和可靠性。因此，借助财务报表附注和其他报告形式，增加表外信息披露，可以在保持原有报告模式的基础上对其进行完善和改进，已成为人们普遍愿意接受的一种改革方式。

怎样读懂报表附注

看了解一个产品，要看懂说明书。那么要读懂会计报表附注，就要先了解附注的编制形式。

1. 常见附注的编制形式

（1）尾注说明：这是附注的主要形式，对于内容较多的项目一般都采用尾注的方式说明。

（2）括号说明：这种方式较为直观，在阅读中不会被忽略，但是往往信息量较小。

（3）备抵账户与附加账户：主要是指累计折旧、累计摊销和坏账准备等账户。

（4）脚注说明：在报表下端的说明，用于说明报表中的数字来源等。

（5）补充说明：对于报表主体中数字信息的补充，可以采用补充报表或是文字资料的形式。

2. 附注应当披露的内容

按照如下顺序披露有关内容：

1）企业的基本情况

（1）企业注册地、组织形式和总部地址。

（2）企业的业务性质和主要经营活动，如企业所处的行业、所提供的主要产品或服务、客户的性质、销售策略、监管环境的性质等。

（3）母公司以及集团最终母公司的名称。

（4）财务报告的批准报出者和财务报告批准报出日。

2）财务报表的编制基础

3）遵循企业会计准则的声明

企业应当声明编制的财务报表符合企业会计准则的要求，真实、完整地反映了企业的财务状况、经营成果和现金流量等有关信息。以此明确企业编制财务报表所依据的制度基础。

如果企业编制的财务报表只是部分地遵循了企业会计准则，附注中不得做出这种表述。

4）重要会计政策和会计估计

根据财务报表列报准则的规定，企业应当披露采用的重要会计政策和会计估计，不重要的会计政策和会计估计可以不披露。

（1）重要会计政策的说明

由于企业经济业务的复杂性和多样化，某些经济业务可以有多种会计处理方法，也即存在不止一种可供选择的会计政策。例如，存货的计价可以有先进先出法、加权平均法、个别计价法等；固定资产的折旧，可以有平均年限法、工作量法、双倍余额递减法、年数总额法等。企业在发生某项经济业务时，必须从允许的会计处理方法中选择适合本企业特点的会计政策，企业选择不同的会计处理方法，可能极大地影响企业的财务状况和经营成果，进而编制出不同的财务报表。为了有助于报表使用者理解，有必要对这些会计政策加以披露。

需要特别指出的是，说明会计政策时还需要披露下列两项内容:

① 财务报表项目的计量基础。会计计量属性包括历史成本、重置成本、可变现净值、现值和公允价值，这直接显著影响报表使用者的分析，这项披露要求便于使用者了解企业财务报表中的项目是按何种计量基础予以计量的，如存货是按成本还是可变现净值计量等。

② 会计政策的确定依据,主要是指企业在运用会计政策过程中所作的对报表中确认的项目金额最具影响的判断。例如，企业如何判断持有的金融资产是持有至到期的投资而不是交易性投资；又比如，对于拥有的持股不足50%的关联企业，企业为何判断企业拥有控制权因此将其纳入合并范围；再比如，企业如何判断与租赁资产相关的所有风险和报酬已转移给企业，从而符合融资租赁的标准；以及投资性房地产的判断标准是什么等，这些判断对在报表中确认的项目金额具有重要影响。因此，这项披露要求有助于使用者理解企业选择和运用会计政策的背景，增加财务报表的可理解性。

（2）重要会计估计的说明

财务报表列报准则强调了对会计估计不确定因素的披露要求，企业应当披露会计估计中所采用的关键假设和不确定因素的确定依据，这些关键假设和不确定因素在下一会计期间内很可能导致对资产、负债账面价值进行重大调整。

在确定报表中确认的资产和负债的账面金额过程中，企业有时需要对不确定的未来事项在资产负债表日对这些资产和负债的影响加以估计。例如，固定资产可收回金额的计算需要根据其公允价值减去处置费用后的净额与预计未来现金流量的现值两者之间的较高者确定，在计算资产预计未来现金流量的现值时需要对未来现金流量进行预测，并选择适当的折现率，应当在附注中披露未来现金流量预测所采用的假设及其依据、所选择的折现率为什么是合理的等。又如，为正在进行中的诉讼提取准备时最佳估计数的确定依据等。这些假设的变动对这些资产和负债项目金额的确定影响很大，有可能会在下一个会计年度内做出重大调整。因此，强调这一披露要求，有助于提高财务报表的可理解性。

5）会计政策和会计估计变更以及差错更正的说明

企业应当按照《企业会计准则第 28 号—会计政策、会计估计变更和差错更正》及其应用指南的规定，披露会计政策和会计估计变更以及差错更正的有关情况。

6）报表重要项目的说明

企业应当以文字和数字描述相结合、尽可能以列表形式披露报表重要项目的构成或当期增减变动情况，并且报表重要项目的明细金额合计，应当与报表项目金额相衔接。在披露顺序上，一般应当按照资产负债表、利润表、现金流量表、所有者权益变动表的顺序及其项目列示的顺序。

7）其他需要说明的重要事项

这主要包括或有和承诺事项、资产负债表日后非调整事项、关联方关系及其交易等，具体的披露要求须遵循相关准则的规定，分别参见相关章节的内容。

3. 阅读报表附注的注意事项

会计报表附注是会计报表的补充，主要是对会计报表不能包括的内容或者披露不详尽的内容作进一步的解释说明，包括对基本会计假设发生变化；会计报表各项目的增减变动（报表主要项目的进一步注释），以及或有某项或资产负债表日后事项中的不可调整事项的说明：关联方关系及交易的说明等。但有些单位却采用“暗渡陈仓”的手法，在会计核算中已改变了某些会计政策，但在报表附注中不作说明；或虽不影响报表金额，但对该单位的一些经营活动及前途有极大影响的事项不做说明，欺骗报表使用者。

如在检查某企业时，该企业年初和年中的发出存货计价方法完全不同，按照国家财务会计制度的规定，此变更须在报表附注中披露，但该企业并来做出披露，用以掩盖其调低成本、虚增利润的不法企图。

又如某上市公司报表日后发生重大经济损失，该公司担心影响公司业绩，没有将此变化在附注中披露，而欺骗报表使用人。

16.3 合并会计报表

对于一些规模庞大的集团公司或者子母公司来说，不同会计主体可能是同一法律主体，比如昊阳便利店发展了十几年之后，全国各地甚至全世界都有分店，每个分店都要独立核算，那么张老板怎么在家里知道整个便利店集团的营运状况呢？就是通过下面我们要讲解的合并会计报表来了解整个集团的经营运作全貌啦！

本节内容分为两个部分，第一个部分是一些编制合并报表的理论基础，要想万丈高楼稳固，地基很重要。同样的，稳固的知识体系也是用扎实的理论基础做保障的。第二部分是编制合并报表的具体方法，也就是到底怎样编制合并报表，会举一些实际的例子来帮助大家了解这部分内容。

合并报表作为财务报表知识系统中的一个分支，在整个知识体系中占有一定的地位，尤其对于大型公司和跨地区甚至跨国经营的企业来说，是一个不可或缺的组成部分。

合并会计报表理论基础

想知道怎样编织合并会计报表，就要先了解一些必要的理论基础。

1. 什么是合并会计报表

合并会计报表，简称合并报表，亦称合并财务报表，指用以综合反映以产权纽带关系而构成的企业集团某一期间或地点整体财务状况、经营成果和资金流转情况的会计报表。主要包括合并资产负债表、合并损益表（或称合并利润表）、合并利润分配表、合并现金流量表（或称合并利润表）、合并现金流量表（或财务状况变动表）。

合并会计报表视企业集团为一个会计主体，反映其所控制的资产、承担的负债、实现的收入、及发生的费用等信息。我国企业集团不是纳税主体，合并会计报表也不是企业进行利润分配，包括缴纳所得税、分派股利的依据，它仅仅具有提供企业集团整体经营情况信息的作用。

当一家企业（即控股公司）事实上控制了被投资企业的财务和经营方针时，前者应当编制合并会计报表，将其控制的境内外子公司和事实上可以控制的被投资企业纳入合并会计报表的范围。有人认为，若子公司与母公司的经营性质有很大不同，合并报表意义不大，可不予合并；也有人认为，合并会计报表反映企业集团整体的经营情况，而各成员企业无论经营性质差异多大，会计报表均可合并，因此应当将所有子公司纳入合并范围。我国财政部颁发的《合并会计报表暂行规定》对此无明确规定。

为了编制合并会计报表，母公司应当统一与子公司的会计政策、会计报表决算日、会计期间和记账本位币；对境外子公司以外币表示的会计报表，按照一定的汇率折算为以母公司的记账本位币表示的会计报表。母公司对子公司的权益性资本应采用权益法进行处理。

【例 16.14】假设昊阳便利店经过多年经营，已经发展成在全国各大主要城市都有分店，且已经在香港和新加坡的商业街上有店面的大型连锁跨国商业集团，那么张老板的整个集团一定有一个总的负债全国所有分店日常经营运作的管理机构，可以叫做集团总部，也就是上文中提到的母公司的概念，在总公司旗下的所有分店都统一了会计政策，会计报表决算日、会计期间和记账本位币的情况下，也就是香港和新加坡的分店也要按照中国现行的会计制度进行核算，并且把记账本位币从当地货币按照统一的汇率转换为人民币以后，集团总部应当编制合并财务报表以掌握整个商业集团的运营情况。

2. 合并会计报表的大致编制程序

一般包括：

（1）检查并调整母、子公司会计报表中可能存在的误差和遗漏。

（2）抵消企业集团内部交易的未实现损益。

（3）抵消子公司因实现净利润而提取的法定盈余公积、法定公益金和任意盈余公积。

（4）抵消母公司从子公司取得的投资收益和收到的股利，并将母公司对子公司股权投资账户余额调整至期初数。

（5）抵消年初母公司对于子公司股权投资账户和子公司所有者权益各账户的余额，并将两者的差额确认为合并价差；若有少数股权，还要确认相应部分的少数股东权益。

（6）将合并价差分解为子公司净资产公允价值与账面价值的差额和商誉，并在其有效年限内加以分配和摊销。我国《合并会计报表暂行规定》对合并价差不作选择的分解、分配和摊销，而是直接列于合并资产负债表中的“长期投资”荐下。

（7）若有少数股权，在合并工作底稿上确立当年属于少数股东的子公司净利润，应相应增加少数股东权益。

（8）抵消母、子公司间的应收应付等往来项目。会计电算化条件下，用户根据合并会计报表的要求，定义好合并会计报表的有关条件，软件根据定义时设计的数据传递、数据计算公式等自动完成事并会计报表工作。软件能够自动扣除各公司之间的内部往来、内部投资等的影响，能够将某些报表项目进行必要的抵销处理。

编制合并会计报表一般有两种理论可供遵循，即母公司理论和实体理论；有两种方法可供选择，即购买法和权益结合法。实务中多采用经修正的当代理论。

上面的内容通俗的解释可以这样理解：先把集团内部各分公司之间的所有业务抵消掉，抵消的内容除了应收应付的往来科目之外还包括所有者权益和无形资产等内容。然后就得到了以整个集团为主体的一致对外的财务报表啦！

3. 合并会计报表的合并范围

知道了什么情况下需要编制合并报表，也知道了编制合并报表的基本原理，那么现在再来看看合并报表的合并范围到底有哪些。

下列内容也高度概括为两个包含和一个不能一起玩耍。包含直接控制和间接控制，不带不能控制的一起玩耍。我们具体来看看到底包含哪些不能一起玩耍吧！

母公司在编制合并会计报表时，应当将其所控制的境内外所有子公司纳入合并会计报表的合并范围。

1）母公司拥有其过半数以上（不包括半数）权益性资本的被投资企业，包括：

（1）直接拥有其过半数以上权益性资本的被投资企业；

（2）间接拥有其过半数以上权益性资本的被投资企业；

（3）直接和间接方式拥有其过半数以上权益性资本的被投资企业。

间接拥有过半数以上权益性资本是指通过子公司而对子公司的子公司拥有其过半数以上权益性资本。

直接和间接方式拥有其过半数以上权益性资本是指母公司虽然只拥有其半数以下的权益性资本，但通过与子公司合计拥有其过半数以上的权益性资本。

2）其他被母公司所控制的被投资企业。母公司对于被投资企业虽然不持有其过半数以上的权益性资本，但母公司与被投资企业之间有下列情况之一的，应当将该被投资企业作为母公司的子公司，纳入合并会计报表的合并范围：

（1）通过与该被投资公司的其他投资者之间的协议，持有该被投资公司半数以上表决权。

（2）根据章程或协议，有权控制企业的财务和经营政策。

（3）有权任免董事会等类似权力机构的多数成员。

（4）在董事会或类似权力机构会议上有半数以上投票权。

3）在母公司编制合并会计报表时，下列子公司可以不包括在合并会计报表的合并范围之内：

（1）已关停并转的子公司。

（2）按照破产程序，已宣告被清理整顿的子公司。

（3）已宣告破产的子公司。

（4）准备近期售出而短期持有其半数以上的权益性资本的子公司。

（5）非持续经营的所有者权益为负数的子公司。

（6）受所在国外汇管制及其他管制，资金调度受到限制的境外子公司。

怎么样？经过讲解，是不是发现直接控制和间接控制的范围很明确，不能一起愉快的玩耍的也很显而易见吧？

4. 合并会计报表的其他注意事项

● 合并报表的资料基础

合并会计报表以母公司和纳入合并范围的子公司（以下凡涉及到子公司，即为纳入合并范围的子公司）本身的会计报表以及其他有关资料为依据，合并各项目数额编制。为编制合并会计报表，子公司向母公司提供的其他有关资料包括：

（1）子公司所采用的与母公司不同的会计政策。

（2）与母公司及与母公司的其他子公司业务往来、债权债务、投资等资料。

（3）子公司利润分配有关资料。

（4）子公司所有者权益变动的明细资料。

（5）其他编制合并会计报表所需要的资料。

● 合并报表的核算政策要统一

母公司为了编制合并会计报表，应当统一母公司与子公司的会计报表决算日和会计期间，使子公司会计报表决算日和会计期间与母公司会计报表决算日和会计期间保持一致。不一致时，母公司应当按照母公司本身会计报表决算日和会计期间，对子公司会计报表进行调整，以调整后的子公司会计报表编制合并会计报表，或者要求子公司按照母公司的要求编报相同会计期间的会计报表。

母公司应当统一母公司和子公司所采用的会计政策，使子公司采用的会计政策与母公司保持一致。

当子公司所采用的会计政策与母公司不一致时，母公司应当按照母公司本身规定的会计政策对子公司会计报表进行必要的调整。但当子公司与母公司所规定的会计政策差异不大，并且对财务状况和经营成果的影响不大时，母公司也可直接利用该会计报表编制合并会计报表。

对于境外子公司以外币表示的会计报表，母公司应当按照下列规定将境外子公司会计报表各项目的数额折算为母公司记账本位币，并以折算为母公司本位币后的会计报表编制合并会计报表，对于境内子公司采用与母公司记账本位币以外的货币编报的会计报表，也应当按照本规定将其会计报表折算为母公司记账本位币表示的会计报表。

● 合并报表的数据要求

母公司为编制合并会计报表，对子公司进行的权益性资本投资必须采用权益法进行核算，并以此编制个别会计报表，为编制合并会计报表提供基础数据。

1）对于子公司因本期损益而引起的所有者权益的变动，母公司应当计算确定其所拥有的数额、并将其计入本期投资损益，同时按照该数额增加或减少长期投资，调整长期投资账面价值。母公司进行账务处理时，在增加长期投资的情况下，借记“长期投资”科目，贷记“投资收益”科目；减少长期投资的情况下，借记“投资收益”科目，贷记“长期投资”科目。

收到子公司分来的利润时，母公司应作为长期投资减少处理。进行账务处理时，借记“银行存款”等科目，贷记“长期投资”科目。

2）对于子公司因本期损益以外的原因，如接受捐赠、法定资产重估增值、接受外币投资折算差额所引起的子公司所有者权益的变动，母公司应当计算确定所拥有的数额，按照计算确定的数额增加或减少长期投资，调整长期投资账面价值，同时增加或减少资本公积的数额。

（1）对于因子公司接受捐赠和对资产进行法定重增值所引起子公司所有者权益的变动，母公司进行账务处理时，接受捐赠和确认的法定资产重估增值，应借记“长期投资”科目，贷记“资本公积”科目。

（2）对于因子公司接受外币投资折算差额所引起的所有者权益的变动，在外币投资折算差额为贷方余额时，母公司进行账务处理时应借记“长期投资”科目，贷记“资本公积”科目；在外币折算差额为借方余额时，母公司应借记“资本公积”科目，贷记“长期投资”科目。

● 合并财务报表的种类以及编制思路

1）资产负债表

（1）所有资产、负债类项目均按照合并会计报表决算日的市场汇率折算为母公司记账本位币。

（2）所有者权益类项目除“未分配利润”项目外，均按照发生时的市场汇率折算为母公司记账本位币。

（3）“未分配利润”项目以折算后的利润分配表中该项目的数额作为其数额列示。

（4）折算后资产类项目与负债类项目和所有者权益类项目合计数的差额，作为报表折算差额在“未分配利润”项目后单独列示。

（5）年初数按照上年折算后的资产负债表的数额列示。

2）损益表和利润分配表

（1）损益表所有项目和利润分配表中有关反映发生额的项目，应当按照合并会计报表的会计期间的平均汇率折算为母公司记账本位币，也可以采用合并会计报表决算日的市场汇率折算为母公司记账本位币，在采用合并会计报表决算日市场汇率折算为母公司记账本位币时，应当在合并会计报表附注中说明。

平均汇率根据当期期初、期末市场汇率计算确定，也可以采用其他的方法计算确定。平均汇率计算方法一经采用，前后各期必须连续使用，不得随意变更。如果确需变更，应当在会计报表附注说明变更理由及变更对会计报表的影响。

（2）利润分配表中“净利润”项目，按折算后损益表该项目的数额列示。

（3）利润分配表中“年初未分配利润”项目，以上一年折算后的期末的“未分配利润”项目的数额列示。

（4）利润分配表中“未分配利润”项目，按折算后的利润分配表中的其他各项目的数额计算列示。

（5）上年实际数按照上期折算后的损益表和利润分配表的数额列示。

3）财务状况变动表

（1）有关收入、费用各项目，按照合并会计报表的会计期间的平均汇率（或市场汇率）折算为母公司记账本位币。

（2）有关增减长期负债、增减长期投资以及增减固定资产、递延资产和无形资产的项目，按照合并会计报表决算日的市场汇率折算为母公司记账本位币。

（3）有关资本的净增加额项目，按照发生时的汇率折算为母公司记账本位币。

（4）其他项目均按照折算后的子公司的其他报表相应项目的数额列示或计算填列。

（5）“流动资金来源和运用”中的“流动资金增加净额”项目，按照“流动资金各项目的变动”中的“流动资金增加净额”列示。

（6）“流动资金来源合计”减去“流动资金运用合计”后的余额与“流动资金增加净额”不一致时，其差额在“流动资金运用合计”项目之后，“流动资金增加净额”之前，单列报表折算差额项目反映。

以上内容都是理论基础，也就是编制合并财务报表的各种原理。那么有的读者会问怎样才能知道如何编制合并财务报表呢？那就要看下一节内容啦！

各种合并会计报表的编制方法

了解完了合并会计报表的理论基础，现在咱们再来说说各种合并会计报表的编制方法。

由于本节内容连续性较强，故例题放在第二个内容后面，综合介绍一下合并资产负债表和合并利润表抵消分录的编制。

1. 合并资产负债表

合并资产负债表以母公司和子公司的个别资产负债表为依据，在相互抵销下列项目的基础上，合并资产、负债和所有者权益各项目的数额编制。

(1)母公司对子公司权益性资本投资项目的数额与子公司所有者权益中母公司所持有的份额相抵销。

抵销时发生的合并价差，在合并资产负债表中以“合并价差”项目在长期投资项目中单独反映（贷方余额时以负数表示）。

对于子公司之间相互投资，母公司应当比照上述做法，将权益性资本投资项目的数额与相对应另一子公司所有者权益各有关项目中相应的数额相互抵销。

(2) 母公司与子公司、子公司相互之间的债权与债务项目，包括应收、应付、预收及预付等项目应当相互抵销。在合并工作底稿中编制抵销分录时，借记应付和预收等项目，贷记应收和预付等项目。

对于母公司与子公司、子公司相互之间持有对方的债券，母公司编制合并会计报表时也应当相互抵销。在合并工作底稿中编制抵销分录时，借记“应付债券”项目，贷记“长期投资”或“短期投资”项目。

对于长期投资中内部债券投资与应付债券抵销时发生的差额，应当作为合并价差处理。当长期投资中债券投资的数额高于相对应的应付债券的数额，编制抵销分录时，应当借记“合并价差”项目，贷记“长期投资”项目；当长期投资中内部债券投资的数额低于相对应的应付债券的数额，编制抵销分录时，应当借记“长期投资”项目，贷记“合并价差”项目。

母公司与子公司，子公司相互之间应收账款与应付账款相互抵销后，其已抵销的应收账款所计提的坏账准备的数额也应予以抵销。在合并资产负债表中，坏账准备应当以抵销后应收账款计提的数额列示。在合并工作底稿中，编制抵销分录抵销已抵销的应收账款计提的坏账准备时，借记“坏账准备”项目，贷记“管理费用”项目。

对于以前会计期间编制合并会计报表时因内部应收账款抵销而抵销的坏账准备的数额，在本期编制合并会计报表编制抵销分录时，应当借记“坏账准备”项目，贷记“年初未分配利润”项目。对于本期内部应收账款增加而计提的坏账准备进行抵销，编制抵销分录时，应当借记“坏账准备”项目，贷记“管理费用”项目；对于本期内部应收账款减少而冲销的坏账准备进行抵销，编制抵销分录时，借记“管理费用”项目，贷记“坏账准备”项目。

(3) 存货项目中，由内部销售所产生的未实现内部销售利润的数额，应当予以抵销，并以抵销后的数额列示。

（4）固定资产等有关项目中，由于内部销售产生的未实现内部销售利润的数额应当予以抵销，并以抵销后的数额列示。

（5）子公司所有者权益各项目中不属于母公司拥有的数额，应当作为少数股东权益，在合并资产负债表中所有者权益类项目之前，单列一类，以总额反映。

（6）所有者权益中未分配利润的数额根据合并利润分配表中期末未分配利润的数额列示。

2. 合并损益表

合并损益表应当以母公司和子公司的损益表为基础，在抵销下列项目的基础上，合并各项目的数额编制。

（1）母公司与子公司、子公司相互之间发生的内部销售收入的抵销：

① 内部销售商品全部实现对外销售时,应当在合并销售收入项目中抵销内部销售收入的数额，在合并销售成本项目中抵销从内部购进该货物所发生的购进成本的数额(即出售公司内部销售收入的数额)。在合并工作底稿中编制抵销分录时，借记“营业收入”项目，贷记“营业成本”项目。

② 内部销售商品全部未实现对外销售而形成存货时,应当在合并销售收入项目中抵销内部销售收入的数额，在存货项目中抵销内部销售商品中所包含的未实现内部销售利润的数额，在合并销售成本项目中抵销内部销售商品的成本数额(销售商品公司销售收入减去未实现内部销售利润的数额)。在合并工作底稿中编制抵销分录时，借记“营业收入”项目，贷记“存货”项目（在合并资产负债表中抵销）和“营业成本”项目。

未实现内部销售利润根据销售商品公司的销售毛利率乘以内部销售收入的数额确定。

销售毛利率=（销售收入－销售成本）÷销售收入×100%

③ 在内部销售商品部分售出的情况下,应当分别已实现内部销售的数额和未实现内部销售的数额进行处理。

④ 对于上一会计期间存货包含的未实现内部销售利润的处理。

a. 上一会计期间抵销未实现内部销售利润的内部销售形成的存货，在本期编制合并会计报表时，应当视为本期销售实现处理，其中包含的未实现内部销售利润，在本期编制合并会计报表时视为本期实现利润处理。在合并工作底稿中编制抵销分录时，应当根据上期编制合并会计报表存货中抵销的未实现内部销售利润的数额，借记“年初未分配利润”项目，贷记“营业成本”项目。

b. 上期结转存货应当视同本期购进的存货处理，并以此分别按照上述①至③的情况，抵销内部销售收入、内部销售成本和未实现内部销售利润。

（2）母公司与子公司、子公司相互之间发生的固定资产的交易所产生的未实现内部销售利润的抵销。

母公司与子公司、子公司相互之间发生的固定资产交易是指母公司与子公司之间，子公司相互之间发生的一方销售自身的产品，另一方购买对方产品作为固定资产使用的固定资产购售活动。

①不计提折旧固定资产中包含的未实现内部销售利润的抵销。

a. 将内部销售收入与该内部销售成本和固定资产原价项目中所包含的未实现内部销售利润相互抵销，即在合并销售收入项目中抵销该产品销售收入的数额；在合并销售成本项目中抵销该产品的销售成本的数额；在合并固定资产原价项目中抵销未实现内部销售利润的数额。编制抵销分录时，借记“营业收入”项目，贷记，“营业成本”和“固定资产原价”项目。

b. 在该固定资产的使用期间内，每期编制合并会计报表时都必须将该固定资产原价中所包含的未实现内部销售利润抵销，直至该固定资产退出企业集团止。在合并工作底稿中编制抵销分录时，应当借记“年初未分配利润”项目，贷记“固定资产原价”项目，其数额为上一会计期间该固定资产原值中抵销的未实现内部销售利润的数额。

②计提折旧的固定资产中包含的未实现内部销售利润的抵销。

a. 在发生该固定资产交易的会计期间，应当进行如下抵销处理：

在发生固定资产交易的当期，应当将内部销售收入与该内部销售成本和固定资产原价中所包含的未实现内部销售利润相互抵销，即在合并销售收入项目中抵销该固定资产交易的销售收入的数额；在合并销售成本项日中抵销该固定资产交易的销售成本的数额；在合并固定资产原价项目中抵销该固定资产原价中未实现内部销售利润的数额。编制抵销分录时，借记“营业收入”项目，贷记“营业成本”和“固定资产原价”项目。

在计提折旧时，还应当将该固定资产计提的折旧中包含的未实现内部销售利润的数额抵销。抵销数额为该固定资产当期计提的折旧额减去按照不包含有未实现内部销售利润的固定资产原价计提的折旧额的差额。在采用直线法时，即该固定资产原价中包含的未实现内部销售利润总额除以该固定资产的使用期间。在合并工作底稿中编制抵销分录时，借记“累计折旧”项目，贷记“管理费用”等项目。

b. 在发生该固定资产交易以后的会计期间到该固定资产清理报废时止，应当进行如下抵销：

将内部销售固定资产所包含的未实现内部销售利润的数额予以抵销。在合并工作底稿中编制抵销分录时，借记“年初未分配利润”项目，贷记“固定资产原价”项目。

将内部购进固定资产计提的折旧中包含的未实现内部销售利润的数额抵销。其抵销数额为该固定资产当期计提的折旧额减去按照不包含有未实现内部销售利润的固定资产原价计提的折旧额的差额。在合并工作底稿中编制抵销分录时，借记“累计折旧”项目，贷记“管理费用”等项目。

将内部销售固定资产原价所包含的未实现内部销售利润中以前会计期间已计入累计折旧的数额抵销。在合并工作底稿中编制抵销分录时，借记“累计折旧”项目，贷记“年初未分配利润”项目。

c. 在固定资产报废清理时，应当将该固定资产原价中包含的未实现内部销售利润总额减去报废清理以前固定资产原价中包含的未实现内部销售利润中已计入以前各期折旧费用的数额（即已实现内部销售利润的数额）后的余额予以抵销。在合并工作底稿中编制抵销分录时，借记“年初未分配利润”项目，贷记“管理费用”项目和“营业外支出”（或“营业外收入”）项目。其中抵销管理费用项目的数额为该固定资产当期计提的折旧额减去按照不包含有未实现内部销售利润的固定资产原价计提的折旧额的差额。

③ 母公司与子公司，子公司相互之间固定资产交易发生不多，或其交易对企业集团财务状况和经营成果影响不大的，也可将其固定资产交易视为企业集团外交易。不按照上述规定进行抵销处理。

（3）母公司与子公司以及子公司相互之间持有对方债券所发生的投资收益应当与其相对应的利息支出相互抵销。在合并工作底稿中编制抵销分录时，借记“投资收益”项目，贷记“财务费用”等项目。

（4）母公司对子公司权益性资本投资权益应当予以抵销。在合并工作底稿中编制的抵销分录。

（5）子公司“净利润”项目扣除母公司投资收益后的余额，即为少数股东本期损益，在合并工作底稿中编制的抵销分录。

少数股东本期损益应当在合并损益表中单列“少数股东损益”项目，在“净利润”项目之前列示。

（6）全部损益减去少数股东所持有的损益后的余额为净利润。

【例 16.15】2017 年 1 月 1 日昊阳便利店发行 66 万股(面值 1 元、公允价值 2.2 元)换取舒伯特连锁商店 50 万股的 90%，另支付法律费等 6.27 万元与股票登记和发行费 8.73 万元实现合并。合并日，舒伯特连锁商店可辨认净资产的账面价值为 124 万元(其中：股本 50 万元，资本公积 29.35 万元;盈余公积 43.45 万元。未分配利润 1.2 万元)。舒伯特连锁商店可辨认净资产公允价值与账面价值不等项目如下：存货增值 3.2 万元；固定资产增值 17 万元，其中房屋增值 18 万元(按 20 年折旧)，设备减值 1 万元(按 10 年折旧)；无形资产增值 3.6 万元(按 5 年摊销)。2017 年舒伯特连锁商店已经将其年初的存货全部对外出售，存

货的成本转入“主营业务成本”账户。假设固定资产均采用直线法计提折旧，且2017年按全年计提折旧，折旧费用计入管理费用。舒伯特连锁商店当年实现净利润13.5万元，按净利润的10%提取盈余公积，分配现金股利6万元。2018年舒伯特连锁商店实现净利润15万元，按净利润的10%提取盈余公积，分配现金股利8万元。

（1）2017年昊阳便利店平时用成本法核算长期股权投资的会计分录。

借：银行存款　　54 000

　　贷：投资收益　　54 000

编制2017年合并财务报表时的调整分录。

（2）将舒伯特连锁商店相关资产的账面价值调整为公允价值的调整分录。

借：存货　　32 000

　　固定资产——房屋　　180 000

　　无形资产——特许权　　36 000

　　贷：固定资产——设备　　10 000

　　　　资本公积　　238 000

（3）将舒伯特连锁商店的相关成本和费用按对应资产的公允价值基础进行调整的调整分录。

借：营业成本　　32 000

　　管理费用　　15 200

　　固定资产——设备　　1 000

　　贷：存货　　32 000

　　　　固定资产——房屋　　9 000

　　　　无形资产——特许权　　7 200

（4）舒伯特连锁商店按照公允价值为基础调整之后的当期净利润为87 800元，以子公司可辨认净资产公允价值为基础按权益法调整长期股权投资账面价值的调整分录。

借：长期股权投资　　79 020

　　贷：投资收益　　79 020

借：投资收益　　54 000

　　贷：长期股权投资　　54 000

编制2017年合并报表时的抵销分录。

（5）昊阳便利店2017年编制合并资产负债表时的抵销分录，其中调整后昊阳便利店长期股权投资的账面价值为1 539 720元（660 000 × 2.2+62 700+79 020−54 000）；少数股东权益等于2017年末舒伯特连锁商店所有者权益公允价值中少数股权份额150 580元。

借：股本　　500 000
　　资本公积　　531 500
　　盈余公积　　448 000
　　未分配利润　　26 300
　　商誉　　184 500
　　贷：长期股权投资　　1 539 720
　　　　少数股东权益　　150 580

（6）昊阳便利店 2017 年编制合并利润表时的抵销分录，其中少数股东损益 8 780 元(87 800 × 10%)。

借：投资收益　　79 020
　　少数股东损益　　8 780
　　未分配利润——年初　　12 000
　　贷：提取盈余公积　　13 500
　　　　对所有者(或股东)的分配　　60 000
　　　　未分配利润——年末　　26 300

（7）2018 年昊阳便利店平时用成本法核算长期股权投资。

借：银行存款　　72 000
　　贷：投资收益　　72 000

编制 2018 年合并财务报表时的调整分录。

（8）编制上期舒伯特连锁商店的相关成本和费用按对应资产的公允价值基础进行调整对本期影响的调整分录。

借：存货　　32 000
　　固定资产——房屋　　180 000
　　无形资产——特许权　　36 000
　　贷：固定资产——设备　　10 000
　　　　资本公积　　238 000

借：未分配利润——期初　　47 200
　　固定资产——设备　　1 000
　　贷：存货　　32 000
　　　　固定资产——房屋　　9 000
　　　　无形资产——特许权　　7 200

借：长期股权投资　　25 020
　　贷：未分配利润——期初　　25 020

（9）编制本期舒伯特连锁商店的相关成本和费用按对应资产的公允价值基础进行调整的调整分录。

借：管理费用　　15 200
　　固定资产——设备　　1 000
　　贷：固定资产——房屋　　9 000
　　　　无形资产——特许权　　7 200

（10）舒伯特连锁商店按照公允价值为基础调整之后的当期净利润为134 800 元(150 000−15 200)，以舒伯特连锁商店可辨认净资产公允价值为基础按权益法调整长期股权投资的账面价值的调整分录。

借：长期股权投资　　121 320
　　贷：投资收益　　121 320
借：投资收益　　72 000
　　贷：长期股权投资　　72 000

编制 2018 年合并财务报表时的抵销分录。

（11）昊阳便利店 2018 年编制合并资产负债表时的抵销分录。

借：股本　　500 000
　　资本公积　　531 500
　　盈余公积　　463 000
　　未分配利润　　66 100
　　商誉　　184 500
　　贷：长期股权投资　　1 589 040
　　　　少数股东权益　　156 060

（12）昊阳便利店 2018 年编制合并利润表时的抵销分录。

借：投资收益　　121 320
　　少数股东损益　　(134 800 × 10%)13 480
　　未分配利润——年初　　26 300
　　贷：提取盈余公积　　15 000
　　　　对所有者(或股东)的分配　　80 000
　　　　未分配利润——年末　　66 100

实务中，上述编制合并报表的抵销分录也可采用以下方法：

首先抵销本期内部投资和收益分配相关的会计业务：

（13）抵销舒伯特连锁商店向昊阳便利店分派现金股利，冲减少数股东权益6 000 元(60 000 × 10%)。

借：长期股权投资　　54 000
　　少数股东权益　　6 000
　　贷：利润分配——股利分配　　60 000

（14）抵销本年度昊阳便利店确认投资收益。

借：投资收益 79 020

　　贷：长期股权投资 79 020

（15）抵销舒伯特连锁商店本期提取的盈余公积。

借：盈余公积——丁公司 13 500

　　贷：提取盈余公积——丙公司 13 500

（16）上述抵销的结果使得本期昊阳便利店、舒伯特连锁商店之间内部投资和收益分配的会计业务全部抵销，有关项目恢复到期初数，即合并日的状态，这时将昊阳便利店“长期股权投资”期初余额 1 514 700 元(660 000 × 2.2+62 700)与舒伯特连锁商店期初所有者权益有关项目抵销相当于合并日的合并报表抵销，合并日的少数股东权益等于合并日舒伯特连锁商店可辨认净资产公允价值(1 240 000+238 000)中少数股权的份额 147 800 元。

借：股本——舒伯特连锁商店 500 000

　　资本公积——舒伯特连锁商店 531 500

　　盈余公积——舒伯特连锁商店 434 500

　　未分配利润——舒伯特连锁商店(期初) 12 000

　　商誉 184 500

　　贷：长期股权投资——昊阳便利店 1 514 700

　　　　少数股东权益 147 800

（17）最后，由于存在少数股东权益，还应当确认属于少数股权的子公司净利润和本年度增加的少数股东权益，本年度净利润属于少数股权的净利润为 8 780 元[(135 000−47 200) × 10%]，相应的增加少数股东权益也为 8 780 元。

借：少数股东利润 8 780

　　贷：少数股东权益 8 780

2018 年合并报表调整分录与前述思路一方法一致，抵销分录可以按照以下思路进行：

首先抵销本期内部投资和收益分配的会计业务。

（18）抵销 2018 年舒伯特连锁商店向昊阳便利店分派现金股利，冲减少数股东权益 8 000 元(80 000 × 10%)。

借：长期股权投资 72 000

　　少数股东权益 8 000

　　贷：利润分配——股利分配 80 000

（19）抵销年度收益确认。

借：投资收益 121 320

　　贷：长期股权投资 121 320

（20）抵销舒伯特连锁商店本期提取的盈余公积。

借：盈余公积——丁公司　　15 000

　　贷：提取盈余公积——丙公司　　15 000

（21）结果使得本期昊阳便利店、舒伯特连锁商店之间内部投资和收益分配的会计业务全部抵销，有关项目恢复到期初数，即2017年末的状态。这时将昊阳便利店“长期股权投资”期初余额1 539 720元（660 000×2.2+62 700+79 020−54 000）与舒伯特连锁商店期初所有者权益有关项目抵销，其中，股本50 000，资本公积531 500元（293 500+238 000），盈余公积448 000元（434 500+135 000×10%），未分配利润 26 300 元(12 000+135 000×90%−60 000−47 200)元，少数股东权益 150 580 元[(1 240 000+238 000+135 000−60 000−47 200)×10%]，商誉184 500元[1 514 700−(1 240 000+238 000)×90%]。

借：股本——舒伯特连锁商店　　500 000

　　资本公积——舒伯特连锁商店　　531 500

　　盈余公积——舒伯特连锁商店　　448 000

　　未分配利润——舒伯特连锁商店　　26 300

　　商誉　　184 500

　　贷：长期股权投资　　1 539 720

　　　　少数股东权益　　150 580

（22）最后，由于存在少数股东权益，还应当确认属于少数股权的子公司净利润和本年度增加的权益，本年度净利润属于少数股权的净利润为 13 480 元[(150 000−15 200)×10%]，相应的增加少数股东权益也为13 480元。

借：少数股东利润　　13 480

　　贷：少数股东权益　　13 480

不考虑其他内部交易抵销的情况下合并报表相关项目为：2017年合并资产负债表中少数股东权益等于 150 580 元[(1 240 000+238 000+135 000−60 000−47 200)×10%]，合并利润表中少数股东利润等于8 780元；2018年合并资产负债表中少数股东权益等于 156 060 元(150 580+13 480−8 000)，合并利润表中少数股东利润等于13 480元。上述两种思路下编制出的合并报表相关数目一致。

3. 合并利润分配表

合并利润分配表以母公司和子公司利润分配表的数据为基础，通过抵销子公司利润分配表各项目的数额编制。

在合并工作底稿编制中，应当分别不同情况，编制如下抵销分录进行抵销：

（1）对于全资子公司，应当将子公司利润分配表中年初未分配利润项目，子公司资产负债表中实收资本项目、资本公积项目、盈余公积项目和母公司损益表中投资收益项目，与母公司对子公司权益性资本投资项目，子公司利润分配表中提取盈余公积（或提取法定公积金、提取法定公益金、提取任意公积金、储备基金和生产发展基金）项目、应付利润（或已分配股利、应付股利，已分配优先股股利、已分配普通股股利）项目相互抵销。

在合并工作底稿中编制抵销分录时，借记“投资权益”“年初未分配利润”“实收资本”“资本公积”“盈余公积”项目，贷记“长期投资”、“提取盈余公积”（或提取法定公积金，提取法定公益金，提取任意公积金、储备基金和生产发展基金）、“应付利润”（或已分配股利、应付股利、已分配优先股股利、已分配普通股股利）项目。

在上述抵销发生抵销差额时，其差额应当作为合并价差处理。当上述抵销分录借方发生额大于贷方发生额时，应当贷记“合并价差”项目；当上述抵销分录借方发生额小于贷方发生额时，应当借记“合并价差”项目。

（2）对于非全资子公司，应当将子公司利润分配表中年初未分配利润项目，子公司资产负债表中实收资本项目、资本公积项目、盈余公积项目和母公司损益表中投资收益项目，少数股东损益项目，与母公司对子公司权益性资本投资项目，少数股东权益项目，子公司利润分配表中提取盈余公积（或提取法定公积金、提取法定公益金、提取任意公积金、储备基金和生产发展基金）项目、应付利润（或已分配股利、应付股利、已分配优先股股利、已分配普通股股利）项目相互抵销。

在合并工作底稿中编制抵销分录时，借记“投资收益”“少数股东损益”“年初未分配利润”“实收资本”“资本公积”“盈余公积”项目，贷记“长期投资”“提取盈余公积”（或提取法定公积金、提取法定公益金、提取任意公积金、储备基金和生产发展基金）、“应付利润”（或已分配股利、应付股利、已分配优先股股利、已分配普通股股利）、“少数股东权益”项目。其中，少数股东权益的数额根据子公司所有者权益的数额减去母公司所持有的份额，计算确定。

在上述抵销发生抵销差额时，其差额应当作为合并价差处理。当上述抵销分录借方发生额大于贷方发生额时，应当贷记“合并价差”项目，当上述抵销分录借方发生额小于贷方发生额时，应当借记“合并价差”项目。

4. 合并财务状况变动表

合并财务状况变动表以合并资产负债表和合并损益表及其他有关资料为基础编制。

（1）少数股东本期损益应当作为流动资金来源（或作抵销流动资金来源项目）处理，其数额在“流动资金来源”中“固定资产折旧”项目之前，单列“少数股东损益”项目反映。

（2）少数股东增加对子公司的投资，作为流动资金来源处理，其增加的数额在“其他来源”中“资本净增加额”项目之后，单列“少数股东资本增加额”项目反映。

（3）子公司将利润分配给少数股东，应当作为资金运用处理，其分配的数额在“流动资金运用”中“利润分配”与“其他运用”之间，单列项目“少数股东利润分配”项目反映。

5. 合并会计报表的附注

合并会计报表除附注会计报表应附注的事项外，还应当附注如下事项：

（1）纳入合并会计报表合并范围的子公司名称、业务性质、母公司所持有的各类股权的比例；

（2）纳入合并会计报表的子公司增减变动情况；

（3）未纳入合并会计报表合并范围的子公司，在母公司编制合并会计报表时，下列子公司可以不包括在合并会计报表的合并范围之内：

①已关停并转的子公司；

②按照破产程序，已宣告被清理整顿的子公司；

③已宣告破产的子公司；

④准备近期售出而短期持有其半数以上的权益性资本的子公司；

⑤非持续经营的所有者权益为负数的子公司；

⑥受所在国外汇管制及其他管制，资金调度受到限制的境外子。

（4）纳入合并会计报表合并范围的非子公司，其他被母公司所控制的被投资企业。母公司对于被投资企业虽然不持有其过半数以上的权益性资本，但母公司与被投资企业之间有下列情况之一的，应当将该被投资企业作为母公司的子公司，纳入合并会计报表的合并范围：

①通过与该被投资公司的其他投资者之间的协议，持有该被投资公司半数以上表决权；

②根据章程或协议，有权控制企业的财务和经营政策；

③有权任免董事会等类似权力。

（5）子公司与母公司会计政策不一致时，在合并会计报表中的处理方法。在未进行调整直接编制合并会计报表时，应在合并会计报表中说明其处理方法。

6. 纳入合并会计报表合并范围，经营业务与母公司业务相差很大的子公司的资产负债表和损益表等有关资料。

7. 需要在合并会计报表附注中说明的其他事项。

第 17 章

浅谈从财务报表到企业管理

当你看到这个章节的时候，张老板也已经跟着张燕学习了整个财务报表系统的知识。财务报表分析，不单单只是对数字进行分析，更是从经济业务的发生到对企业管理进行指导，贯穿了企业生产经营的全部过程。所以在本章，我们从企业管理的角度对财务报表和其分析进行一次不一样的逆向思维。

本章内容共设五个命题，针对了从财务报表分析中，可以发现的五种比较常见的，企业经营管理中的陷阱。通过前面对各种财务报表分析知识的讲解，把知识转化为实践中的管理手段，可以说这是财务报表分析这门学科最实用的意义了。

17.1 看报表不只是看数字，更要看清数字背后的意义

我们都知道，财务报表是了解企业生产经营真实情况的重要途径之一。报表主要组成部分无外乎文字和数字，那么问题来了：透过抽象的数字和简短的文字，究竟能对企业的经营描述出多少问题呢？

这个命题其实也是财务报表分析的终极意义，就是透过数字看到本质。不能被表面的数字迷惑，应当看清数字背后的意义。这么说正在看书的你可能体会还不够深刻，咱们来看一个简单明了的例子吧！

【例 17.1】昊阳便利店 2017 年 12 月 31 日资产负债表显示预收账款为 281 346.54 元。同时存货为 261 342.37 元。

咱们前面讲了很多指标，但是没有一个指标可以揭示上面例题中的情况是个什么含义是不是？其实这很好理解，如果预收账款与存货基本

相当的话，可以肯定的说，便利店在经营过程中存在人为延迟确认收入的情况！

那么这种行为背后的含义是什么呢？延迟确认收入最直观的效果就是推迟了增值税的纳税时限。延期纳税其实是经营中的一种擦边球。延迟确认收入可以推迟缴税，如果税款巨大则会对企业经营中的资金流产生重大影响。所以说这也是一种变相的漏税行为。而且这种行为会对客户造成很多负面影响，便利店不开具销项发票的话，其客户就缺乏对应的进项发票。所以这种行为带来的税务风险和对下游客户的影响都是巨大的。

有的同学会问既然这种行为风险如此大，那么便利店如此做有什么必要呢？这就涉及咱们后面要讲的最后一个问题啦！少缴税晚缴税最大的好处就是现金流方面的益处。为了保证的正常的经营运作，不少企业选择明知不可为而为之的铤而走险，就是为了能节省一定的现金流，这个后面咱们再做详细讲述。不过这个例子是一个特别极端特别危险的做法，在实际经营中万万不要采用才好。

不过本例的含义就是看报表不是只看抽象的数字，要看清企业真实的经营意图，这才是财务报表分析中最关键的意义呀！

17.2 警惕财务报表陷阱，看清报表里的真实与谎言

上一个命题讲了报表数字背后的含义，这个命题则是提示报表使用者要警惕财务报表陷阱。

不考虑税收因素的话，报表美化的常见手段多为虚增收入或者降低期间费用。比较高级的方法，也有通过增资提高资产负债率，博得投资人的好感。但是谎言终究是谎言，只要仔细观察总有可以拆穿的方法。举个例子大家看一下就明白了。

【例 17.2】昊阳便利店为了取得银行的信任，通过增资的方式将实收资本从 20 万元增加到 100 万元，同时货币资金增加了 80 万元（100-20），但是这只是粉饰报表的一种手段而已，下月初增资的 80 万元即通过各种渠道流出企业。

本例中便利店通过增资的方式提高了当期货币资金的保有量，在负债保持不变的情况下，资产负债率必然降低，会给报表使用者造成一种企业承担风险能力增强的错觉。

但是，谎言终究是谎言，往往这种增资在短期内就会出现抽逃注册资本的情况。所以应当严密关注银行往来，看看注册资本是不是短期内大量流入企业又立即流出企业，流出的方向一般多为关联公司或者企业所有者的账户。

【例 17.3】昊阳便利店作为便利店这种经营业态，在利润表中最主要的期间费用应该是销售费用或者管理费用，但是报表使用者发现近两年，便利店的利润表中显示财务费用正逐渐取代销售费用和管理费用称为最主要的期间费用。

本例中这种情况，其实揭示了便利店关于经营实质的谎言。作为销售货物为主的便利店，财务费用绝对不可能称为最主要期间费用。出现这种情况只能说明便利店的经营其实只是个幌子，便利店存在的主要意义可能是为了给某个关联公司融资。当然也有可能是便利店的资金链出现了危险，只能通过贷款等需要支付高额财务费用的方式维持经营。不管是哪种情况，至少从财务报表中可以对经营者的谎言看出端倪。

本章中举例的情况都是非常极端的非正常经营手段，日常经营中可能很难出现一模一样的情况，大家看到例子感觉陌生并不必惊慌。我们要说的就是看报表要学会透过现象看本质，不要被报表本身迷惑，要学会透过报表看到企业经营的真实情况。这才是财务报表分析的终极奥义。

17.3 资产不一定是资产，负债也不一定是负债

本章的五个命题里，前两个是针对所有财务报表而言的。后面三个命题则是每个命题针对一张财务报表。现在咱们讨论的这个命题：资产不一定是资产，负债也不一定是负债。明眼人一看就是针对资产负债表的命题。

资产到底是什么呢？资产是企业拥有或者控制的可以给企业带来经济效益的资源。比如各种货币资金通过周转可以转化为存货或者其他资源为企业获利；又比如存货最终会转化为收入为企业获利；又比如各种固定资产和无形资产，虽然有的并不能为企业带来直接的经济利益，但是其使用过程可以使企业受益，这是一种间接的经济的利益，大家能理解吧？

那命题中的资产不一定是资产是什么意思呢？我们来看一个例题好了！

【例 17.4】昊阳便利店 2018 年 12 月 31 日资产负债表显示当期累计折旧为 31 458.29 元，另外有已经约定好要购入的热带水果 300 箱，大约价值 45 800 元，尚未支付订金。

本例中列举的累计折旧属于资产类科目，但是不属于资产，累计折旧是固定资产的备抵科目。也就是说虽然其在资产类科目中列示，但其实它是固定资产的抵减项，不属于便利店的资产。

已经约定好要购入的热带水果 300 箱，大约价值 45 800 元，尚未支付订金。这种尚未发生的经济业务，不管多么接近资产的定义也不是资产！资产一定是过去的交易或者经济业务形成的资源，尚未发生的经济业务不属于资产的定义。

那么负债呢？负债，是指企业过去的交易或者事项形成的、预期会导致经济利益流出企业的现时义务。我们来看看负债不一定是负债的例子吧！

【例 17.5】昊阳便利店 2018 年 12 月 31 日资产负债表附注显示，当期应该支付一笔给下游客户的品质赔款，但是因为质检报告尚未完成，故不知道具体赔偿金额。同时当期与银行达成了 2 个月后借入 2 000 万元的借款意向书。

本例中的两项经济业务，第一项因为不满足未来流出企业的金额可以确定的要求，第二项交易不属于过去的交易或者事项，所以都不应形成企业的负债。

综上所述，很多看起来像资产或者看起来像负债的经济业务，一定要严格按照资产和负债的定义进行分析，在核算的时候，既不能虚增资产或者负债，也不能对已经发生的资产或者负债不予确认。

17.4 分清利润的层次，看各项支出比重抓住节流的根本

本节所讨论的命题针对的是利润表或称损益表的财务报表。

咱们在讲解利润表的时候多次提到过，利润表是一张多步式报表，而且利润的层次和洋葱很像，一层一层的包裹住最实质的的净利润。

毛利、营业利润和净利润三者之间好似洋葱，层层包含。毛利是最外层，净利润是核心。为了让大家看的更明白，咱们画个示意图大家看一下，如图 17.1 所示。

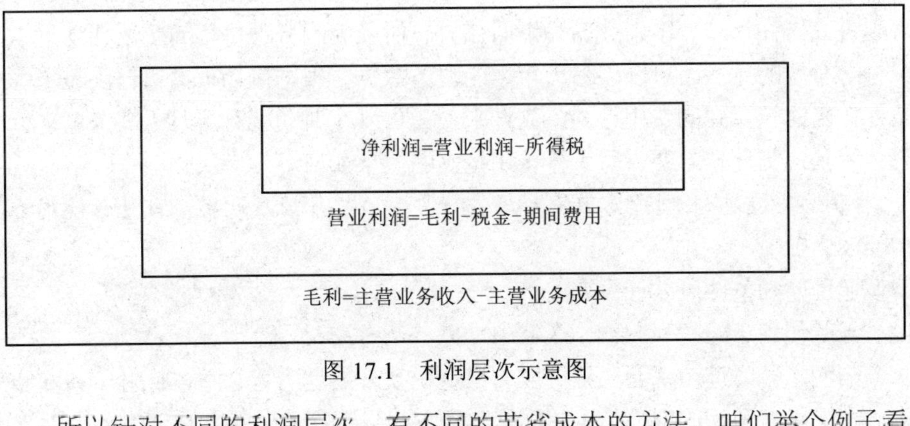

图 17.1　利润层次示意图

所以针对不同的利润层次，有不同的节省成本的方法。咱们举个例子看一下：

【例 17.6】昊阳便利店 2018 年 12 月损益表显示当月主营业务收入为 231 564.79 元，主营业务成本为 197 426.59 元。

通过已知条件可以计算得出：

当月便利店的毛利=231 564.79−197 426.59=34 138.20 元。

因为毛利的构成只有收入和成本两部分，所以如果要提高毛利，主要途径无外乎提高收入或者降低成本。

提高收入的方法主要有提高销量或者提高销售单价，但是如果提价的话必然会影响竞争力失去价格优势。所以最有效的方法是提高销量。

降低成本的方法主要有提高进货量取得数量优惠或者更换价格更优惠的供应商，但是提高进货量取得数量优惠会造成存货积压，占用流动资金。更换价格更优惠的供应商则要对货源的品质有保障，不能因为低价就降低货物质量，这样最终会对便利店的信誉造成影响。

【例 17.7】接上例，昊阳便利店 2018 年 12 月损益表显示当月税金为 13 254.79 元，各项期间费用为销售费用 5 267.94 元，管理费用 4 937.41 元，财务费用 3 514.66 元。

通过已知条件可以计算得出：

当月便利店的营业利润=34 138.20−13 254.79−5 267.94−4 937.41−3 514.66=7 163.40 元。

因为营业利润的构成包含毛利、税金和各项期间费用，所以如果要提高营业利润除了提高毛利之外，无外乎控制税金和期间费用。

控制税金这件事咱们前面已经讲了很多了，大家只要反复牢记一句话就可以了，偷税漏税不可取，但是税款筹划是明智之举，关于税款筹划的内容大家参看前面的详细介绍吧！

控制各项期间费用又要具体看到底是哪项期间费用比预期水平偏高。财务筹划讲究事先计划、事中控制和事后核算，所以编制合理可行的费用计划是一个行之有效的方法，可以参考历年来的财务数据，根据市场行情销售淡旺季等条件作出比较合理的费用计划。这样来一是可以在月初就对当月所需资金进行总体筹划，另外也方便事后考核费用控制的效果如何。

【例 17.8】接上例，昊阳便利店 2018 年 12 月损益表显示当月所得税为 1 790.85 元。

通过已知条件可以计算得出：

当月便利店的净利润=7 163.40−1 790.85=5 372.55 元。

咱们已经说过偷税漏税不可取，但是税款筹划是明智之举，针对净利润的构成，提高净利润的方法除了前面提到的各种针对提高毛利和净利润的方法之外，主要就是筹划一下关于所得税的问题。一是注意观察有没有前期尚未弥补的亏损，根据现今政策，五年内的亏损可以在税前进行弥补，对于刚刚扭亏为盈的企业来说这是一件福利啊！要好好把握！另外的方法就是提高费用降低营业利润了，营业利润低了所得税自然就降低了。但是这种方法是一种下下策，可谓损人一千自伤八百。一旦税务稽查发现问题就有偷逃税款的嫌疑了。

综上所述，针对不同的利润层次，有不同的方法提高利润。仔细观察利润表可以对今后的生产经营产生指导作用。如果有条件观察连续几年的财务报表，对经营的指导效果会更好！

17.5 时刻警惕账上资金满满实际兜里没钱的尴尬境遇

本章的最后一个命题，当然是关于现金流量表的。

其实这个问题也是老生常谈啦！讲解现金流量表的时候咱们多次讲到过，对于任何企业来说，正常的生产经营依赖的不一定是丰厚的利润，而是持续不断的资金供应链！试想一下，一家企业即便每年盈利千万元，但是收到的货款都是应收账款之类的非现金或非现金等价物，那么企业将支付日常的工资、水电费、办公费等日常开销。那还怎么持续经营呢？我们来看一个具体的例题好了！

【例 17.9】假设昊阳便利店 2018 年 12 月 31 日资产负债表显示资产总额为 231 536.45 元，当期利润表显示当月净利润为 31 452.65 元，当月现金流量表显示现金及现金等价物净增加额为-13 526.45 元。

从本例中，我们可以明显发现每种财务报表都有其局限性。如果单独看资产负债表和利润表现实的信息，便利店的经营情况良好，运转正常。但是如果看到现金流量表则发现其实现金和现金等价物在负增长，也就是说其实资金在流出企业。这种情况下管理者就要格外注意咯！如果负增长的情况持续过长势必会影响便利店的正常经营运作。出现上文中提到的最后连基本的日常开销都无法支付的情况。

当然，财务报表体系中的每张财务报表都不是独立的，现金流量表提供的信息也有其片面性和局限性。比如说项目过于笼统不便于报表使用者看清到底是什么项目在造成现金流入或现金流出，还有就是现金流量表的核算基础——收付实现制与其他报表采用的权责发生制之间的差异等。

所以，最后咱们再次强调各种报表作为财务报表体系的不同分支，大家一定要综合起来研究整个体系所表述的关于企业整体的经营财务信息，一定不要断章取义！